| 光明社科文库 |

高校微信公众号传播策略研究
（2021）

主　编◎林升梁　朱紫璐　蒲俏钘

副主编◎许佳宁

光明日报出版社

图书在版编目（CIP）数据

高校微信公众号传播策略研究. 2021 / 林升梁，朱紫璐，蒲俏钎主编 . -- 北京：光明日报出版社，2022. 11

ISBN 978 - 7 - 5194 - 6907 - 8

Ⅰ. ①高… Ⅱ. ①林… ②朱… ③蒲… Ⅲ. ①互连网络—传播媒介—应用—高等学校—研究报告—中国—2021 Ⅳ. ①G249. 2-39

中国版本图书馆 CIP 数据核字（2022）第 214296 号

高校微信公众号传播策略研究. 2021

GAOXIAO WEIXIN GONGZHONGHAO CHUANBO CELÜE YANJIU . 2021

主　　编：林升梁　朱紫璐　蒲俏钎

责任编辑：刘兴华　　　　　　　责任校对：阮书平

封面设计：中联华文　　　　　　责任印制：曹　净

出版发行：光明日报出版社

地　　址：北京市西城区永安路 106 号，100050

电　　话：010 - 63169890（咨询），010 - 63131930（邮购）

传　　真：010 - 63131930

网　　址：http://book. gmw. cn

E - mail：gmrbcbs@ gmw. cn

法律顾问：北京市兰台律师事务所龚柳方律师

印　　刷：三河市华东印刷有限公司

装　　订：三河市华东印刷有限公司

本书如有破损、缺页、装订错误，请与本社联系调换，电话：010 - 63131930

开　　本：170mm×240mm

字　　数：302 千字　　　　　　印　　张：18. 5

版　　次：2023 年 1 月第 1 版　　印　　次：2023 年 1 月第 1 次印刷

书　　号：ISBN 978 - 7 - 5194 - 6907 - 8

定　　价：98. 00 元

前　言

随着移动互联网的快速兴起、4G 网络业务的深入发展以及智能手机在学生群体中的普及，微信和高校微信公众平台被越来越多的学生群体所使用。高校注意到微信公众号在传播资讯、塑造形象等方面的潜力，纷纷开通官方微信公众号，以期提升影响力。据此，本书意图刻画 2021 年高校微信公众号的整体传播图景，进而勾勒出富有参考价值的传播策略，以供高校在建设与完善微信公众平台方面进行借鉴。具体来说，本书以《中国青年报》2021 年发布的高校微信公众号排行榜作为选取样本的依据，筛选出每周都出现在榜单中的 16 所高校作为研究样本，从固有属性、表层形式、深层内容三个维度细化出共 113 个指标用以多层次考察高校微信公众号。在此研究框架下，结合微信热门推文采集器、Excel 进行数据统计与内容分析，采用 ROST CM6、Tagxedo Creator、NetDraw 进行词频和语义网络的辅助性分析，完成对研究样本的系统描述与比较研究。本研究发现：

（1）不同的高校微信公众号在固有属性、表层形式、深层内容三个层面均有异同。

（2）根据高校微信公众号传播过程中所呈现的异同，总结出成功的传播策略要点包含以下五个方面：立足于线下学生对校园活动的需求推动高校微信公众号用户的线上互动参与；有意识地通过微信公众号构筑高校品牌形象，形成特色；能够把握受众特征，提供针对性服务；巧妙结合重大事件，充分发挥作用，扩大影响力；专栏、系列活动"齐上阵"，形成高校特色传播。

（3）高校微信公众号的传播存在以下问题：疫情影响高校微信公众号的运营效率，导致建党 100 周年微信推文的内容生产明显不足。知识产权保护意识尚显薄弱、内容生产效率较低、推送内容缺乏多元化的呈现、定位不够清晰、推送内容质量不稳定等。可以尝试将微信公众号的传播与高校品牌特色塑造相挂钩；重视运营团队建设，完善推送机制；充分利用微信公众平台功能，通过策划丰富推送内容和形式；明确定位，系统制订规划，以形成传播的独特性；注重目标受众体验，及时进行数据分析，总结传播效果。

序

    2021 年 7 月 1 日是中国共产党成立 100 周年纪念日，为庆祝党的百年华诞，党中央决定举行一系列活动，开展党建活动成为 2021 年热点活动。高校积极参与开展系列党建活动，有利于增强师生的社会责任感和使命感。而微信公众号也随建党 100 周年活动深度渗透进社会的日常生活之中，成为人们获取资讯的重要渠道之一。高校微信公众号呈现迅猛的发展态势。那么，目前高校是如何通过微信公众号传播资讯，进而构筑自身品牌形象与传播力的呢？高校微信公众号之间的传播策略有何不同、因何不同？传播力和影响力强的高校微信公众号存在哪些值得其他高校借鉴之处？建党 100 周年高校微信公众号的表现如何？

    基于上述问题，本次研究以比较并探讨高校微信公众号的传播策略为主题，选取在微信公众号传播力上具有代表性的高校为例，采用文献分析、内容分析、词频分析和语义网络分析等方法，从固有属性、表层形式、深层内容三个层面对高校微信公众号进行细致剖析，比较得出高校微信公众号之间传播的异同，总结出具有借鉴价值的传播策略。根据本书的研究思路，现对各章的主要内容阐述如下：

    绪论分为两个部分。第一部分，阐述本研究的背景及意义。随着高校微信公众号的发展，需要对其传播图景进行翔实的描绘，其传播策略的研究也有待进一步深化。第二部分，对有关高校微信公众号的研究进行了综述。通过分析并整理已有的文献资料可知，国外对微信公众平台的研究较少，且多为海外华人所做研究或国内研究者在国际会议上的投稿，研究主题主要分为教育、应用管理、现状和问题调查。目前相关研究集中于国内，且研究数量呈现逐年上升的趋势。笔者以拉斯韦尔提出的传播过程"五要素"为归纳视角，将文献分为五大类：从服务运营角度出发的控制分析、从传播内容角度出发的内容分析、从应用媒介角度出发的渠道分析、从用户行为角度出发的受众分析以及从传播效果出发的效果分析。根据文献分析结果，确定本研究采用量化研究以系统完整地反映出高校微信公众平台的现状，以期用数据支撑并完善已有研究。

第一章对高校微信公众号进行了界定与发展现状概述。第一部分阐明高校微信公众号兴起的环境，由此引出本研究对高校微信公众号的界定。第二部分结合目前对高校微信公众号的研究，梳理并归纳出其传播特征与功能。特征方面，高校微信公众号表现出：传播主体可信且权威性高；传播渠道精准且私密性高；传播受众特殊且黏着性强；传播内容围绕高校资讯和校园生活。功能方面，高校官方微信公众号能够做到：跟进高校信息，服务师生日常；引导高校舆论，宣传思想教育；塑造高校形象，巩固综合影响。第三部分呈现的是高校微信公众号目前所面临的竞争与发展。竞争层面主要体现为高校微信公众号排行榜的涌现，而发展层面需要着眼于传播策略，来保障高校微信公众号的传播力。

第二章介绍了本书的研究设计。根据高校微信公众号的竞争与发展现状，笔者以《中国青年报》发布的"全国普通高校微信公众号综合影响力排行榜TOP100"为参照标准，选取2021年一年内共44周的有效数据，筛选出每周都在百强榜单内的共16所高校作为研究对象，运用微信热门文章采集器、Excel、ROST CM6、Tagxedo Creator、NetDraw对研究对象的相关数据进行统计与处理。在设定研究指标上，参照了前人相关研究成果，将固有属性、表层形式、深层内容三个维度分别细化为15个指标、37个指标、61个指标。同时结合编码员、导师及专家的经验与建议，使得研究指标具有较高的信度和一定的科学性。

第三章为本书的核心部分。首先依照固有属性、表层形式和深层内容三个方面的指标，结合已有的研究成果提出假设；再对采集到的数据进行统计、处理并呈现；接着对数据所呈现的结果进行描述与比较分析；最后完成对假设的检验。固有属性部分共提出14个假设，其中8个假设成立；表层形式部分共提出27个假设，其中5个假设成立；深层内容部分共提出7个假设，其中4个假设成立。针对深层内容的部分，本研究结合词频统计和语义网络分析进一步对研究对象的文本进行深层次的考察，以完善对文本内容的解读。

第四章为本研究的结论与反思部分。基于第三章的数据统计与分析，笔者对16所高校官方微信公众号在固有属性、表层形式和深层内容三个方面的异同分别进行了归纳，并总结出针对高校微信公众号的具有参考意义的传播策略：有意识地通过微信公众号构筑高校品牌形象，形成特色；能够把握受众特征，提供针对性服务；巧妙结合重大事件，充分发挥作用，扩大影响力；专栏、系列活动"齐上阵"，形成高校特色传播。与此同时，笔者在研究过程中发现高校微信公众号在原创意识、内容生产效率和质量、推送形式上仍有提升空间，并提出相应解决方案进行展望。

  附录补充了16所高校微信公众号与建党100周年有关的更详细信息。反思整个研究过程，虽然在对高校微信公众号的传播内容研究上迈出了一小步，但本书未能结合受众与运营者做进一步的研究，有待进一步补充完善。

目 录
CONTENTS

绪　论

第一节　研究背景与研究意义

一、研究背景

2010 年，苹果公司发布具有划时代意义的 iPhone 4，移动时代悄然来临。那个时候 iPhone 4 上的 Kik 用了一个月的时间获取了一百万的用户，震惊了全世界。巧合的是，QQ 邮箱团队当时正在研发一个叫作"手中邮"的 App，也就是 QQ 邮箱的移动版。负责人张小龙看到 Kik 奇迹后，发明了"微信"——微型邮件，这个名字非常确切。由于微信是邮箱团队开发的，所以背后的通信协议采用的也是邮箱的 HTTP 协议，我们每次发送一条微信消息，就真的是在向朋友发送一封微型的邮件。2011 年 1 月，微信发布。在之前，社交江湖还是 QQ 的天下。

随着智能手机等移动终端技术的不断发展，根植并仰赖智能手机的应用程序——微信已逐步取代 QQ、微博，成为中国移动互联网时代最主要的社交平台。根据腾讯发布的业绩报告，截至 2020 年第三季度末，微信月活跃账户数达 12.1 亿，同时由于疫情影响，腾讯会议已有超过 1 亿注册用户，企业微信日活跃账户数同比增长超过 100%。①

---

① 腾讯第三季度净利润同比涨 89%，微信及 WeChat 合并月活跃账户数达 12.1 亿 [EB/OL]．搜狐网，2020–11–12.

2012 年 8 月，腾讯公司基于"及时通讯"的核心功能，推出了微信公众平台这一功能模块。微信公众平台凭借其小众性、高效性、便捷性、互动性、即时性等特点迅速吸引了大批用户。截至 2016 年年底，微信公众号数量达到 1777 万，较 2015 年增长 32.1%。① 在 2017 年 11 月的腾讯全球合作伙伴大会上，微信发布了最新的数据报告，报告中显示微信公众号月活跃账号突破 350 万，较 2016 年增长了 14%；公众号月活跃粉丝达到 7.97 亿人。② 微信公众平台的推出，在一定程度上构建了企业、机构与用户、受众之间沟通的桥梁，一方面企业或机构通过微信公众号发布信息、营销宣传、与用户互动；另一方面，用户通过关注微信公众号，了解企业或机构的动态，完成阅读、点赞、评论、转发等行为，满足自身获取与分享资讯的诉求。

对于思想活跃的大学生来说，新式的、呈现形式更多样化的社交平台显然更具吸引力。为了结合新媒体技术更好地开展校园工作，自 2012 年华中科技大学开通了第一个高校官方微信公众平台之后，各大高校陆续开通了官方微信公众号。2015 年这种微信公众号呈井喷式增长。据掌上大学《2016 年高校新媒体蓝皮书》数据，2016 年校园微信公众号数量达到 80000 个，覆盖大学生数量 3398 万，截至 2016 年 1 月，75 所直属高校官方微信号已全部开通。③ 从高校微信公众号迅猛的发展态势背后的作用力的实际来看，高校本身拥有相当数量的学生群体和专业的师资团队，信息集中且高频率地流通。微信公众平台凭借高效的传播力、实时的互动机制，占据了校园新媒体的一席之地。

与此同时，为了促进高校微信公众平台更好地发展，市场中渐次涌现出诸如中国青年报、南方周末数据实验室、中国学联等微信公众号排行榜。各种排行榜的出现，意味着高校微信公众号不仅是作为高校与学生之间信息交流的桥梁，还在高校的品牌建设与形象宣传方面扮演着不可或缺的角色。在这样的大环境下，越来越多的高校对自身官方微信公众平台的建设给予了高度的重视，从传播形式与内容、团队运营与管理等多方位积极探寻，由此提供了颇多具有挖掘、分析与借鉴价值的高校官方微信的传播策略。

---

① 企鹅智酷.2016 年微信影响力报告 ［EB/OL］.中文互联网数据资讯网，2016-03-21.
② WechatMoments.刚刚，微信公布了 2017 最新数据报告 ［EB/OL］.数英网，2017-11-09.
③ 掌上大学.2016 中国高校新媒体蓝皮书 ［EB/OL］.搜狐网，2017-01-03.

二、研究意义

本研究报告的意义在理论与实践层面均有体现，具体情况如下。

（一）理论意义

随着微信公众号深入人们的日常生活，围绕微信公众平台的研究涌现出来。目前国内有关微信公众平台的研究文献高达万余篇，高校微信公众平台作为其中一部分，相关研究也有 700 余篇，包含对高校微信公众平台的运营建设、应用现状、传播效果多的方位考察与探寻，但研究对象上呈现出"就地取材"的状况，且高校图书馆微信公众号占比较高，对于高校微信的研究有待填补。与此同时，研究方法多以质性为主，仅有的若干篇实证研究中数据统计也尚显片面。本研究选取富有代表性的高校微信公众号，结合内容分析法以及传播领域前沿的研究方法——语义网络分析，尽可能将指标细化地进行系统的实证研究，为高校微信公众号的相关研究提供量化指标和数据统计分析方面的支撑与借鉴意义。

（二）实践意义

微信公众号作为移动互联网时代便捷获取信息、实时互动分享的新式渠道，也受到各大高校的青睐，逐步成为高校之间传播角力的新兴媒体代表。因此，如何通过微信公众平台提升高校的传播力与影响力，进而塑造鲜明的高校品牌，是各大高校亟待思索与践行的策略性问题。本研究通过多方位剖析具有相当影响力的各大高校官方微信公众号，从固有属性、表层形式和深层内容出发，比较不同高校微信公众号的异同点，总结并归纳出高校微信公众号较为全面详尽的传播策略，展现较为翔实的高校官方微信公众平台的传播经验，对高校微信公众平台的建设以及高校自身的品牌传播无疑具有很强的实践意义。

第二节　文献综述

自 2012 年微信公众号问世以来，陆续有企业、媒体、名人等通过公众账号建立起自己的品牌或进行价值宣传。自 2012 年之后的两至三年中，各高校也纷纷入驻微信公众平台，建立起高校微信公众号，旨在宣扬高校文化，传播校园新闻，服务广大师生。笔者在 2021 年 2 月对高校微信公众号的相关研究进行检索与汇总，发现随着微信公众平台的日趋成熟，有关校园微信公众号的研究也开始出现，并呈现逐年递增的趋势。以下是笔者对国内外高校微信公众号相关研究文献的整理与归纳总结。

一、研究现状与趋势

（一）著作

由于微信是腾讯公司开发的手机 App，尽管其在国内拥有大量用户，但海外用户人数依然有限。据迈瑞咨询公司（eMarketer）估计，目前微信在海外有约 1 亿用户，主要以海外华人和在外亲属为主。因此，国外关于微信的相关研究较少，更难寻关于高校微信的研究。国内则在 2016 年出现了关于高校微信公众号研究的著作。由铁铮主编的《大学微信/大学新闻宣传系列丛书》一书聚焦新媒体时代大学校园微信公众平台，汇编了首都 20 多所大学在微信公众平台建设中的理论成果及实践探索，从现状分析、效果研究、用户体验等多个角度分别对北京大学等高校的公众平台做出分析，展现了新媒体环境下大学在加强新媒体建设中做出的努力和贡献，为大学新闻宣传工作者提供一定的借鉴和帮助。[①] 张树辉编著的《微观大学：北京高校官方微信案例选编》共收录了北京 50 所高校的微信公众号的 75 个案例，按照"内容重要""贴近师生""新鲜有趣""策划独到"进行分类编排，并对每个案例进行了精要点评，更专注于公众平台的内容生产方面的研究。[②]

两本著作的共同点是研究对象均为首都高校的微信公众号，具有明显的地域限制，地域文化及经济水平的差异也将导致高校微信公众平台的内容建设存在不同。2021 年 9 月，本书作者发布了《高校微信公众号蓝皮书（2020）》，围绕疫情暴发之年的主题，较为系统地对每周排名均入围 100 强的高校公众号进行内容分析，较有启发价值。从著作数量及研究力度方面看，目前国内对于

---

① 铁铮. 大学微信［M］. 北京：中国文史出版社，2016：176.

② 张树辉. 微观大学：北京高校官方微信案例选编［M］. 北京：光明日报出版社，2016：278.

高校微信公众号的研究较少且集中于对首都高校的研究上，缺乏普适性，亟待新的研究进行补充。

（二）国外论文

国外关于校园微信的论文尽管数量较少，但近两年已经有所涉及，其来源以海外华人及国内研究人员在国际会议上的投稿为主。笔者以"College +WeChat"及"University+WeChat"为关键词在 SSCI 和 SCI 数据库中进行标题搜索，除去重复的文献，共找到 22 篇相关文献，从研究主题上归纳，主要分为教育（8 篇）、管理及应用（8 篇）、现状及问题调查（6 篇）三个部分。

1. 教育

Li Yao（2016）的 *Influence and Countermeasures Research on Ideological and Political Education of College Students with Wechat* 对微信在高校思政教育方面产生的影响进行了分析，并提出对策以解决负面作用。① Yan Li（2017）在 *Research on Experiential Learning of College English Based on WeChat Platform* 一文中，从重要性、教育优势、模式建构三方面探讨了新媒体时代下高校英语教育的转型问题。② 不难发现，国外刊物或论坛中关于微信教育的文献多关注英语教育及意识形态教育两方面，与国内微信教育研究的主流趋势相同，这实现了将国内新媒体教育情况传达给国外学者或读者的目的，同时有利于吸引国外受众关注，但也产生了研究内容单一的现象。而 C. J. Chen 和 Tan Sun（2016）在 *Dental Education for College Students Based on Wechat Public Platform* 一文中通过分析微信公众号在高校牙医教学方面的优势，认为牙医移动课堂已经成为可能的教学手段，并提出了基于微信公众平台的牙科教学模式。③ 本书在一定程度上打破了国内近年来相关文献多将高校微信公众平台与思政教育结合思考的窠臼，将高校微信公众平台引进了新的教学领域。

---

① LI Y. Influence and Countermeasures Research on Ideological and Political Education of College Students with WeChat［C］. International Conference on Education, Management and Computer Science, 2016.

② YAN LI, UNIVERSITY Y T. Research on Experiential Learning of College English Based on WeChat Platform［J］. Journal of Hubei Correspondence University, 2017（23）：277-280.

③ CHEN C J, SUN T. Dental Education for College Students Based on WeChat Public Platform［J］. Shanghai Kou Qiang Yi Xue, 2016, 25（3）：377-380.

2. 管理及应用

关于利用高校官微进行管理和应用的研究属于新媒体进入高校后又一大研究范畴，文献数量逐年增多。*Study on Design and Application of College Students Working Platform Based on Wechat Public Platform* 一文探析了高校微信公众平台在学生管理和人员培训上的设计与应用。① Zhang，Ying 的 *Design and Implementation of the University Information Disclosure System Based on Wechat* 以华北电力大学为例，设计了基于微信公众平台的高校信息公开系统。该系统具有对接微信公众平台、上传与申请检查表、从校园官网攫取数据等功能，研究具有明显的可实操性。②

3. 现状及问题调查

现状及问题研究通常是在特定媒体技术发展到一定阶段后进行考量或反思的行为。*Excessive Use of Wechat，Social Interaction and Locus of Control among College Students in China* 一文研究了高校学生过度使用微信的心理机制、心理特征和外部控制点。作者认为微信对在校大学生具有强而独特的吸引力，因此对于微信运营者而言，需要注意信源的把控以及传播技巧的可塑性。③

国外文献多注重高校微信的应用型研究，研究质量与国内文献差距不大，但总体文献数量不足，主题类型偏少，这与微信的主要使用者为中国用户有直接的关系。

（三）国内论文

笔者在中国知网（CNKI）输入"高校+微信公众号"及"高校+微信公众平台"等关键词进行标题搜索，据统计，共找到 2223 篇相关论文，2013 年有 7 篇，2014 年有 46 篇，2015 年有 152 篇，2016 年有 81 篇，2017 年有 419 篇，2018 年有 477 篇，2019 年有 423 篇，2020 年有 261 篇，2021 年有 179 篇，2022 年有 178 篇。可见，自微信公众平台走进高校以来，越来越多的学者关注高校

---

① ZHANG Y N. Study on Design and Application of College Students Working Platform Based on Wechat Public Platform ［C］. International Conference on Frontiers of Manufacturing and Design Science，2015（12）：1622-1628.

② JIANG L Z，HAN L Y. Design and Implementation of the University Information Disclosure System Based on WeChat ［C］. International Conference on Computer Engineering and Information Systems，2016（11）：489-493.

③ HOU J，NDASAUKA Y，JIANG Y，et al.. Excessive Use of WeChat，Social Interaction and Locus of Control among College Students in China ［J］. Plos One，2017，12（8）：183-203.

微信公众平台的研究，因此研究成果数量总体呈上升趋势，2018 年是研究的高峰期。笔者依据拉斯韦尔提出的构成传播过程的五种基本要素，将所寻得的文献进行如下分类：

1. 服务运营角度——控制分析

杨晓丰（2021）在《"双一流"高校图书馆微信公众平台运营量化研究》中以"双一流"图书馆微信公众号中海量推文数据爬取为起点，建构成一条完备的从公众平台推文数据采集、数据特征抽取、传播指标算法实现到数据分析解读的实证路线，并从公众号活跃度、公众号推文接受和认同度、公众号活跃粉丝预估、微信传播指数等几个维度对"双一流"高校图书馆微信公众平台运营开展深入剖析，依据数据提出其运营建议。① 欧阳世芬和蔡雨娟（2015）的《高校官方微信公众平台的现状和运营策略探析》对上海交大、湖南大学等 15 所较有影响力的高校官方微信公众平台一周内的相关数据进行统计，分析高校官方微信公众平台的现状。分析发现，高校微信公众平台推送内容实用、语言生动，但文章存在同质化现象；功能设置全面，但存在互动性不强、标签分类不清晰问题；推送方式单一；推送时间较规律。针对运营现状提出五点建议：丰富推送内容，提高文章质量；开拓平台功能，提供个性服务；开展互动活动，加强沟通交流；丰富推送形式，提供易读内容；提高人才素质，加强团队建设。②

现状分析与运营策略研究是高校官微研究中较为常见的一类，其目的在于为传播者提供运营的新思路，打破既有发展的瓶颈，属于站在传播者角度进行实务探索的一类研究。

2. 传播内容角度——内容分析

从传播内容角度出发的论文对本书的研究具有较高的参考价值。此类研究中最为常见的研究方法是对高校微信公众号传播内容进行内容分析。如《高校党建微信公众号 WCI 的实证研究——以广东省十所高校为例》以广东省十所高校的党建微信公众号为例，借助 WCI 分析十所高校微信公众号的党建内容，指

① 杨晓丰."双一流"高校图书馆微信公众平台运营量化研究［J］.图书馆学刊，2021，43（1）：49-53.

② 欧阳世芬，蔡雨娟.高校官方微信公众平台的现状和运营策略探析［J］.视听，2015（7）：150-153.

出投入不足、内容保守、互动不足等问题，最后提出相应的解决对策。① 韦玉玲（2016）在其硕士论文《高校微信公众号传播内容研究——以西南民族大学为例》中通过内容分析法以浙江大学、上海交通大学、北京大学、武汉大学等6所比较有影响力的高校微信公众号为研究对象，运用内容分析法和定性研究法进行收集资料、数据统计和主题阐释。该文从微信公众号功能、内容题材、信源、发布频率、信息组织形式、价值取向六个方面对6所样本高校的传播内容进行分析研究。② 石佳（2016）则在《民族高校微信公众号传播内容研究——以西南民族大学为例》中通过分析西南民族大学官微的二次传播形式和内容，归纳总结出高校微信公众号传播内容以热点话题为主，有时效性和属性倾向的特点，消息形式多为图文结合。③ 田晓夏（2016）在其硕士论文《高校微信公众平台传播现状研究》中，从推送方式和类型、推送内容、推送时间、互动性分析、传播效果五个层面对陕西师范大学的微信公众号进行了内容分析。其将推送方式的指标分为文字推送、图片推送、视频推送、语音推送、网页链接、图文混合推送等部分，同时将推送内容的指标定为阅读人数、点赞人数、原创性、互动性等部分进行考核。其推送方式的指标设计细致清晰，但内容指标的划分却相对笼统，不够明确，存在局限性。④ 董思聪（2017）在《"985工程"高校官方微信公众号传播研究》一文中，从外在识别、推送特点、推文内容三方面对39所"985工程"高校进行了内容分析，由表及里的指标安排较为合理，然而选取的研究时间仅为2016年9月，选取时间太短，研究数据的偶然性太强，缺乏科学性，同时，其内容指标也存在着分类粗糙的问题。⑤

观察内容研究型的文献不难发现，内容研究追随年度热点而变动，主要从高校官微的传播形式和传播内容两方面入手，并结合具体案例进行分析。目前关于内容研究的文献数量较少，同时，既有的内容研究成果普遍存在科学分析

① 杨宇婷，谢辉荣，王瑞. 高校党建微信公众号 WCI 的实证研究——以广东省十所高校为例 ［J］. 才智，2022（9）：16-19.
② 韦玉玲. 高校微信公众号传播内容研究 ［D］. 西安：西北大学，2016.
③ 石佳. 民族高校微信公众号传播内容研究——以西南民族大学为例 ［J］. 西部广播电视，2016（17）：34-36.
④ 田晓夏. 高校微信公众平台传播现状研究 ［D］. 西安：陕西师范大学，2016.
⑤ 董思聪. "985工程"高校官方微信公众号传播研究 ［D］. 湘潭：湘潭大学，2017.

工具缺席和研究选取时间太短的现象，即缺少相关性分析，说服力度不足，这是一个亟待开拓的领域。

3. 应用媒介角度——渠道分析

这一类研究表现为"微信公众平台+"的形式，其研究通常结合高校教育工作、校园组织工作或信息管理工作进行研究，将微信公众平台作为渠道进行可行性分析和应用探索。如有学者从"高校官微+思想政治教育"的角度进行研究，马亮（2016）认为新媒体环境下，高校思想政治教育工作的开展，必须充分利用好时代提供给我们的全新载体，才能与时俱进地做好大学生思想政治教育工作。在硕士论文《以高校官方微信公众平台为载体的大学生思想政治教育研究》中，马亮结合高校官微的特征和功能，分析了高校官微在思想政治教育应用中的可行性与优势，并探讨了以高校官微为载体开展思想教育工作应把握的原则和工作思路。①

此外，也有成果体现了"微信公众平台+校园组织工作"的探索。沈一（2015）在《微信公众平台在高校共青团工作的实践与探索》一文中从微信公众平台的特点出发，分析了微信公众平台应用于高校共青团工作的价值，认为微信公众号是新时代下推动高校共青团员蓬勃发展的重要力量，需要得到重视和发展。②

随着微信公众平台的影响力日益增强，学界和业界都开始将目光聚焦在"微信公众平台+"的研究上，高校作为研究大军中的主力军，其研究触角也倾向于抵达高校生活的各个领域。

4. 用户行为角度——受众分析

与从传播者角度切入进行现状和运营策略研究的成果不同，站在用户角度进行受众研究的文献相对较少（仅17篇）。付嘉鑫（2016）在《地方高校官方微信平台使用与满足研究》中指出地方高校官方微信公众号虽然发展比较迅速，但存在着开通率高而用户使用满意度低等问题。受到使用与满足理论的启发，付嘉鑫认为人们使用媒介的目的是不同的，只有认清用户的使用目的，才能更

① 马亮. 以高校官方微信公众平台为载体的大学生思想政治教育研究 [D]. 西安：西北师范大学，2016.

② 沈一. 微信公众平台在高校共青团工作的实践与探索 [J]. 当代教育实践与教学研究，2015（8）：214.

好地服务受众发挥作用。以重庆师范大学为个例，通过深度访谈和问卷调查的方法考核高校官微用户在信息、社交、参与、情感等方面的需求，作者发现部分用户存在媒介依赖，使用微信公众号仅是出于习惯，同时作者认为地方高校有极大的发展空间，需要通过信息整合、本地化垂直发展、多媒体表达、增加互动等方式建立起基于校园关系的虚拟社群。相比诸多以985、211高校为研究对象的成果，付嘉鑫的研究更小众化却更具特色，展现了地方高校官微的发展状况和使用情况。① 赵辰玮（2015）在《数据时代高校微信公众平台用户接受行为研究》一文中从高校微信公众平台的接受行为入手，采用多元化的视角，将新闻学、传播学、网络动力学和流行病学等学科的理论进行融合，在大数据的框架下，采用量化研究的方式，通过数据挖掘和分析，对于接受行为进行分类和归因探析。作者着力通过数据的科学化分析，建立不同数据之间的相关关系，从而揭示不同的用户接受行为对于微信公众平台的影响。通过直观的数据和图表展现用户需求的差别与变化，同时做出相关分析，说服力较强。② 史蓓蓓（2020）在《对高校共青团微信公众平台大学生持续使用意愿的探究》一文中从感知有用性、感知易用性、感知趣味性、感知风险、主观规范五个方面讨论大学生对高校共青团微信公众平台的持续使用意愿，得出主观规范的综合影响最大、感知趣味性正向影响感知有用性但不直接影响持续使用意愿等结论；并从整合资源、内容为王、完善设置、增强趣味、降低风险等角度对高校共青团微信公众平台的建设提出建议。③

5. 传播效果角度——效果分析

传播效果研究属于综合型研究，其研究往往包含了现状研究、内容研究和运营策略研究。如陶赋雯（2016）的《微信公众号运营实践与传播效果研究——基于对福建省26所本科高校微信公众号的实证分析》基于对福建省26所高校微信公众平台建设现状的调查研究，指出福建高校微信建设存在着原创内容不足、互动性欠佳等弊端，并从内容建设、推送渠道、管理模式、联盟协

---

① 付嘉鑫. 地方高校官方微信平台使用与满足研究 [D]. 重庆：重庆师范大学，2016.
② 赵辰玮. 在数据时代高校微信公众平台用户接受行为研究 [D]. 保定：河北大学，2015.
③ 史蓓蓓. 对高校共青团微信公众平台大学生持续使用意愿的探究 [J]. 青少年学刊，2020（4）：30-36.

作等方面对高校微信公众平台建设和发展提出对策建议。① 类似的,向正鹏在《提升高校官方微信公众平台传播效果的几点思考》中根据湖北省内高校微信公众号运营现状,结合所供职单位官方微信运营经验,从覆盖度和图文转化率两个维度出发,对高校官方微信平台功能定位、内容策略、运营策略、品牌策略进行探讨。②

关于微信公众平台的研究总体而言属于效果研究,需要结合现状进行分析,最终都将落实到运营和改进的层面上,属于从结果反推控制策略的研究。

(四)研究趋势

从整体来看,有关高校微信公众平台的研究在数量上呈现出逐年递增的态势,学术关注度和传播度均有上升趋势。就研究对象的类别而言,高校图书馆微信公众号研究的篇数为 675 篇,占查获文献总量的比例约为 36%,可谓高校微信公众平台研究的重镇。微信公众号以其用户基数大、使用黏度高、活跃程度强等特点为扩大图书馆服务的广度提供了机遇。与此同时,图书馆服务有极高的信息要求,微信公众平台无疑是一种便捷的渠道。

此外,从高校微信公众平台的应用研究角度来看,关于高校微信公众平台在教育(11%)、管理(7%)、宣传(2.6%)方面的研究也相对可观。其他关于高校微信公众平台的研究涉及主题丰富多样,较难进行归类,但可以看出高校微信公众平台作为一种热门的新媒体传播手段已被广泛运用到多个领域中进行联合研究。

二、小结

微信公众平台的功能一经推出,产生的影响便不断扩大,关于微信公众平台的研究也正不断增加。作为信息时代下各大高校进行信息传播的重要渠道,关于高校微信公众平台的研究近年来也不断涌现,但明显存在研究不平衡和理论匮乏的现象。

---

① 陶赋雯. 微信公众号运营实践与传播效果研究——基于对福建省 26 所本科高校微信公众号的实证分析 [J]. 福建论坛(人文社会科学版), 2016(12): 200-205.
② 向正鹏. 提升高校官方微信公众平台传播效果的几点思考 [J]. 新闻世界, 2016(10): 68-72.

　　从研究角度来看，控制研究、应用研究以及综合型的效果研究成果相对较多，而内容研究和受众研究则明显文献不足。关于微信公众平台的研究主要是立足于现状，横向研究微信公众平台推送形式、推送内容、使用分析等不同层面，其最终目的是为微信公众平台的运营发展服务。不少文献在运营建议中提出以内容为本的观点，但全面系统地从微观角度进行内容分析的文献并不多，微信公众平台研究过于重视宏观运营策略而未能从细节（内容）展开分析。当然这可能是研究人员无法获取后台信息的客观因素所致。此外，从研究方法来看，关于高校微信公众平台的量化研究相对较少，且在研究样本选取上存在一定的局限，例如研究时间的间断性或时间跨度不足；高校选取往往具有地域性或是依据固有等级，导致缺乏代表性等，无法完整地体现高校微信公众平台的情况。

　　针对上述研究现状存在的不足，本研究以微观视角，主要采用内容分析法，基于国内权威的高校微信排行榜挑选每周都进入百名排行之内的高校，通过固有属性、表层形式、深层内容三个方面系统地分析目标院校官方微信公众号的传播策略，更具体地将策略分析落实到指标层面，为其他高校微信公众号提供可操作的具有借鉴价值的宝贵经验。

第一章

高校微信公众号的发展现状

第一节 高校微信公众号的兴起与界定

高校的媒体宣传工作一直是高校建设的一块重镇。传统的校园媒体以校报、校园杂志、校园广播等作为主要的传播手段，但制作成本高、及时性和互动性弱等问题无法得到根本性的改善。从传播受众来说，祝建华曾提出"新媒体权衡需求"（WCN）这一概念来诠释受众对媒体的选择行为，若是传统媒体已无法满足重要需求，而新媒体能够满足时，受众会采纳并使用新媒体。① 从传播主体来说，高校宣传工作亟待创新思维的涌入，其中手段创新被视为一大重点。而实现手段创新，就需要积极探索有利于破解工作难题的新举措新办法，特别是要适应社会信息化持续推进的新情况，加快传统媒体和新兴媒体融合发展，充分运用新技术新应用创新媒体传播方式，占领信息传播制高点。②无论从受众还是主体来看，高校宣传工作强烈呼唤新媒体力量的注入。

近年来，网站、论坛、贴吧、微博等线上的新兴媒体逐步成为高校学生获取资讯的主要渠道，许多高校意识到宣传手段更迭的必要性，也随之构建线上新媒体矩阵。而随着互联网和移动终端技术的迅猛发展，微信作为时下最流行

---

① 祝建华. 不同渠道、不同选择的竞争机制：新媒体权衡需求理论 [J]. 中国传媒报告，2004（5）：16.

② 习近平在全国宣传思想工作会议上的讲话 [EB/OL]. 中国共产党新闻网，2014-08-09.

的社交平台，已然成为高校学生的"新宠"，对人际沟通与交流的方式产生了深远影响。而于 2012 年推出的微信公众平台，则进一步革新了一对多的媒体行为方式。申请微信公众号的门槛低，个人、政府、媒体、企业等都纷纷开始着手开通微信公众号，试图借助微信平台的力量塑造影响力，达到宣传推广的目的。作为教育机构的高校也"嗅"到了微信公众平台所散发出来的诱人"气息"，以其所具备的及时性、便捷性、互动性可以弥补传统校园媒体的短板，同时能够满足高校学生实时获取高校信息的诉求。由此，各大高校陆续进驻微信公众平台布局微信传播，高校微信公众号应运而生。

因高校内的信息流通存在于各级团体组织中，所以高校微信公众号的类别也呈现多样化。目前来看，高校微信公众平台根据隶属的情况不同，大致可划分为以下四类：一是多由高校宣传部直接管辖的微信平台；二是由校各级团委、学生处或是图书馆等机构管辖的校务机构微信平台；三是由校各级学生会、社团管辖的学生组织微信平台；四是代表个人、班级的自媒体。①

本研究对高校微信公众号的界定即是上述分类中的第一种。一般情况下，隶属于高校宣传部门的微信公众号，建设和运维均由宣传部门负责，并经过实名认证，对外代表高校官方的看法与态度，例如，"北京大学"微信公众号即是北京大学官方认证运营的微信公众平台。

第二节　高校微信公众号的传播特征与功能

一、高校微信公众号的传播特征

赵辰玮（2015）在《数据时代高校微信公众平台用户接受行为研究》一文中对微信公众平台的特征进行了归纳，主要有三个方面：一是以微信为支撑、与 QQ 账户互通的社交类自媒体平台；二是可向特定的用户推送文字、图片、语

---

① 陈婕妮. 高校官方微信传播策略研究［D］. 广州：广东外语外贸大学，2017.

音、视频等多种形式的消息；三是运营者可自主开发功能、订制服务。① 而官方微信公众号作为微信公众号的子类，在微信公众平台本身特征的基础上，也显现出一些独特的表征。笔者根据目前对高校微信公众号的研究，将高校微信公众号的传播特征归纳如下。

（一）从传播主体来看，可信且权威性高

由高校自身的宣传机构运维，并得到高校和微信公众平台的双重官方认证，可以对发布的对内或对外信息进行把关，保证其权威性和准确性。

（二）从传播渠道来看，精准且私密性高

虽说微信公众平台是组织或机构面向大众进行信息传播的渠道，但实际上微信公众号与用户之间的关系是一种"点对点"的传播。也就是说，高校微信公众号在传达信息时，是精准地投放至关注用户处，且投放过程是"一对一"地进行，用户之间的行为互不干扰，具有较强的私密性，进一步形成独特的舆论场。

（三）从传播受众来看，特殊且黏着性强

关注高校微信公众号的显然是与高校密切相关的人群，主要涵盖在校师生、校领导、校友和关注高校的社会人士。而微信平台中聚集的往往是强关系，即熟人圈子构成了微信传播的基础圈层，分享信息也成为用户的日常需求，令微信平台的交互增强，更有亲和力。由于上述传播环境的形成，受众与微信平台更易产生依附关系。

（四）从传播内容来看，围绕高校资讯和校园生活

高校微信公众号有着较为明晰的定位，其传播内容需紧紧贴合高校这一组织。在此基础上，进一步实现受众多样化、多层次的需求，例如线上线下相结合的活动预览，与出行密切相关的天气情况，放松心情的美文朗读与推荐等。

二、高校微信公众号的功能

致力于宣传研究并发展了内容分析这一重要的传播研究方法的拉斯韦尔，曾阐述传播在社会中的三大功能：监督环境；协调社会对于某种环境下的事件

---

① 赵辰玮. 数据时代高校微信公众平台用户接受行为研究［D］. 保定：河北大学，2015.

的反应；传递文化遗产。① 其中传递文化遗产这一功能，展现的是人类智慧的代代相传，显然也可以被理解为指向教育功能。

微信公众平台作为新兴的传播方式，从其本身功能来看，主要包括大规模且定时地推送信息、实现用户实时的互动需求。而针对高校微信公众平台的功能来说，它在微信公众平台本身具备的功能基础上，结合高校属性，有诸多拓展功能，具体可以归纳为以下三个方面。

（一）跟进高校信息，服务师生日常

移动互联网时代的到来，致使高校微信公众平台成为学校的信息集散地。高校借助微信公众号发布资讯，将信息及时告知高校内部受众，满足受众日常学习、工作、生活中对校园资讯的需求，提供专业、细致、富有价值的服务。

（二）引导高校舆论，宣传思想教育

微信公众平台不仅给予关注用户评论的机会，同时可以让运营方与用户之间进行一对一的私密互动。由此，校方能够通过微信公众平台及时获取受众的反馈意见，通过回复影响到受众的看法；同时，校方也可以通过编排发布内容进行议程设置，引发受众对某一事件或人物的关注，进而引导受众在评论区探讨，在微信公众平台上实现对舆论的引导。

作为意识形态工作的前沿阵地，高校往往肩负着传播正能量、培育社会主义核心价值观等重大思想教育任务。② 微信公众平台为宣传思想教育提供了较为合适的有效载体：一方面，思想教育往往涉及官方且权威的信息内容，这与微信公众号的传播特征相吻合；另一方面，微信公众号用户黏着性强，推送内容到达率高，宣传思想教育的到位程度能够更进一步。

（三）塑造高校形象，巩固综合影响

高校微信平台在当下往往是高校中最具代表性的媒体平台，自然而然地与高校的整体形象、知名度相挂钩。校方可以通过微信公众平台发声，以扩大知名度、提升美誉度、巩固影响力，例如有些高校在校庆这一时间节点，集中且以多种形式、多种视角发布信息，力争全方位展现自身形象，容易激发用户兴

---

① E. M. 罗杰斯. 传播学史 [M]. 殷晓蓉, 译. 上海：上海译文出版社, 2012：227.

② 铁铮. 大学微信 [M]. 北京：中国文史出版社, 2016：56.

趣并进一步增加关注量。此外，微信公众平台支持各种类型的素材，能够助力于高校宣传，例如部分高校在发布的推送中添加融合了高校自身元素的修饰。

第三节　高校微信公众号的竞争与发展

一、竞争：排行榜的盛行

鉴于越来越多的高校已开通官方认证的微信公众号，甚至形成了"高校微信公众号矩阵"，以不同的定位实现精准覆盖①，高校微信公众号之间的竞争也随之愈演愈烈。2014 年年底推出微信传播力指数（WCI）后，微信公众平台的影响力有了较为客观且权威的评判标准，继而涌现出一批微信公众号排行榜，高校微信公众号的传播力也成了许多数据团队或机构的研究对象，《中国青年报》的微信公众平台（ID：zqbcyol）、《南方周末》推出的新媒体项目南方周末数据实验室（ID：nanzhoudata）是其中的典型，它们会定期对高校微信公众号的传播力进行综合考察。但各大高校微信公众号榜单的评判都有相应的侧重点，例如《中国青年报》的高校微信排行榜是依据"WCI"来排名，而南方周末数据实验室则是根据"阅读总量"来决定名次。高校微信公众号排行榜的出现，一方面是高校之间竞争综合影响力的必然结果，另一方面则能够敦促高校对微信公众平台的运营与建设给予足够的重视，制作出更贴合师生需求、更具特色的高质量内容，进一步引导高校微信公众号的良性发展。

在高校微信排行榜盛行的阶段，对高校微信公众平台的相关研究也呈现逐年递增的态势。其中已经出现建立在现有的排行榜基础上的研究，例如韦玉玲的研究对象选取是基于选取"南方周末数据实验室"发布的高校微信排行榜进行的，而史艳萍选取职业院校时则依据的是《中国青年报》提供的高校微信排行榜数据。而无论在量上还是质上，基于排行榜的高校微信公众号研究尚存在

① 朱一超，向娟，郭琪，等. 高校微信公众号矩阵式管理和传播策略探析 [J]. 新西部，2017（16）：107.

提升的空间。

二、发展：聚焦传播策略

着眼于高校微信公众号的发展，张树辉（2016）用四个巧妙的比喻来描述高校官方微信公众号的传播策略：运营官方微信如同办新闻联播，权威性是首要保证；运营官方微信如同开餐馆，食材要精良且要贴近师生口味；运营官方微信如同开旅行社，能带着用户领略不一样的风景；运营官方微信如同拍电影，策划独特，用心制作，才能提升影响力。[①] 当下微信公众号排行榜盛行时期，高校在运营公众号期间应警惕一味追求指标数据"漂亮"，而忽视了数据背后的本质，是依靠优质的内容和完备的运营来"锁住"用户，确保整体的传播力和影响力。因而，高校微信公众号的传播策略是所有注重宣传建设的高校所关注的重点，也是本研究的落脚点。

[①] 张树辉. 校园微信公众号四喻［N］. 光明日报，2016-03-17.

第二章

研究设计

第一节　研究方法

本研究采用文献分析法、内容分析法、比较研究法以及语义网络分析法这四种研究方法，力图全面、系统地对高校官微的传播形式和内容进行探索。

一、文献分析法

本研究主要将文献分析法应用于文献综述、概念阐释和假说形成这三个部分。文献综述方面，通过 CNKI、SCI 等文献搜索引擎获得前人已有的关于高校公众微信平台的研究文献及现有著作，对既有文献的分析与归类，总结出现有研究的趋势和漏洞，提出本书的切入角度与创新之处；概念阐释部分，通过阅读前人对微信公众号尤其是高校微信公众号的研究，针对本书研究的层面进行归纳；假说形成部分，需要循着前人的研究成果，提出有理有据的研究假设。此外，数据分析到得出结论的过程中，也需要已有的研究成果来进行补充与完善。

二、内容分析法

内容分析法能够对传播内容进行系统、定量的描述，是具有传播学科特色的重要研究方法。它的优势主要体现在以下几个方面：其一，研究对象是物，能真实、不带调查者偏见地表现研究对象的特征；其二，资料获取容易且信度较高；其三，可以解决时间跨度上的问题。① 本书通过对目标高校微信公众号的固有属性、推送形式、推送内容的内容分析，统计在一年内这三部分下的具体指标在信息形式与信息内容中所占有的数量与比重，通过图表等可视化方式呈现出来并进行分析。

三、比较研究法

本研究通过比较各所目标高校微信公众号之间共有的且占比较大的推文形式与推文内容指标的特征，总结出这些高校共有的传播策略，为研究问题提供具体的数据说明。同时观察各高校之间是否具有差异性，并分析差异性对高校微信公众号传播力和影响力的影响，提供完善方向。

四、语义网络分析法

语义网络分析（SNA）建立在传统的"新闻框架分析"（news framing analysis）之上，融合社交媒体平台的特征，用以描绘和厘清传播系统中各种符码及其意义的关系网络，是传播学领域颇具前沿性的研究方法。② 目前，语义网络分析主要应用于 Twitter 的研究中，在中国国内也有诸多学者开始涉猎此方法来对微博这一社交平台进行研究，而针对微信的研究则十分匮乏。

语义网络分析方法在本研究中作为内容分析法的补充，在一定程度上能够克服内容分析的主观性，便于呈现研究对象的整体图景。本书通过对目标高校微信公众号的推送标题和文本分别进行分析，以确定高频词，再以这些高频词作为节点，进而描绘高频词之间在语义上的联结，构建语义网络，形成对高校微信公众号推送内容的整体把控，同时辨析微信推送内容的侧重。

---

① 林升梁，吴晓玲. 国内外内容分析法在广告研究领域中的应用综述［J］. 广告大观（理论版），2012（2）：90.
② 史安斌. 社交媒体时代全球传播的理想模式探究——基于联合国"微传播"的个案分析［J］. 武汉大学学报（哲学社会科学版），2018，71（1）：69.

第二节　研究对象

一、样本选取

本书根据《中国青年报》发布的"全国普通高校微信公众号综合影响力排行榜 TOP100"，选取 2021 年一年内共 44 周排行榜的有效数据，筛选出每周都在榜单内的高校，得到 16 个研究样本，它们分别为：清华大学、北京大学、浙江大学、上海交通大学、华中科技大学、武汉大学、四川大学、南开大学、厦门大学、天津大学、郑州大学、华南师范大学、哈尔滨工业大学、北京科技大学、湖北大学、扬州大学。① 这一样本选取结果分为两个层面进行解读：

（1）整体来看，微信公众号一年内都稳定在综合影响力前 100 的高校仅有 16 所，说明排行榜的数据波动较大。

（2）比较每所高校的情况来看，研究样本中的 16 所高校在排行榜中的位置参差不齐，表明高校微信公众号综合影响力之间差异显著。笔者根据 47 周的排行榜数据，对 16 所高校在排行榜中所处的位置进行了整理，大致划分为以下三个等级：

①位置常出现在前 20 的高校：清华大学（均进入前 10）、北京大学（均进入前 10）、武汉大学（均进入前 10）；

②位置常出现在前 40 的高校：上海交通大学（均进入前 40）、浙江大学（除 1 周之外均进入前 40）、四川大学（除 1 周之外均进入前 40）、华中科技大学（除 4 周之外均进入前 40）、华南师范大学（除 2 周之外均进入前 40）；

③位置波动幅度较大的高校：南开大学（最好排第 7，最差排第 92）、厦门大学（最好排第 1，最差排第 97）、天津大学（最好排第 6，最差排第 90）、郑州大学（最好排第 6，最差排第 66）、哈尔滨工业大学（最好排第 4，最差排第 89）、北京科技大学（最好排第 4，最差排第 72）、湖北大学（最好排第 2，最

① 排行榜数据来源为中国青年报官方网站和官方微信公众号，2020 年共发布 47 期"全国普通高校微信公众号综合影响力排行榜 TOP100"，其中［1.1—1.7］、［1.8—1.12］、［1.19—1.25］、［3.29—4.4］、［4.26—5.2］、［9.27—10.3］这六周未公布排行榜。

差排第80）、扬州大学（最好排第7，最差排第90）。

　　进一步对上述16所高校微信公众号的推送信息进行抓取，全部数据收集时间段为2021年1月1日0时至2021年12月31日24时止。① 这一时间段与选取的榜单数据相吻合，且为完整的一年，跨度和连续性均有保障。

二、统计方法

　　本研究是对高校传播策略的探索性研究，笔者将统计工作总结为以下三个方面：微信推文数据和文本的采集、数据的处理及分析、文本的处理及分析。根据需求，本书选取了以下软件进行统计分析。

　　（一）微信推文数据和文本采集——孤狼工作室

　　因本研究需统计的样本数量较多，时间跨度较大，因而笔者选择直接购买孤狼工作室的微信热门文章采集器（软件界面如图2-1所示），对16所高校微信公众号2021年的微信推送数据和文本分别进行采集和抓取。

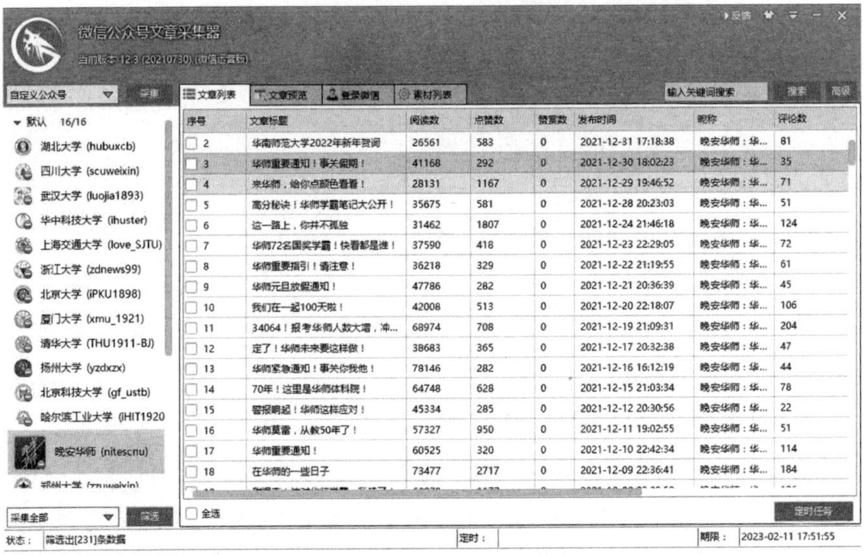

图2-1　孤狼工作室出品的微信热门文章采集器操作界面

---

① 高校官方微信公众号的推送信息中存在少许特殊推送情况，即以单张图片或单段文字的方式群发，这类信息直接送达接收端，无须点开查看，不计流量数据，因而不在本研究的考察范畴内；且该类信息数量极少，可忽略不计。

　　就数据层面而言，微信热门文章采集器可以对微信公众号指定时间段内推送文章的阅读数、点赞数、发布位置、发布时间进行抓取；就文本层面而言，微信热门文章采集器可以对微信公众号指定时间段内推送文章的标题及内容进行抓取。保存形式包含 TXT、XLS、HTML、MDB 等格式；可自由选取，便于之后的数据、文本处理与分析。

（二）数据处理与分析——Excel

　　对于采集到的微信推文相关数据，本研究采用微软办公系统中的数据处理软件 Excel 进行统计分析。数据录入 Excel 后，以合适的图表形式，一方面呈现各类指标的分布与变化，辅助深入分析与探讨的进行；另一方面合并展示多个研究对象的指标，以便执行比较研究的操作。

（三）文本处理与分析——ROST CM6、Tagxedo Creator、NetDraw

　　对于采集到的微信推文相关文本，本研究选取武汉大学编码研发的用以辅助人文社会科学研究的内容挖掘软件 ROST CM6（软件界面如图 2-2 所示），分别对研究对象的微信推文标题和内容进行处理。

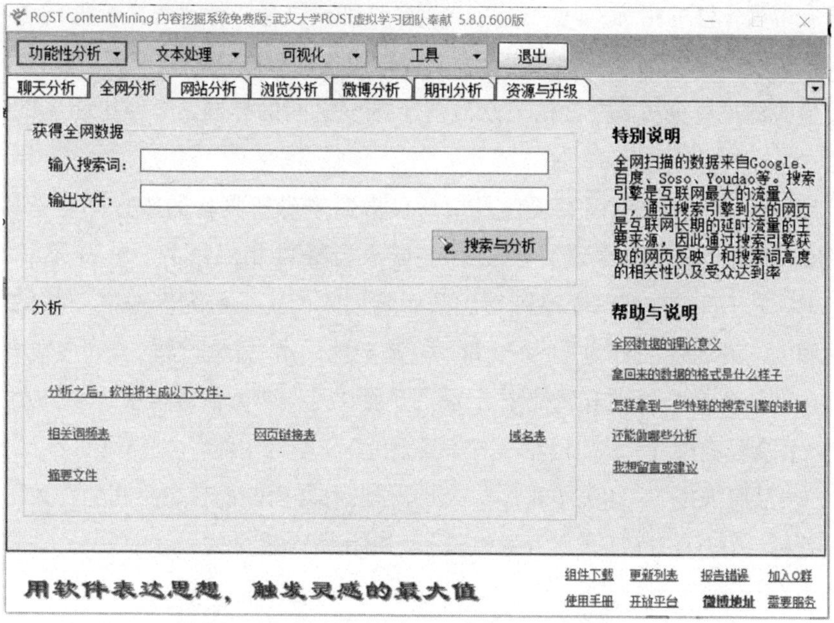

图 2-2　内容挖掘系统 ROST CM6 操作界面

本书在对采集到的文本进行语义网络分析时，通过 ROST CM6 软件的功能性分析，并结合可视化软件，完成如下三步操作：

（1）对文本进行分词，生成分词后的 TXT 文件；

（2）对分词后的文本进行词频分析，生成高频词列表，并结合在线词云生成工具 Tagxedo Creator 对词频分析结果进行呈现；

（3）对分词后的文本进行语义网络分析，并结合可视化软件 NetDraw 呈现关键词之间意义关系的分析结果。

第三节　研究框架

本研究主要采用内容分析法，并结合语义网络分析法来比较与探讨排名稳定靠前的高校微信公众号传播策略的异同，以期为高校微信公众号的运营提供策略性帮助。首先，笔者根据现有的文献资料，整理归纳出微信公众号推文的三个研究维度：固有属性、表层形式和深层内容，并将每一个维度细化为若干个具有可操作性的指标；其次，基于已有的研究成果，针对各个维度的各项指标提出假设；接着，借助数据统计和文本挖掘软件对假设分别进行检验；最后，通过检验结果，分析高校微信公众号各个维度之间的异同，总结出相应的传播策略。

高校微信公众号的固有属性是指高校微信本身所具备的较为固定的属性，一般在微信账号被搜索到后显示的主页中会提供相应信息。林升梁和李园（2015）在《新浪微博汽车品牌粉丝数影响因素的实证研究》一文中将微博汽车品牌的固有属性细分为 11 个变量。[1] 基于此，本书结合微信公众号的性质，将高校微信公众号的固有属性划分为"开通年月""微信号名称""公众号功能""公众号类型""客服电话""客服人员""账号主体""商标保护""高校级别""品牌强度""相关小程序""公众号昵称是否与高校名称完全一致""品牌显著标签""官方认证""开通时长"，共计 15 个变量。

---

[1]　林升梁，李园. 新浪微博汽车品牌粉丝数影响因素的实证研究 [J]. 新闻大学，2015（4）：110.

　　微信公众号的表层形式是对高校微信传播形式最为直观的展现。实际上，对于表层形式的考察，早先就有学者选取报纸等传统媒体作为研究对象，例如林升梁（2013）在《改革开放以来〈人民日报〉等四报广告表层形式比较》一文中，分别对报纸广告的数量、版面位置、版面大小、设计变化、色彩变化、图文比例等方面进行了统计与描述。① 之后逐渐在微博等新媒体领域展开相应研究，林升梁和张晓晨（2014）在研究微博粉丝数影响因素时，就对200位新闻传播知名学者新浪微博的表层形式进行考察，抽取出囊括"发布微博总数""微博发布密度""原创微博数""原创微博密度"等在内的17个变量。② 本书在此基础上根据高校微信公众号特点，调整为："发布推文数""发布推文密度""每月发布推文数""每月发布推文密度""各个时段发布推文数""各个时段发布推文密度""原创推文数""原创推文密度""总阅读数""头条阅读数""头条日均阅读数""头条篇均阅读数""篇均阅读数""日均阅读数""最高阅读数""总点赞数""头条点赞数""头条日均点赞数""头条篇均点赞数""篇均点赞数""日均点赞数""最高点赞数""总在看数""头条在看数""头条日均在看数""头条篇均在看数""篇均在看数""日均在看数""最高在看数""包含图片推文数""包含图片推文密度""包含视频推文数""包含视频推文密度""包含音频推文数""包含音频推文密度""包含链接推文数""包含链接推文密度"，共计37个变量。

　　微信深层内容是对高校微信公众号推送内容的深入考察。林升梁和雷超越（2015）在对四大国有银行微信的深层内容进行分析时，将微信推送内容细分为"产品信息""品牌形象""直接促销""活动策划""生活信息""新闻消息""其他"七大类。③ 韦玉玲（2016）在《高校微信公众号传播内容研究》一文中观察并整理了六所高校微信公众号的内容，归纳出"校内资讯""校外资讯""生活服务""名师名友""文艺美文"五大类选题。④ 本研究在前人研究的基

①　林升梁. 改革开放以来《人民日报》等四报广告表层形式比较［J］. 徐州工程学院学报（社会科学版），2013，28（1）：88-94.

②　林升梁，张晓晨. 个人微博粉丝数影响因素的实证研究［J］. 新闻与传播研究，2014，21（3）：68-78.

③　林升梁，雷超越. 四大国有银行微信营销传播策略比较研究［J］. 品牌，2015（9）：69.

④　韦玉玲. 高校微信公众号传播内容研究［D］. 西安：西北大学，2016.

础上，对高校微信公众号推送内容进行监测，进一步将深层内容调整并细化为三十大类，它们分别是："思想政治类""形象宣传类""校园建设类""校生互动类""领导讲话类""师生寄语类""合作交流类""校园荣誉类""科研成果类""教学成果类""生活资讯类""人物风采类""历史文化类""校园风景类""教工生活类""学生活动类""就业升学类""通知告示类""人事变动类""会议讲座类""节假庆典类""书文选送类""影视推荐类""平台互动类""数据分析类""综合成果类""趣味段子类""新闻合辑类""建党相关类""其他类"，由这三十大类的微信数和微信推文密度构成考察高校微信深层内容的 60 个变量，再加上年度关键词分析，共构成深层内容 61 个变量。

　　仅对微信推送内容进行归类性质的整理，尚缺乏从全局的视角来审视微信深层内容进而考究其传播特性与规律，需要更为系统全面的研究操作来弥补这一缺憾。在前人针对微博这一新媒体平台的传播内容进行研究时，语义网络分析这一方法已经得到了一定范围的应用。E. J. Yuan 等人（2013）通过语义网络分析新浪微博上关于隐私话题的内容，系统地考察微博平台的传播内容后发现处于社会转型时期，用户对隐私的界定正在发生改变。[①] 但基于微信平台的语义网络相关研究仍有待拓展与深入。已有的研究中，语义网络分析的内容来源基本都是微信公众号。纪娇娇等人（2015）在探讨微信公众平台对转基因这一热点话题的报道时，结合语义网络分析更直观地呈现了媒体和公众的关注点。[②] 同样地，卓敏和吴建平（2016）也是运用语义网络来探究微信上的雾霾段子，挖掘当代青年对于雾霾问题的关注点与偏向性，并进一步辅助于情感分析。[③] 鉴于目前语义网络分析在微信平台上的使用情况，本研究在对高校微信公众号推送的深层内容进行指标归类的基础上，增加了词频统计以及语义网络分析两项操作，用以探讨高校微信推送内容的传播侧重点或特征，进而完成对各高校微信传播内容的整体归纳。

---

① YUAN E J, FENG M, DANOWSKI J A. "Privacy" in Semantic Networks on Chinese Social Media: The Case of Sina Weibo [J]. Journal of Communication, 2013, 63 (6): 1011-1031.

② 纪娇娇, 申帆, 黄晟鹏, 等. 基于语义网络分析的微信公众平台转基因议题研究 [J]. 科普研究, 2015, 10 (2): 21-29.

③ 卓敏, 吴建平. 当代青年雾霾段子语义网络分析与情感可视化研究——基于微博、微信用户 [J]. 中国青年研究, 2016 (8): 10-19.

第四节　指标的信度和效度

一、指标的信度

指标的信度是指指标是否具有一致性、稳定性、可重复性。本研究在对指标的信度进行考察时，邀请到 5 位编码员，分别对高校微信公众号的固有属性、表层形式、深层内容进行考察，信度系数为 0.97，可见研究指标可靠程度高。据此可以确认，本研究所设定的指标具有较高信度。

二、指标的效度

指标的效度反映的是指标设置的科学性，即设定的指标能否准确衡量要考察的事物。本研究在对指标的效度进行考察时，综合了前人的多项研究思路与成果（如第三节所述），并结合 4 位专家给出的量化经验及建议。由此，本研究设定的指标内容得到充分讨论，具有一定的科学性。

第三章

分析与讨论

第一节　固有属性

一、固有属性相关指标说明

高校微信公众号固有属性相关变量说明及编码标准如表3-1所示。

表3-1　高校微信公众号固有属性相关变量说明及编码标准

样本信息分类	变量分类	设立依据及补充说明
固有属性	开通年月	该高校微信公众号开通的年份与月份
	微信号名称	能搜索到的微信公众账号的名称
	公众号功能	该公众号的主要属性、服务对象、开通目的、校名、校训、校况、愿景等介绍
	公众号类型	订阅号、服务号或企业号
	客服电话	是否标注公众号负责人的联系方式
	客服人员	是否注明公众号联系人信息
	账号主体	是否注明高校或其他校内机构名称
	商标保护	公众号名称是否注册商标
	高校级别	是不是"985工程""211工程"或者"双一流"高校

样本信息分类	变量分类	设立依据及补充说明
固有属性	品牌强度	2021年3月25日艾瑞深研究院中国校友会网发布的中国大学综合实力排行榜相关数据
	相关小程序	微言教育或高校导览等相关小程序
	公众号昵称是否与高校名称完全一致	公众号昵称是否与该高校的名称完全一致
	品牌显著标签	公众号头像是否与高校校徽一致
	官方认证	一般条件下，官方认证过的微信具有较高权威信任度，容易获得关注
	开通时长	计算时间从公众号开通之日算起，截至2022年1月1日0时（以"天"为计算单位）

相关补充说明：

1. 微信号

微信号是微信公众平台具有唯一性的标识，目前微信号的设置不支持中文格式，是以一串字符组成的账号（可以使用6~20个字母、数字、下画线和减号），且设置成功后将无法修改。① 微信号的设置能够增加用户检索的渠道。

2. 公众号类型

微信公众平台的账号类型可分为订阅号、服务号和企业号三种。订阅号倾向于传递资讯，适用于个人及组织，每天可群发一条消息；服务号倾向于提供服务与交互，为企业、组织提供更强大的服务和用户管理功能，每个月可群发四条消息；企业号则主要应用于公司内部通信，助力于企业和组织内部各层级的联系建立，消息发送无限制。个人或组织需要依据自身的实际情况选择合适的公众号类型进行信息传播。

---

① 李伟超，毕丽萍，贾艺玮. 近两年我国高校图书馆微信服务现状及策略研究［J］. 图书馆学研究，2016（20）：65.

3. 商标详情

微信公众平台的商标保护是与公众号名称相关联的一种机制，以确保公众号"名称唯一，合法使用"。拥有商标保护的公众号更具辨识度与权威性，服务定位明晰，利于知识产权保护的开展和责任主体的明确。

4. 高校级别

高校级别细分为"985 工程"高校、"211 工程"高校、"双一流"高校共三层。针对高校的建设与发展，国家曾陆续出台了多项重大战略决策，其中包括"985 工程""211 工程"以及近期的"双一流"① 建设。国家级的重大战略部署往往被视为评判高校级别的权威标准，高校被纳入国家级重大决策中，一方面可以促进自身的建设与发展，另一方面也彰显自身的实力与地位。

5. 品牌强度

高校的品牌强度可视为高校的综合实力情况。目前国内影响较为广泛的高校排行榜有武书连榜和校友会榜。从两大排行榜的指标体系来看，武书连榜注重教学和自然科学，以产出指标为主，易模糊不同大学之间的特色，且对师资力量和学校声誉的考察尚显薄弱。而校友会排行榜涵盖了中国各地高校的情况，并进行分区、分类、分级、分层评价，并纳入"社会影响"的指标，对高校的评价层面相较于武书连榜更为丰富和完善。② 故而，本书在此采用由艾瑞深研究院中国校友会网大学研究团队编写完成的《2018 中国大学评价研究报告——中国高考志愿填报指南（校友会版）》中对中国高校的评估和排名。

6. 小程序

微信小程序是依托于微信平台，不需要下载安装即可使用的应用，用户通过搜索或者扫一扫即可打开，于 2017 年 1 月正式发布。微信公众号可以与小程序进行关联，以提供给用户更多更优的服务。

7. 公众号昵称

公众号的昵称即微信公众号在微信平台的推送列表中显示的名称，例如北京大学的微信公众号昵称为"北京大学"。公众号昵称可设置 4~30 个字符，只

---

① "双一流"是世界一流大学和一流学科的简称。
② 李秋萍，吴均，何其迅，等. 浅谈我国高校评价排行榜指标体系的现状及建议［J］. 医学教育管理，2016，2（4）：589.

能包含中文、英文和数字，且不得侵犯商标权利，即不能与已完成商标注册的公众号昵称重复。

8. 官方认证

微信官方认证，俗称"加 V"，是腾讯对公众号主体所提交的主体信息、资质文件的真实性与合法性进行书面甄别与核实的过程，其认证有效期为 1 年。官方认证后的微信公众号在被搜索时，会在搜索结果中靠前显示，提升关注度，同时还可获得微信平台开放的高级功能接口，以便提供更多有价值的服务。

二、假说形成

微信公众号的开通时间点在一定程度上能够反映出高校对创新宣传工作是否具有敏感性和前瞻性。在有关高校微信公众号的研究中，涉及开通时间的研究集中于高校图书馆微信公众号，且多在个案研究中体现，缺乏比较研究。基于张骏毅等人（2014）对"211 工程"高校图书馆微信公众平台的分析，发现高校图书馆微信开通的时间相对集中，且存在滞后问题，适应新信息环境的时间较长。[①] 类似的，本书认为"开通时间"应作为高校官方微信的考量指标，并提出以下假设：

H_{1-1}：高校微信公众号的开通时间相对集中且有滞后性。

因微信号在设置上具有排他性，微信号名称往往各式各样。不过，目前有学者在归纳微信号设置特点上做了有益尝试。李伟超等人（2016）在《近两年我国高校图书馆微信服务现状及策略研究》一文中考察了高校图书馆的微信号设置，发现大部分是以"学校英文名称首字母小写+图书馆英文小写"命名，并指出设置微信号名称应兼顾简短性和权威性。[②] 董思聪（2017）根据微信号的字符组成对高校官方微信号名称进行了归类，分为纯字母类型、"字母+数字"类型和带符号类型，并认为微信号名称设置形式不是关键，彰显学校的价值理念即可。[③] 基于已有研究，本书把"微信号名称"纳入固有属性的指标，并提出以下假设：

① 张骏毅，杨九龙，邓媛. "211 工程"高校图书馆微信应用现状分析与对策研究［J］.
图书馆学研究，2014（6）：29-34.

② 李伟超，毕丽萍，贾艺玮. 近两年我国高校图书馆微信服务现状及策略研究［J］. 图书馆学研究，2016（20）：63，65.

③ 董思聪. "985 工程"高校官方微信公众号传播研究［D］. 湘潭：湘潭大学，2017.

H_{1-2}：高校微信公众号名称的设置蕴含多种形式，但都能够体现高校各自的理念与特色。

打开微信公众号的详情界面，往往能在微信号下面看到"功能介绍"一栏。微信公众号的功能介绍通常表述的是公众号自身的定位。曹世生在以华中师范大学官方微信为例的高校官方微信公众号运营策略研究中指出，华中师范大学"发布校园资讯、服务学校师生、丰富校园文化、联络校友感情、回应社会关切、传播华师声音"的功能介绍，体现了服务对象、主要功能、发展目标多层次的内容，实现了精准定位。据此，本书将对"公众号功能"这一指标进行描述，并提出以下假设：

H_{1-3}：高校微信公众号均有功能介绍，并且彰显了公众号的定位。

微信公众号运营方会根据自身定位及所能提供的服务，对公众号类型进行选择，因而由公众号类型也可以窥见组织进行信息传播时的偏向。已有的对高校官方微信公众平台的研究，均发现高校官方微信公众号在类型选择上表现得较为统一——以订阅号作为资讯传递的方式。田晓夏（2016）在《高校微信公众平台传播现状研究》一文中指出，订阅号能够保证每天推送至少一组信息，发布内容可在短期内产生效果，影响力较强、互动性较强、用户点击阅读和转发量也相对较高，因而在高校新闻宣传工作中应用广泛。[1] 基于目前的研究成果，本书将高校微信公众号的"公众号类型"列为固有属性的变量进行考察，提出以下假设：

H_{1-4}：高校微信公众号需要与学生群体形成较好的黏性，均选择订阅号进行信息传播。

韩媛媛（2015）在研究高校图书馆微信公众平台的开发设计时指出，微信号后台拥有客服接口，设计"联系客服"的功能可以为用户提供咨询与获取帮助的渠道。[2] 因而本书给予高校官方微信公众号的"客服电话"和"客服人员"以关注，并提出以下假设：

H_{1-5}：高校微信公众号均设置了客服电话和客服人员，可实现用户一对一咨

---

[1] 田晓夏. 高校微信公众平台传播现状研究 ［D］. 西安：陕西师范大学，2016.
[2] 韩媛媛. 微信公众平台在高校图书馆中的开发设计研究 ［D］. 武汉：华中师范大学，2015.

询的需求。

账号主体和经营范围是对申请微信公众号的传播主体进行描绘的变量。鉴于本书对高校微信公众号的界定，将"账号主体"和"经营范围"置入固有属性中进行考证，并提出以下假设：

H_{1-6}：高校微信公众号的账号主体均为高校本身。

H_{1-7}：高校微信公众号均包含商标详情，具备了相应的知识产权保护意识。

陈文飞（2016）在《微信公众号传播效果的影响因素研究》一文中认为，传播主体层面的"账号主体的公信力和知名度"是影响微信公众号传播效果的因素之一，并指出随着公众号数量的增多，具有一定公信力和知名度的传播主体重要性更为凸显。[1] 雷鸣和李贝琪（2017）在考察大学出版社微信公众平台的传播效果时，将传播主体细分为"C9 高校""985/211 高校"以及"其他高校"三类，发现"C9 高校"出版社微信公众号的推文阅读量普遍较高，影响显著。[2] 基于此，本书将"高校等级"和"品牌强度"纳入固有属性的考察范畴，并提出以下假设：

H_{1-8}：高校微信公众号传播力强的高校自身等级也高。

H_{1-9}：高校微信公众号传播力强的高校自身品牌强度同样名列前茅。

陈琪和卢佩华在《微信小程序的传播效果分析》一文中认为，小程序是优于 App 客户端的轻量应用程序，对于传播者与受传者来说意味着一种新方式与新服务。[3] 喻国明和梁爽（2017）在探讨微信小程序与轻应用时指出，以小程序（Mini Program or Mini App）为代表的轻应用（Light App）的存在意义在于在"场景复现"中不断丰富产品价值和功能意义，通过"场景服务"不断深化用户与社会的嵌入、互动关系，目前轻应用已渗透进入教育、投资、娱乐、购物等领域。[4] 鉴于目前微信小程序的应用情况，本书将考察高校微信公众号的"相关小程序"，并提出以下假设：

H_{1-10}：高校微信公众号均有相关小程序，以强化"场景服务"和深化与用

---

① 陈文飞. 微信公众号传播效果的影响因素研究［J］. 新闻研究导刊, 2016, 7 (24): 80.

② 雷鸣, 李贝琪. 大学出版社微信公众平台传播效果影响因素研究［J］. 现代出版, 2017 (6): 34.

③ 陈琪, 卢佩华. 微信小程序的传播效果分析［J］. 新闻研究导刊, 2017, 8 (23): 70.

④ 喻国明, 梁爽. 小程序与轻应用：基于场景的社会嵌入与群体互动［J］. 武汉大学学报（人文科学版）, 2017, 70 (6): 125.

户的互动关系。

用户在关注微信公众号时，采取的行为通常是扫码关注或是关键词搜索。与微信号同样作为搜索关键词的公众号昵称，是最直接的一种辅助搜索的方式。甘月童的《对"985 工程"高校微信公众号的研究》一文发现，绝大多数的高校官方微信使用了高校的全称作为微信公众号的昵称，同时认为以学校的全称进行命名，更易被搜索进而被关注。① 因而，本书将高校的微信公众号昵称作为变量之一进行描述，提出以下假设：

H_{1-11}：高校微信公众号的昵称均与高校的全称保持一致，在用户进行关注操作时容易被搜索到。

微信公众号头像的设置也是固有属性当中的重要一环，头像可以影响到搜索、关注操作中用户的第一印象，往往能够折射出高校的整体形象，但对微信公众号的研究中，探讨头像设置的较为贫乏。其中，任杰、徐树新（2017）②和张美娜（2017）③ 的研究聚焦于高校图书馆微信公众平台，都将头像设置作为指标，归纳出三种主要头像类型：图书馆馆徽、图书馆建筑、学校校徽。董思聪（2017）通过对 39 所"985 工程"高校官方微信公众号头像的观察，总结出头像的设置主要集中在学校校徽、校园建筑和卡通形象上，其中学校校徽占据 82%，因其最能代表高校自身精神，有利于提高高校品牌的辨识度。④ 据此，本书将对高校微信公众号的头像设置进行考察，以判定高校是否具有商标意识，并提出以下假设：

H_{1-12}：高校微信公众号的头像设置以校徽为主，多数高校具有商标意识。

Sussman S. W. 和 Siegal W. S.（2003）在基于技术接受模型（TAM）所做的调查研究中发现，信源的可信度（Source credibility）对信息的传播过程会产生显著的影响。⑤ 方婧和陆伟（2016）在《微信公众号信息传播热度的影响因

---

① 甘月童. 对"985 工程"高校微信公众号的研究［J］. 青年记者，2016（9）：47.
② 任杰，徐树新. 内蒙古地区高校图书馆微信公众平台现状调查与分析［J］. 图书情报导刊，2017，2（1）：33.
③ 张美娜. 微信公众平台在辽宁省高校图书馆应用现状及建议［J］. 沈阳工程学院学报（社会科学版），2017，13（2）：264.
④ 董思聪. "985 工程"高校官方微信公众号传播研究［D］. 湘潭：湘潭大学，2017.
⑤ SUSSMAN S W, SIEGAL W S. Informational Influence in Organizations：An Integrated Approach to Knowledge Adoption［J］. Information Systems Research，2003，14（1）：47-65.

素实证研究》一文中探寻微信公众号信息传播用户层面的影响因素时指出，微信公众号的可信度可以通过是否完成认证来判别，这将直接影响用户的关注行为以及后续的传播效果。① 故而，本书将"官方认证"作为固有属性的一项指标，提出以下假设：

H_{1-13}：高校微信公众号均已完成官方认证，具有较高的可信度，容易获得关注并提升传播的可能性。

王福军等人（2016）在《中国高校医学期刊微信公众平台应用现状调查分析》一文中指出，开通时长是微信公众平台整体运营情况的体现，开通时间越长，则运营状况越好，技术掌握程度越高，并对高校各类医学期刊微信公众号的平均开通时长进行了统计。② 鉴于此，本书认为"开通公众号的总天数"应作为高校微信公众号固有属性的指标之一，并提出以下假设：

H_{1-14}：高校微信公众号均有较长的开通时长。

三、统计分析

（一）H_{1-1}：高校微信公众号的开通时间相对集中且有滞后性

16 所高校微信公众号的开通时间如表 3-2 所示。

表 3-2 16 所高校微信公众号开通时间汇总表

高校名称	开通年月	高校名称	开通年月
清华大学	2013 年 12 月	北京大学	2013 年 12 月
浙江大学	2013 年 9 月	上海交通大学	2012 年 11 月
华中科技大学	2012 年 11 月	武汉大学	2014 年 3 月
四川大学	2014 年 5 月	南开大学	2013 年 3 月
厦门大学	2014 年 4 月	天津大学	2013 年 9 月
郑州大学	2014 年 9 月	华南师范大学	2014 年 5 月
哈尔滨工业大学	2017 年 1 月	北京科技大学	2014 年 4 月

---

① 方婧，陆伟. 微信公众号信息传播热度的影响因素实证研究 [J]. 情报杂志，2016, 35 (2)：158.

② 王福军，冷怀明，郭建秀，等. 中国高校医学期刊微信公众平台应用现状调查分析 [J]. 凯里学院学报，2016, 34 (1)：111.

续表

高校名称	开通年月	高校名称	开通年月
湖北大学	2013 年 3 月	扬州大学	2013 年 10 月

从时间的跨度来看，最早开通微信公众号的是上海交通大学和华中科技大学，开通时间为 2012 年 11 月；而开通最晚的是哈尔滨工业大学，开通时间均为 2017 年 1 月，这可能与其是以工科为主的大学有关。由是观之，各大高校对微信这一新兴传播媒介的敏感程度存在较大差距。微信公众平台在 2012 年 8 月正式上线，上海交通大学和华中科技大学敏锐地感知到微信公众平台传播资讯的潜力，于同年 11 月就开通了微信公众号，而大部分高校微信公众号均于一两年后才陆续上线，存在一定的滞后性。

从时间的集中程度来看，2013 年和 2014 年这两年开通微信公众号的高校最多，共有 13 所，表明高校微信公众号有相对集中的开通时间。

（二）H₁₋₂：高校微信公众号的设置蕴含多种形式，但都能够体现高校各自的理念与特色

16 所高校微信公众号的设置如表 3-3 所示。

表 3-3　16 所高校微信公众号汇总表

高校名称	微信号	高校名称	微信号
清华大学	THU1911-BJ	北京大学	iPKU1898
浙江大学	zdnews99	上海交通大学	love_SJTU
华中科技大学	ihuster	武汉大学	luojia1893
四川大学	scuweixin	南开大学	nankaiuni
厦门大学	xmu_1921	天津大学	tianda1895
郑州大学	zzuweixin	华南师范大学	nitescnu
哈尔滨工业大学	iHIT1920	北京科技大学	gf_ustb
湖北大学	hubuxcb	扬州大学	yzdxzx

从形式来看，高校微信公众号的设置呈现出多种样式，大致可分为四种类型：纯字母；仅含字母和数字；仅含字母和特殊符号；含有字母、数字和特殊符号。除华中科技大学、南开大学、华南师范大学、湖北大学、扬州大学、郑

州大学和四川大学是纯字母类型之外，其余高校的微信号设置均是组合类型。其中，仅含字母和数字的类型有 5 所高校，仅含字母和特殊符号的类型有 2 所高校，含有字母、数字和特殊符号的类型有 2 所高校。此外，为了便于检索，微信号的设置不会过于冗长，可以发现 16 所高校的微信号长度均未超出 10 个字符。

从内容来看，不难发现，高校在微信号中均结合了自身特色。一方面，字母部分主要彰显高校名，或是高校名称的拼音，例如天津大学（tianda1895）；或是高校的英文缩写，例如，南开大学（nankaiuni）；或是高校的别称，例如，武汉大学以珞珈山中的"珞珈"二字作为别称，微信号设置即为"luojia1893"。另一方面，数字部分主要体现高校的创立时间，例如，北京大学（iPKU1898）、厦门大学（xmu_1921）；也有反映区分类似微信号的目的，例如，浙江大学（zdnews99）。

微信号作为识别高校微信公众平台的标识之一，具备唯一性。所以，简洁而多变的形式再融入高校的独特元素，成为高校微信公众号的主流设置理念。

（三）H_{1-3}：高校微信公众号均有功能介绍，并且彰显了公众号的定位

16 所高校微信公众号的功能介绍汇总结果如表 3-4 所示。

表 3-4 16 所高校微信公众号功能介绍汇总表

高校名称	功能介绍	高校名称	功能介绍
清华大学	自强不息，厚德载物。这里是清华大学	北京大学	北大是常为新的
浙江大学	"国有成均，在浙之滨"。今天的浙江大学，正努力建设世界一流的综合型、研究型、创新型大学。学校将秉承求是创新精神，致力于传播与创造知识，弘扬与引领文化，服务与奉献社会，坚定不移地打造更高质量、更加卓越、更受尊敬、更有梦想的大学	上海交通大学	这里是"图、文、影、音"并茂的高教信源、时政平台、微型课堂，用图解、短文、视频、语音等灵活形式推送媒体信息。欢迎关注上海交通大学
华中科技大学	华中科技大学官方微信	武汉大学	武汉大学官方公众平台

高校名称	功能介绍	高校名称	功能介绍
四川大学	海纳百川，有容乃大	南开大学	允公允能，日新月异。这里是南开大学官微，百年南开欢迎你~
厦门大学	"自强不息 止于至善"，厦门大学官方公众平台	天津大学	天津大学始建于1895年，是中国第一所现代大学。家国情怀，兴学强国是天大人不变的追求
郑州大学	郑州大学官方微信公众平台	华南师范大学	华南师范大学官方公众号，发布校园资讯，服务师生校友。华师人，爱生活，爱思考
哈尔滨工业大学	竭诚服务一校三区师生，真情凝聚海内外校友，全方位展示哈工大形象、讲好哈工大故事、传递哈工大声音	北京科技大学	北京科技大学官方微信平台。发布最新权威资讯，展现校园风貌，展示优秀北科人的风采，服务广大师生校友。欢迎关注
湖北大学	湖北大学官微	扬州大学	信息发布 新闻速递 资源共享

根据表3-4的汇总结果，高校微信公众号均对功能介绍进行了描述，但比较来看，功能介绍中对微信公众号定位的清晰程度存在显著差异。笔者根据16所高校微信公众号功能介绍的具体内容，大致将其归纳为三个层级：第一层级，表述隶属关系，仅简洁直白地传达传播主体"是谁"或校训，代表高校有清华大学、北京大学、华中科技大学、武汉大学、南开大学、厦门大学、四川大学、郑州大学、湖北大学；第二层级，给出隶属关系的同时，对传播主体的历史和愿景有更为翔实的描述，代表高校有浙江大学、天津大学；第三层级，体现功能特点的同时，对传播功能、服务对象等方面有进一步的阐释，代表高校有上海交通大学、哈尔滨工业大学、华南师范大学、北京科技大学、扬州大学。

对微信公众号而言，首要的是具备清晰的自我定位与受众定位。从上述三个层级来看，显然第三层级的功能介绍对公众号的定位描述最为清晰，第一层级和第二层级在彰显公众号自身定位方面较为模糊。

（四）H_{1-4}：高校微信公众号需要与学生群体形成较好的黏性，均选择订阅号进行信息传播

笔者通过关注 16 所高校的微信公众号发现，16 所高校微信公众号类型均为订阅号。

订阅号往往附带着媒体属性，能够通过优质的内容及服务与用户建立良好的关系，从而建构起自身的品牌形象。[①] 订阅号无论在搭建高校与学生群体的沟通平台方面，还是在宣传、塑造高校自身品牌形象方面，均能起到相应作用，因而高校微信公众平台通常选择订阅号来传播资讯。

（五）H_{1-5}：高校微信公众号均设置了客服电话和客服人员，可实现用户一对一咨询的需求

笔者分别进入 16 所高校微信公众号的详情页面进行查看，发现武汉大学对客服电话和客服人员均进行了标注，浙江大学对客服电话进行了注明，但未注明客服人员，其余高校都未对客服电话和客服人员进行设置。这说明目前高校微信公众号还未给予客服系统足够的关注，在服务的完善程度上有待进一步提升。

（六）H_{1-6}：高校微信公众号的账号主体均为高校本身

查看微信公众号的详情页面中的"账号主体"一栏，发现 16 所高校微信公众号的账号主体均显示高校名称，这说明高校微信公众号的传播主体即是高校自身，而非高校中的其他诸如图书馆、学生处等机构。

（七）H_{1-7}：高校微信公众号均包含商标详情，具备了相应的知识产权保护意识

查看 16 所高校微信公众号的详情页面后发现，16 所高校中只有清华大学（商标名称为"清华"）、郑州大学（商标名称为"郑州大学 ZHENGZHOU UNIVERSITY"）2 所高校拥有商标详情，这表明在设置官方微信公众号时，仅有小部分高校考虑到商标保护问题，大多数高校尚缺乏知识产权保护意识。

（八）H_{1-8}：高校微信公众号传播力强的高校自身等级也高

通过对 16 所高校的级别进行考察，得到表 3-5 的结果。

---

① 付嘉鑫. 地方高校官方微信平台使用与满足研究［D］. 重庆：重庆师范大学，2016.

表 3-5　16 所高校级别汇总表

高校名称	高校级别	高校名称	高校级别
清华大学	"985 工程"高校、"211 工程"高校、"双一流"高校	北京大学	"985 工程"高校、"211 工程"高校、"双一流"高校
浙江大学	"985 工程"高校、"211 工程"高校、"双一流"高校	上海交通大学	"985 工程"高校、"211 工程"高校、"双一流"高校
华中科技大学	"985 工程"高校、"211 工程"高校、"双一流"高校	武汉大学	"985 工程"高校、"211 工程"高校、"双一流"高校
四川大学	"985 工程"高校、"211 工程"高校、"双一流"高校	南开大学	"985 工程"高校、"211 工程"高校、"双一流"高校
厦门大学	"985 工程"高校、"211 工程"高校、"双一流"高校	天津大学	"985 工程"高校、"211 工程"高校、"双一流"高校
郑州大学	"211 工程"高校、"双一流"高校	华南师范大学	"211 工程"高校、"双一流"高校
哈尔滨工业大学	"985 工程"高校、"211 工程"高校、"双一流"高校	北京科技大学	"211 工程"高校、"双一流"高校
湖北大学	无	扬州大学	无

根据表 3-5 的结果，16 所高校所处等级多数较高，除了湖北大学和扬州大学，其他均为"985 工程"高校、"211 工程"高校、"双一流"高校。这表明得益于它们天然的学校等级背书，高等级的高校十分重视微信公众号的建设，它们之间的竞争也十分激烈。同时，低等级高校也不甘示弱，湖北大学和扬州大学作为"三非"大学，此次能够入选，说明高校等级也不是高校微信公众号成功运营的必要条件。

当然，高校自身所处等级实际上与高校官方微信公众号传播可能存在相辅相成的关系。一方面，高校自身所处等级高，意味着高校拥有较为丰厚的教育资源、相对成熟的建设团队，且在社会上具有一定的知名度，"名校效应"进而能够助力包括微信公众号在内的一系列新媒体平台形成相应的影响力；另一方面，早先的"985工程"和"211工程"等高校等级评判政策已被"双一流"建设所取代，高校等级的划分已不再从静态层面进行，而是动态层面的操作。①这意味着高校所处的等级是会发生变动的，这样的机制将激发高校的自我完善与提升。作为新媒体平台的高校微信公众号，其运营与建设受到高校重视，孕育出强大的传播力，达到宣传高校乃至塑造一定社会影响力的效果，从而有益于高校所处等级的进一步提升。

（九）H_{1-9}：高校微信公众号传播力强的高校自身品牌强度同样名列前茅

通过艾瑞深中国校友会网发布的《2021校友会中国大学排名：高考志愿填报指南》中的"2021校友会中国大学排名榜单"，获得16所高校整体排名情况如表3-6所示。②

表3-6　16所高校品牌强度汇总表

高校名称	品牌强度名次	高校名称	品牌强度名次
清华大学	2	北京大学	1
浙江大学	4	上海交通大学	3
华中科技大学	5	武汉大学	10
四川大学	17	南开大学	16
厦门大学	20	天津大学	10
郑州大学	52	华南师范大学	60
哈尔滨工业大学	14	北京科技大学	32
湖北大学	137	扬州大学	71

由表3-6可以看出，16所高校的品牌强度虽然有11所进入前20名，排名相对靠前，但高校之间的排名差距较为显著，仍然有5所排名靠后，甚至有1所排

---

① 谭畅，郑可书."双一流"名单公布，比985、211多了什么？［EB/OL］. 南方周末，2017-09-21.

② 艾瑞深研究院. 校友会2020中国大学排行榜1200强揭晓，清华北大人大晋升世界一流大学［EB/OL］. 搜狐网，2021-02-05.

在100多名。将16所高校品牌强度的排名与2021年《中国青年报》的高校微信公众号排行榜进行比对后发现，高校微信公众号的传播力与高校品牌强度之间并无必然联系。由是观之，高校品牌强度由多种因素构成，微信公众号的传播力无法决定品牌强度，反过来，品牌强度也无法完全印证高校微信公众号的传播力。

（十）H_{1-10}：高校微信公众号均有相关小程序，以强化"场景服务"和深化与用户的互动关系

通过查看16所高校微信公众号的详情页面，发现均有与高校微信公众号相关的小程序，详细汇总结果如表3-7所示。

表3-7　16所高校官方微信公众号相关小程序汇总表

高校名称	相关小程序	高校名称	相关小程序
清华大学	参观清华、清华校园导览、清华大学、学生清华、水木汇THU、清动圈THU、Wesalon、同行实践平台、一百一十年校庆相框、THUSOE、清华五道MBA、WeLibrary、掌上艺教、元宵祝福秘语签、清华大学智能产业研究院、班团快线、云上小研、圆桌测试、清华港中大FMBA校友平台、清华年年有心意、云上学生清华、清华紫荆、微言教育等	北京大学	参观北大、北京大学校园卡、北大未名BBS、北大光华、微言教育、北京大学勺园餐厅、北京大学图书馆、北医云通行、双胎宝、北京大学光华管理学院、北大空间、北大校友、北大人脸采集、悦动跃健康、双胎通、数字农业、北医培训、北京大学就业小助手、北大密码重置、北大青年、北大手机绑定、决战北大知巅、PKU经济情况调查、北大燕缘学堂、北大物理学院人才培养等
浙江大学	98淘书、浙江大学生物实验教学中心、浙江大学实验室安全检查、浙江大学广播电视台周年庆、ZJUBTV请假系统、浙大学生节、竺青年查询平台、浙大外院布劳沃德国际课程中心、浙江大学医学院会议培训注册、浙大云端毕业照、浙大生研院、浙大管院EDP中心、浙大传媒与国际文化学院继教中心、微言教育等	上海交通大学	交大校园导览、知行安泰、SI服务、上海交大安泰高管教育、健康交大人、采招加油站、同窗安泰、学在安泰、上海交大安泰高管教育营销管理、上海交通大学年鉴、走进李政道图书馆、上海交通大学绿色爱心屋、青年之声权益平台、走进思源阁、校园会议订餐、SJTU新年签、SJTU思源百年文创菁英赛、微言教育等

高校名称	相关小程序	高校名称	相关小程序
华中科技大学	华中科技大学本科招办、考场信息查询、智慧华中大等	武汉大学	在武大、武大智慧岛、武大梦想珈、武大日报平安、武大产学研、武大招办、智慧珞珈、梅操电影、武汉大学毕业墙、武汉大学图书馆、武大青马、武汉大学招生办公室、武大就业地图导航、武汉大学校园导览试用版、微言教育等
四川大学	四川大学干部培训、U 幼云缴费、慢阻肺管理端、四川大学港澳台事务管理平台、微言教育等	南开大学	南开微学工、南开大学团委服务平台、NKU 中文预训练模型测试、NK Chem 校友管理系统、南开大学 EXED、南开大学材料学院党群一家亲、南开大学荷花邀请函等
厦门大学	厦门大学、厦门大学通行码、厦门大学智慧教务、厦门大学学生会、厦门大学 MBA、厦门大学经济学科、厦门大学科技处、厦大人等	天津大学	天津大学、天津大学 PLIS、天大校园卡服务、天津大学招生宣传行程、天津大学校园导览、天津大学图书馆用户绑定、天津大学图书馆数字阅读、天大统一登录、微言教育等
郑州大学	郑州大学预约系统、郑大党员 e 家、郑州大学学工服务平台、新冠智能自测助手、郑大公共安全大数据 AI 实验平台等	华南师范大学	华南师大校园一卡通、华师理论学习等

续表

高校名称	相关小程序	高校名称	相关小程序
哈尔滨工业大学	HIT 校园卡、哈工大智行、HIT 签名助手、哈工大 MBA 教务学生端、寻找哈工大老照片上同窗的你、祝福哈工大百年华诞、拾起散落的哈工大念想、哈工大水实验室会议室预约系统等	北京科技大学	北京科技大学、北科大人、校会宣传活动预约程序、贝加创新汇、USTB 毕业季云合影、校会设备借用程序、北科材料等
湖北大学	湖北大学微门户、湖北大学图书馆、湖大 EDP 等	扬州大学	扬州大学、扬州大学学生出国境项目申请系统、扬大会务、扬大会议服务系统等

由表 3-7 可知，除北京大学、华中科技大学、南开大学、厦门大学、郑州大学、华南师范大学、哈尔滨工业大学、北京科技大学、湖北大学、扬州大学外，其余高校均具有相关微言教育小程序。教育部于 2017 年 9 月 8 日借助腾讯微信平台推出"微言教育"小程序，同时开展社交化活动"致敬！老师"。[1] 2017 年 9 月 27 日，教育部新闻办、新闻中心在"新平台 新联动——30 所高校小程序集体上线仪式暨教育政务新媒体宣传研讨会"上宣布全国近 30 所高校将上线专属小程序，以期为高校师生提供更优质、轻便的校园服务。[2] 除此之外，部分高校还拥有自己的导游小程序，例如上海交通大学的"交大校园导览"包括高校的简介和地图导航，向用户更具象地展现高校自身的同时，为师生提供更便捷的定位服务；樱花是武汉大学的一大特色，其微信公众号推出的"武大智慧岛"小程序就是为了给游客带来更好的观樱体验而推出的，整合了位置、交通等服务信息。由此可见，高校微信公众号在推出小程序时，往往能够以提供给用户优质服务、增强互动性为目的，结合高校特色针对性地传播资讯。

---

[1] 教育部. 教育部政务新媒体"微言教育"小程序上线——推出社交化活动"致敬！老师"[EB/OL]. 中华人民共和国教育部，2017-09-08.

[2] 教育部新闻办/微言教育. 教育系统微信小程序上线：近 30 所高校入驻，旨在服务师生[EB/OL]. 澎湃网，2017-09-27.

（十一）H_{1-11}：高校微信公众号的昵称均与高校的全称保持一致，在用户进行关注操作时容易被搜索到

笔者将研究的 16 所高校名称分别用键盘输入微信搜索中，在公众号的搜索结果中大多数出现以高校全称命名的微信公众号，说明高校微信公众号的昵称大多数与高校的全称保持一致，且易于被搜索到进而被关注。

（十二）H_{1-12}：高校微信公众号的头像设置以校徽为主，多数高校微信公众号具有商标意识

16 所高校微信公众号的头像设置如图 3-1 所示。

图3-1　16 所高校官方微信公众号头像汇总图

由图 3-1 可知，除了华中科技大学、武汉大学的官方微信公众号头像为卡通人物，南开大学的官方微信公众号头像为高校建筑之外，其余 13 所高校的微信公众号头像均为校徽，说明多数高校微信公众号具有商标意识。

（十三）H_{1-13}：高校微信公众号均已完成官方认证，具有较高的可信度，容易获得关注并提升传播的可能性

对高校微信公众号的详情页面进行核查后，发现 16 所高校的官方微信公众号均已完成官方认证，表明 16 所高校的微信公众号均具有较高的可信度。

（十四）H_{1-14}：高校微信公众号均有较长的开通时长

16 所高校微信公众号开通时长（从公众号开通之日起至 2020 年 1 月 1 日 0 时止，以天计）的统计结果如表 3-8 所示。

表 3-8　16 所高校微信公众号开通时长汇总表

高校名称	开通时长（天）	高校名称	开通时长（天）
清华大学	2951	北京大学	2941
浙江大学	3042	上海交通大学	3347
华中科技大学	3346	武汉大学	2851
四川大学	2800	南开大学	3226
厦门大学	2830	天津大学	3040
郑州大学	2677	华南师范大学	3012
哈尔滨工业大学	1825	北京科技大学	2830
湖北大学	3226	扬州大学	3012

从开通时长来看，截至 2021 年年底，16 所高校微信公众号的开通时长均超过 1800 天，说明高校微信公众号在运营上已积攒了一定的经验。此外，这么长的开通时长能够为进一步形成高校微信公众号自身的传播特色或制定出合适的传播策略创造时间上的条件。

四、检定结果

高校微信公众号固有属性的研究假设的检定结果如表 3-9 所示。

表 3-9　固有属性研究假设的检定结果①

样本信息分类	研究假设	检定结果
固有属性	H$_{1-1}$：高校微信公众号的开通时间相对集中且有滞后性	接受
	H$_{1-2}$：高校微信公众号的设置蕴含多种形式，但都能够体现高校各自的理念与特色	接受
	H$_{1-3}$：高校微信公众号均有功能介绍，并且彰显了公众号的定位	部分拒绝

---

① 检定结果为部分接受，表示假设超过 50% 接受；检定结果为部分拒绝，表示假设超过 50% 拒绝。表层形式和深层内容的检定结果同上述标准。

样本信息分类	研究假设	检定结果
固有属性	H_{1-4}：高校微信公众号需要与学生群体形成较好的黏性，均选择订阅号进行信息传播	接受
	H_{1-5}：高校微信公众号均设置了客服电话和客服人员，可实现用户一对一咨询的需求	部分拒绝
	H_{1-6}：高校微信公众号的账号主体均为高校本身	接受
	H_{1-7}：高校微信公众号均包含商标详情，具备了相应的知识产权保护意识	部分拒绝
	H_{1-8}：高校微信公众号传播力强的高校自身等级也高	部分拒绝
	H_{1-9}：高校微信公众号传播力强的高校自身品牌强度同样名列前茅	部分拒绝
	H_{1-10}：高校微信公众号均有相关小程序，以强化"场景服务"和深化与用户的互动关系	部分拒绝
	H_{1-11}：高校微信公众号的昵称均与高校的全称保持一致，在用户进行关注操作时容易被搜索到	接受
	H_{1-12}：高校微信公众号的头像设置以校徽为主，多数高校微信公众号具有商标意识	接受
	H_{1-13}：高校微信公众号均已完成官方认证，具有较高的可信度，容易获得关注并提升传播的可能性	接受
	H_{1-14}：高校微信公众号均有较长的开通时长	接受

第二节　表层形式

一、表层形式相关指标说明

高校微信公众号表层形式相关变量说明及编码标准如表 3-10 所示。

表 3-10　高校微信公众号表层形式相关变量说明及编码标准

样本信息分类	变量分类	设立依据及补充说明
表层形式	发布推文数	2021 年 1 月 1 日 0 时至 2022 年 1 月 1 日 0 时止发布微信推文的总数，全文同
	发布推文密度	发布微信推文总数÷发布微信天数（365 天）
	每月发布推文数	分别统计 2021 年 1 月至 2021 年 12 月每个月发布微信推文的总数
	每月发布推文密度	每月的微信推文数÷发布微信推文总数
	各个时段的发布推文数	分别统计 0—9 时，9—12 时，12—14 时，14—18 时，18—24 时这五个时段的微信数
	各个时段的发布推文密度	每个时段的微信推文数÷发布微信推文总数
	原创推文数	2021 年 1 月 1 日 0 时至 2022 年 1 月 1 日 0 时止标注为原创的微信推文总数
	原创推文密度	原创微信推文总数÷发布微信推文总数
	总阅读数	2021 年 1 月 1 日 0 时至 2022 年 1 月 1 日 0 时止微信推文被阅读的总数
	篇均阅读数	微信推文阅读总数÷发布微信推文总数
	日均阅读数	微信推文阅读总数÷发布微信天数
	最高阅读数	2021 年微信推文阅读数的最大值
	头条阅读数	2021 年微信推文头条的被阅读总数

续表

样本信息分类	变量分类	设立依据及补充说明
表层形式	头条日均阅读数	微信推文头条被阅读总数÷发布微信推文天数
	头条篇均阅读数	微信推文头条被阅读总数÷发布微信头条推文总数
	总点赞数	2021年1月1日0时至2022年1月1日0时止微信推文被点赞的总数
	篇均点赞数	微信推文被点赞的总数÷发布微信推文总数
	日均点赞数	微信推文被点赞的总数÷发布微信天数
	最高点赞数	2021年微信推文被点赞数的最大值
	头条点赞数	2021年微信推文头条的被点赞总数
	头条篇均点赞数	微信推文头条被点赞总数÷发布微信天数
	头条日均点赞数	微信推文头条被点赞总数÷发布微信推文头条总数
	总在看数	2021年1月1日0时至2022年1月1日0时止微信推文被点在看的总数
	篇均在看数	微信推文被点在看的总数÷发布微信推文总数
	日均在看数	微信推文被点在看的总数÷发布微信天数
	最高在看数	2021年微信推文被点在看数的最大值
	头条在看数	2021年微信推文头条的被点在看总数
	头条日均在看数	微信推文头条被点在看总数÷发布微信天数
	头条篇均在看数	微信推文头条被点在看总数÷发布微信推文头条总数
	包含图片推文数	发布或转发的微信推文中含有图片的数量
	包含图片推文密度	包含图片的微信推文总数÷发布微信推文总数
	包含视频推文数	发布或转发的微信推文中含有视频的数量
	包含视频推文密度	包含视频的微信推文总数÷发布微信推文总数
	包含音频推文数	发布或转发的微信推文中含有音频的数量
	包含音频推文密度	包含音频的微信推文总数÷发布微信推文总数
	包含链接推文数	发布或转发的微信推文中含有网页链接的数量
	包含链接推文密度	包含链接的微信推文总数÷发布微信推文总数

相关补充说明：

1. 原创

微信公众平台为了更好地维护著作权人的合法权益，开通了原创声明功能以保障著作权。公众号运营者自主声明原创后，系统会比对平台内已成功声明原创的文章，若比对通过，系统会自动在推文标题下打上"原创"的标识。[①]未包含"原创"标识的推文无法确认其是否存在抄袭之处，因此本书对原创推文的界定为带有"原创"标识的微信推文。原创功能提升了微信公众平台的自净能力，并能进一步促进高质量信息的生产。

2. 微信传播指数

微信传播指数（WCI）被视为考察微信公众号整体传播力和影响力的相对科学且权威的指标，它是由清华大学沈阳教授带领的新媒体团队所研发的。截至 2021 年 12 月，WCI 指数的计算公式已有三个版本，最新版本"WCI-14.0"整合了"WCI-12.0"和"WCI-13.0"两个版本的计算公式（见表 3-11）。故本书在考察高校官方微信公众号的表层形式时，将最新版本的计算公式所涉及的二级指标均纳入考察维度。

表 3-11　微信传播指数（WCI）测算版本各级指标及权重

版本	一级指标及权重	二级指标	二级权重
V12.0	阅读指数（80%）	总阅读数	40%
		篇均阅读数	45%
		最高阅读数	15%
	点赞指数（20%）	总点赞数	40%
		篇均点赞数	45%
		最高点赞数	15%

---

① 腾讯. 重磅！2015 微信知识产权保护白皮书发布 ［EB/OL］. 腾讯网，2016-01-11.

续表

版本	一级指标及权重	二级指标	二级权重
V13.0	整体传播力（30%）	日均阅读数	85%
		日均点赞数	15%
	篇均传播力（30%）	篇均阅读数	85%
		篇均点赞数	15%
	头条传播力（30%）	头条（日均）阅读数	85%
		头条（日均）点赞数	15%
	峰值传播力（10%）	最高阅读数	85%
		最高点赞数	15%
V14.0	整体传播力（60%）	日均阅读数	85%
		日均点赞数	6%
		日均在看数	9%
	篇均传播力（20%）	篇均阅读数	85%
		篇均点赞数	6%
		篇均在看数	9%
	头条传播力（10%）	头条（日均）阅读数	85%
		头条（日均）点赞数	6%
		头条（日均）在看数	9%
	峰值传播力（10%）	最高阅读数	85%
		最高点赞数	6%
		最高在看数	9%

二、假说形成

冀芳和张夏恒（2016）在对 CSSCI 期刊微信公众平台的统计分析和比较研究中指出，衡量消息的多寡能够反映微信公众号的活跃程度，但无法进行横向比较，因而引入"推送频率"指标。① 方婧和陆伟（2016）在《微信公众号信息传播热度的影响因素实证研究》一文中借鉴已有的对微博平台影响因素的研究，从用户、环境、内容三个维度入手考察微信公众号信息传播的影响因素，将推送频率（平均每日推送文章数量）纳入环境层面的影响因素进行量化统计，并指出过于频繁地推送文章对传播效果无益。② 陶赋雯（2016）在对福建省26所本科高校微信公众号的实证分析中，对微信公众号的推送频次进行了统计，发现近七成高校的推送频率达到2天一次。③ 王蓓悦等人（2017）在分析高校官方微信公众号运营的现状时指出，中国青年报提供的排行榜数据中，靠前的高校微信公众号基本实现了日更。④ 根据已有成果，本书设置"发布推文数"和"发布推文密度"两个指标以考察高校微信公众号的推送频率，并提出以下假设：

H_{2-1}：高校微信公众号发布推文数量多，推文密度均高于1，具有相当的活跃程度。

王正祎（2017）等人在对辽宁省高校官方微信公众号的推送内容数量进行分析时表明，推文次数和推送数量在法定节假日、纪念日和与学生有密切联系的毕业季、开学季时相对增加。⑤ 故而，本书在统计年度发布推文数和发布推文密度的基础上，对"每月发布推文数"和"每月发布推文密度"做更深入的探寻与分析，并提出以下假设：

H_{2-2}：高校微信公众号每月发布的推文数量均不相同。

H_{2-3}：高校微信公众号发布推文有相对集中的月份，表现为有若干月的推文密度较高。

微信公众平台对推送时间的安排将会影响用户对信息的接受程度。林升梁

---

① 冀芳，张夏恒. CSSCI来源期刊微信公众平台运营现状及优化策略［J］. 中国科技期刊研究，2016，27（7）：758.

② 方婧，陆伟. 微信公众号信息传播热度的影响因素实证研究［J］. 情报杂志，2016，35（2）：159.

③ 陶赋雯. 微信公众号运营实践与传播效果研究——基于对福建省26所本科高校微信公众号的实证分析［J］. 福建论坛（人文社会科学版），2016（12）：202.

④ 王蓓悦，王莹，魏颖. 高校官方微信公众号运营的现状、困境以及对策分析——以"东华大学"为例的实证分析［J］. 新媒体研究，2017，3（7）：58.

⑤ 王正祎，彭小枚，李知. 辽宁省高校官方微信公众平台传播内容分析［J］. 新闻研究导刊，2017，8（3）：22-23.

和雷超越（2015）在《四大国有银行微信营销传播策略比较研究》一文中分 5 个时段对四大国有银行的微信公众号推送时间进行统计分析，得出中国工商银行的微信推送比较有规律，有利于用户养成查阅习惯，推送到达率和粉丝互动性也随之提升。① 韦玉玲（2016）在对高校官方微信公众号的发送时间进行研究时，结合高校师生的生活与学习特征构建了 7 个时间类目，比较 6 所高校的官微推送时间后发现，虽然高校之间的推送时间存在差异，但均有相对集中的推送时间，这样有助于培养用户的接收和阅读习惯。②

本书同样通过构建时间类目，来考察高校微信公众号的推送时间分布，将高校微信公众号推送的时间段分为 5 个时段，分别为凌晨 0 时至上午 9 时、上午 9 时至中午 12 时、中午 12 时至下午 14 时、下午 14 时至傍晚 18 时、傍晚 18 时至晚上 24 时，并提出以下假设：

H_{2-4}：就单独一所高校的微信公众号来看，推送时间存在分布不均的情况，会出现相对集中的推送时段。

H_{2-5}：就多所高校的微信公众号比较来看，推送时间分布存在较大差异，若有相对集中的推送时段，也不尽相同。

田晓夏（2016）在《高校微信公众平台传播现状研究》一文中选取的陕西师范大学官方微信公众号阅读人数最高的 10 条信息，其中原创率高达 70%。③ 毛赞美（2015）通过分析中国青年政治学院、中国政法大学以及华东师范大学官方微信中阅读量高的内容的特点，得出原创性为其中之一，3 所高校原创内容的传播效果均远大于其他内容的结论。④ 可见，推送内容的原创性关乎微信公众平台的用户关注程度，是高校微信传播效果的重要影响因素。

但目前的研究发现，高校微信的原创性内容明显匮乏。张树辉、铁铮、吴鹏等学者的研究聚焦于新媒体时代大学微信公众平台，他们普遍认为，内容同质严重是目前高校官方微信建设中存在的问题之一，究其深层原因，是微信传播内容需求量大与采编力量不足之间产生的矛盾。铁铮与吴鹏在研究中进一步

① 林升梁，雷超越. 四大国有银行微信营销传播策略比较研究 [J]. 品牌，2015（9）：70.
② 韦玉玲. 高校微信公众号传播内容研究 [D]. 西安：西北大学，2016.
③ 田晓夏. 高校微信公众平台传播现状研究 [D]. 西安：陕西师范大学，2016.
④ 毛赞美. 高校微信公众平台传播内容与传播效果分析 [J]. 北京教育（高教），2015（11）：32-33.

指出，内容是微信平台的灵魂，用户的黏着性需要内容上的创新来养成。① 董思聪（2017）在《"985 工程"高校官方微信公众号传播研究》中对"985 工程"高校官方微信公众号内容来源进行分析时，发现高校官方微信公众号使用原创保护功能的占比不高，对于生产原创内容的意识尚显薄弱。② 据此，本书将高校微信公众号的原创内容数量以及密度作为指标，提出以下假设：

H_{2-6}：高校微信公众号的原创内容数量占比不高、密度不强，打造原创内容的意识薄弱。

姜秀芹（2015）在《高校微信公众号发展及运营策略研究——基于高校微信公众号排行的分析》一文中表明，微信传播指数（WCI）通过微信公众号推送文章的传播度、覆盖度及公众号自身的成熟度和影响力来展现微信热度和走势。③ 因而，诸多学者开始基于微信传播指数及其涉及的指标对微信公众号进行研究。李静姝等（2016）在研究华东师范大学校园微信公众号的运营情况时，对 WCI 中的各项指标进行了统计，并进一步计算出 WCI 均值，发现在华东师范大学的校园微信中，官方微信公众号"一枝独秀"，且微信公众号之间存在较大差异。④ 张卫良和张平（2017）基于 91 个高校共青团微信公众号推文，探讨了大学生对高校微信公众号的信息接受、认同差异及成因。其中，均把"阅读量""点赞量""WCI"列入分类指标中进行统计，并指出用户对不同类型推文的接受度（阅读量）、认同度（点赞量）和推文影响力（WCI）差异均具有统计学意义。⑤ 由此，本书将微信传播指数计算公式中的"阅读指数""点赞指数""头条传播力"及其细化的指标纳入表层形式的研究范畴，并提出以下假设：

H_{2-7}：高校微信公众号的总阅读数能够反映高校微信公众号的传播力。

H_{2-8}：高校微信公众号的篇均阅读数能够反映高校微信公众号的传播力。

---

① 铁铮. 大学微信/大学新闻宣传系列丛书［M］. 北京：中国文史出版社，2016：18，58.
② 董思聪. "985 工程"高校官方微信公众号传播研究［D］. 湘潭：湘潭大学，2017.
③ 姜秀芹. 高校微信公众号发展及运营策略研究——基于高校微信公众号排行的分析［J］. 湖北函授大学学报，2015，28（21）：40-41.
④ 李静姝，陈颖，吕安琪，等. 基于对应因子分析法的高校微信号运营的评价［J］. 新闻研究导刊，2016，7（2）：204.
⑤ 张卫良，张平. 大学生对学校微信公众号的信息接受、认同差异及成因探讨——基于对 91 个高校共青团微信公众号推文的分析［J］. 现代传播（中国传媒大学学报），2017，39（12）：145.

H_{2-9}：高校微信公众号的日均阅读数能够反映高校微信公众号的传播力。

H_{2-10}：高校微信公众号的最高阅读数能够反映高校微信公众号的传播力。

H_{2-11}：高校微信公众号的头条阅读数能够反映高校微信公众号的传播力。

H_{2-12}：高校微信公众号的头条篇均阅读数能够反映高校微信公众号的传播力。

H_{2-13}：高校微信公众号的头条日均阅读数能够反映高校微信公众号的传播力。

H_{2-14}：高校微信公众号的总点赞数能够反映高校微信公众号的传播力。

H_{2-15}：高校微信公众号的篇均点赞数能够反映高校微信公众号的传播力。

H_{2-16}：高校微信公众号的日均点赞数能够反映高校微信公众号的传播力。

H_{2-17}：高校微信公众号的最高点赞数能够反映高校微信公众号的传播力。

H_{2-18}：高校微信公众号的头条点赞数能够反映高校微信公众号的传播力。

H_{2-19}：高校微信公众号的头条篇均点赞数能够反映高校微信公众号的传播力。

H_{2-20}：高校微信公众号的头条日均点赞数能够反映高校微信公众号的传播力。

H_{2-21}：高校微信公众号的总在看数能够反映高校微信公众号的传播力。

H_{2-22}：高校微信公众号的篇均在看数能够反映高校微信公众号的传播力。

H_{2-23}：高校微信公众号的日均在看数能够反映高校微信公众号的传播力。

H_{2-24}：高校微信公众号的头条在看数能够反映高校微信公众号的传播力。

H_{2-25}：高校微信公众号的头条篇均在看数能够反映高校微信公众号的传播力。

H_{2-26}：高校微信公众号的头条日均在看数能够反映高校微信公众号的传播力。

微信自身作为富媒体平台，可融合图片、视频、音频、超链接等多种素材，因而微信公众号在推送形式上可以呈现出多样化。张飞飞（2016）在《基于内容分析法的我国高校微信公众平台研究》一文中认为，视频的直观形象能够提升公众号的关注度，链接则可以增强推送内容的层次感，并进一步指出"目前高校微信推送形式较为单一，多以图文形式呈现"的问题。① 陈婕妮（2017）在对广州三所高校的微信公众号进行传播策略的分析时，罗列并统计了文字、图片、音频、视频、链接各类素材的组合，同样发现图文结合的信息占大多数，同时提及音频能够提升阅读体验，增加趣味性和互动性，具有独特优势。② 王正祎等人（2017）通过对 5 所辽宁省高校官方微信公众号的共 714 篇文章的内容进行分析，发现含有图片的推送高达 91%，而使用音频和视频的推送分别仅有 3% 和 7%，表明高校官方微信平台的推送素材以图片为主，对音频、视频等形式极少使用。③ 基于此，本书对高校微信公众号推送中的图片、视频、音频、链接这四类素材分别进行统计，并提出以下假设：

H_{2-27}：高校微信公众号的推文中，与图片结合的数量和占比明显高于与视频、音频、链接结合的数量和频率，即以图文形式的推文居多。

三、统计分析

（一）H_{2-1}：高校微信公众号发布推文数量多，推文密度均高于 1，具有相当的活跃程度

通过微信采集器对 16 所高校微信公众号 2021 年一年内推送文章的采集，统计出各所高校官方微信公众号的发布推文数、发布推文密度，如表 3–12 所示。

表 3-12　16 所高校微信公众号发布推文数及发布推文密度汇总表

高校名称	发布推文数（篇）	发布推文密度	高校名称	发布推文数（篇）	发布推文密度
清华大学	566	1.550	北京大学	384	1.052
浙江大学	406	1.123	上海交通大学	384	1.052
华中科技大学	342	0.937	武汉大学	381	1.044

---

① 张飞飞. 基于内容分析法的我国高校微信公众平台研究 [J]. 情报探索，2016（2）：132.
② 陈婕妮. 高校官方微信传播策略研究 [D]. 广州：广东外语外贸大学，2017.
③ 王正祎，彭小枚，李知，等. 辽宁省高校官方微信公众平台传播内容分析 [J]. 新闻研究导刊，2017，8（3）：22-23.

高校名称	发布推文数（篇）	发布推文密度	高校名称	发布推文数（篇）	发布推文密度
四川大学	285	0.781	南开大学	377	1.033
厦门大学	303	0.830	天津大学	380	1.041
郑州大学	327	0.896	华南师范大学	226	0.619
哈尔滨工业大学	507	1.389	北京科技大学	306	0.838
湖北大学	334	0.915	扬州大学	364	0.997

从发布推文总数来看，高校之间呈现出参差不齐的状况，发布推文总数最多的清华大学（566条）比最少的华南师范大学（226条）多出340条。由此可见，高校微信公众号在推文内容生产的数量上表现出较大的差异。

从发布推文密度来看，华中科技大学、四川大学、厦门大学、华南师范大学、郑州大学、北京科技大学、湖北大学和扬州大学微信公众号推文密度还未达到1，表明这8所高校微信公众号的活跃程度存在提升空间。上述8所高校很大程度上受到高校假期安排的影响：一方面，放假期间8所高校各项事宜和活动相对上学期间少，推送内容类型相应地也缩减了；另一方面，8所高校官方微信公众号的运营团队通常由指导教师与学生组成，假期期间无论是商讨选题还是采集素材均受到时空上的限制。

（二）H_{2-2}：高校微信公众号每月发布的推文数量均不相同

为了更清晰地呈现高校官方微信公众号在2021年一年内发布推文数量的情况，笔者进一步运用Excel绘制出16所高校微信公众号发布推文数量按月分布图，如图3-2所示。

由图3-2可知，16所高校微信公众号每月发布的推文数量存在波动，其中清华大学、北京大学、浙江大学、武汉大学、天津大学、哈尔滨工业大学6所高校每月发布推文数波动较大，其他高校每月发布推文数相对平稳。

从16所高校各自发布推文数高峰期和内容考察，发现每所高校关注点较为统一：16所高校都是在2月发布推文数最高，因为2月是我国疫情最高暴发期，需要动员、澄清、宣传、警示等方面的相关信息较多。16所高校在2月发布的推文中，建党100周年相关的推文占比都在57%—85%，包括各种线上建党相关

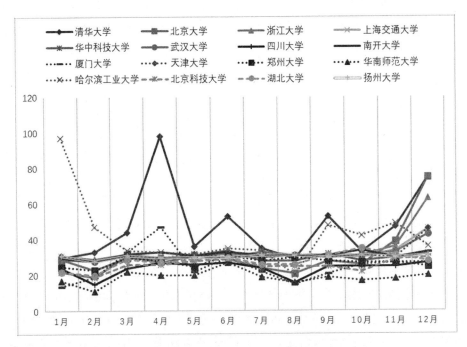

图 3-2　16 所高校微信公众号发布推文数量按月分布

主题教育等。

（三）H_{2-3}：高校微信公众号发布推文有相对集中的月份，表现为有若干月的推文密度较高

为了便于呈现每月推送数量在 16 所高校微信公众号各自推文总数量中的占比，笔者运用 Excel 绘制出发布推文密度按月分布图（图 3-3）以验证高校微信公众号是否有集中发布推文的月份。

正如图 3-2 中所展示的，16 所高校微信公众号在 2 月、8 月的推文密度要低于其余月份的推文密度，高校微信公众号的推文主要集中在 4 月、6 月、11 月、12 月，这些月份都为学生的在校时间。发布推文密度按月分布图反映出高校微信公众号能够紧密围绕学生群体，对学生群体的状态把握得较为精准。

（四）H_{2-4}：就单独一所高校的微信公众号来看，推送时间存在分布不均的情况，会出现相对集中的推送时段

采用微信推文采集器对 16 所高校微信公众号 2021 年一年内推文的推送时间进行抓取，统计出每所高校 0—9 时、9—12 时、12—14 时、14—18 时、18—

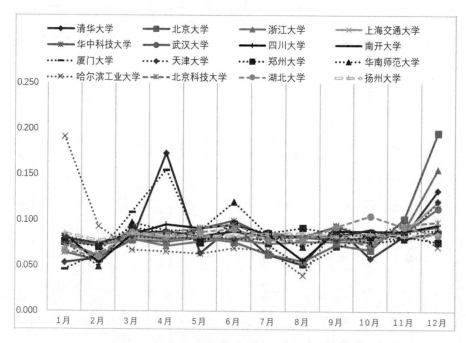

图3-3 16所高校微信公众号发布推文密度按月分布

24时各个时段的微信推文数量，如表3-13所示。

考察表3-13中每一行的数据，不难发现16所高校微信公众号发布推文的时间并非平均的，而是有相对集中的推送时段。除了华南师范大学（集中在18—24时段）和湖北大学（0—9时段、9—12时段）外，其他14所高校发布推文均集中在9—12时段、14—18时段、18—24时段推送。推送时段密度差距最大、集中程度最高的是华南师范大学，0—9时段的密度仅为0.4%，而18—24时段的密度高达82.7%。包括北京大学、上海交通大学、四川大学、南开大学、郑州大学、华南师范大学、北京科技大学、湖北大学、扬州大学在内的诸多高校均有某一时段的推文密度逾40%，表明推送时段具有相当的集中性。

高校微信公众号普遍显现推送时间集中的态势，可以理解为，这一结果是高校微信公众号结合受众接收信息的情况，以达成迎合或培养受众阅读习惯、巩固与受众之间联系的目的所致使的。

表3-13　16所高校微信公众号各时段微信推文数量与密度汇总表

推送时段 高校名称	0—9时段		9—12时段		12—14时段		14—18时段		18—24时段	
	数量（篇）	密度（%）	数量（篇）	密度（%）	数量（篇）	密度（%）	数量（篇）	密度（%）	数量（篇）	密度（%）
清华大学	62	11.0	95	16.8	63	11.2	144	25.5	201	35.6
北京大学	76	19.8	207	53.9	14	3.6	55	14.3	32	8.3
浙江大学	26	6.4	153	37.7	44	10.8	127	31.3	56	13.8
上海交通大学	13	3.4	166	43.2	77	20.1	68	17.7	60	15.6
华中科技大学	14	2.7	141	27.3	21	4.1	115	22.2	51	9.9
武汉大学	10	2.6	38	10.0	152	39.9	146	38.3	35	9.2
四川大学	4	1.4	19	6.7	16	5.6	181	63.5	65	22.8
南开大学	17	4.5	306	81.2	5	1.3	19	5.0	30	8.0
厦门大学	8	2.6	121	39.9	34	11.2	90	29.7	50	16.5
天津大学	4	1.1	125	32.9	59	15.5	121	31.8	71	18.7
郑州大学	2	0.6	196	59.9	70	21.4	32	9.8	27	8.3
华南师范大学	1	0.4	11	4.9	5	2.2	22	9.7	187	82.7
哈尔滨工业大学	107	21.1	56	11.0	24	4.7	186	36.7	134	26.4
北京科技大学	9	2.9	192	62.7	11	3.6	58	19.0	36	11.8
湖北大学	139	41.6	158	47.3	8	2.4	19	5.7	10	3.0
扬州大学	12	3.3	66	18.1	41	11.3	197	54.1	48	13.2

（五）H_{2-5}：就多所高校的微信公众号比较来看，推送时间分布存在较大差异，若有相对集中的推送时段，也不尽相同

为便于挖掘16所高校微信公众号在推送时间上的具体差别，笔者对表3-13中的数据进行进一步处理，绘制出16所高校微信公众号各时段推文数量和各时段推文密度分布图（图3-4、图3-5）。

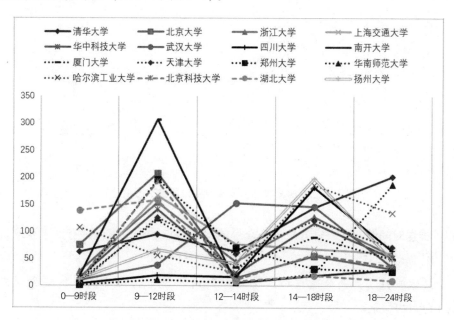

图3-4 16所高校微信公众号各时段推文数量分布

由数量和密度分布图均可知，16所高校中有1所高校的推送时段集中于0—9时段，10所高校的推送时段均集中于9—12时段，5所高校的推送时段相对集中于14—18时段，说明16所高校官方微信公众号的推送时间分布存在较大的差异性。

在本研究中，62.5%的高校官方微信公众号将推送时间集中安排在0—9时段，从传播受众角度考虑，高校官方微信公众号的主要受众——学生群体在这一时间段内开启了一天的课程，他们可以根据自身时间安排，随时获取一天的资讯，受众点开微信公众号马上就可以获得新的推送信息；从传播主体角度考虑，高校内讯息主要"活跃"在白天，高校官方微信公众号的运营团队可在晚上采集素材，第二天早上制作并推送，这一时间段契合传播主体的内容制作流

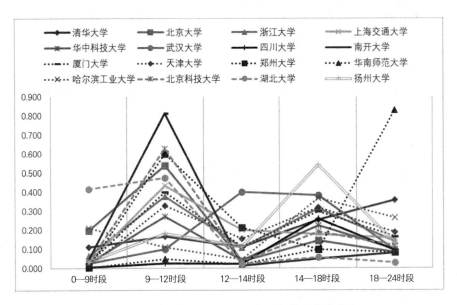

图3-5　16所高校微信公众号各时段推文密度分布

程。推送时间结合高校官方微信公众号的运行特点和受众习惯，有助于获取良好的传播效果。

（六）H_{2-6}：高校微信公众号的原创内容数量占比不高，打造原创内容的意识薄弱

笔者分别对16所高校微信公众号2021年一年中推文的原创数量进行统计，统计结果如表3-14所示。

表3-14　16所高校微信公众号原创推文数量及密度汇总表

高校名称	原创数量（篇）	原创密度	高校名称	原创数量（篇）	原创密度
清华大学	276	0.488	北京大学	344	0.896
浙江大学	151	0.372	上海交通大学	11	0.029
华中科技大学	145	0.424	武汉大学	221	0.580
四川大学	181	0.635	南开大学	209	0.554
厦门大学	139	0.459	天津大学	59	0.155
郑州大学	104	0.318	华南师范大学	70	0.310

高校名称	原创数量（篇）	原创密度	高校名称	原创数量（篇）	原创密度
哈尔滨工业大学	12	0.024	北京科技大学	225	0.735
湖北大学	256	0.766	扬州大学	227	0.624

由表 3-14 可知，16 所高校微信公众号的原创密度呈现出参差不齐的境况。北京大学、武汉大学、四川大学、南开大学、北京科技大学、湖北大学、扬州大学微信公众号的原创密度逾 0.5，反映出注重对原创内容的打造，这也是一些"三非"学校能够在高校微信公众号上实现弯道超车的关键；清华大学、浙江大学、华中科技大学、厦门大学、郑州大学、华南师范大学拥有一定的原创意识；而上海交通大学、天津大学和哈尔滨工业大学微信公众号的原创密度不高于 0.2，表明缺乏生产原创内容的意识。

综上，目前已有部分高校具备生产原创内容以提升自主创新性的意识，但仍有许多高校在原创内容的打造方面较为薄弱，有很大的提升空间。高校微信公众号的原创内容密度低，从宏观层面来看，在一定程度上折射出当下微信公众号传播环境仍未获得良好的监管，随手转发、信息传播同质化现象依旧泛滥；从微观层面来看，高校自身在创作原创内容方面缺乏精良的运营团队，以学生为主，必然在时间、精力、专业培训上有颇多局限。

（七）微信传播指数（WCI）

1. 阅读指标

通过微信采集器对 16 所高校微信公众号 2021 年一年内每篇推文阅读数的采集和 Excel 的数据统计，阅读指数的汇总结果如表 3-15 所示。①

---

① 微信公众号中的推文阅读数若超过 100000，一律显示"100000+"。受限于微信推文采集器无法采集到微信后台的具体阅读数，在计算总阅读数时，阅读数超过 100000 的推文阅读数均以 100001 计算，最高阅读数若超过 100000，均标注"100000+"。

表 3-15　16 所高校微信公众号阅读数和阅读密度汇总表

阅读指标 高校名称	总阅读数	篇均阅读数	日均阅读数	最高阅读数
清华大学	26827617	47398.617	73500.321	100000+
北京大学	26470947	68934.758	72523.142	100000+
浙江大学	14446608	35582.778	39579.748	100000+
上海交通大学	11347886	29551.786	31090.099	100000+
华中科技大学	9824120	28725.497	26915.397	100000+
武汉大学	21603684	56702.583	59188.175	100000+
四川大学	9882177	34674.306	27074.458	100000+
南开大学	6194908	16432.117	16972.361	92518
厦门大学	9086912	29989.809	24895.649	100000+
天津大学	7466476	19648.621	20456.099	100000+
郑州大学	7354494	22490.807	20149.299	100000+
华南师范大学	11009402	48714.168	30162.745	100000+
哈尔滨工业大学	8090815	15958.215	22166.616	100000+
北京科技大学	7681320	25102.353	21044.712	100000+
湖北大学	6310517	18893.763	17289.088	100000+
扬州大学	5219337	14338.838	14299.553	100000+

从 16 所高校微信公众号的整体阅读指数来看，篇均阅读数和日均阅读数均破万，最高阅读数除南开大学外均突破 100000，反映出高校微信公众号的整体阅读数较为可观。

将各个高校微信公众号的阅读指数进行比较，发现总阅读数上差距显著，其中北京大学、清华大学和武汉大学已进入两千万量级，与其余高校拉开了较大的差距。篇均阅读数最高的北京大学是最低的扬州大学 5 倍左右，而日均阅读数最高的清华大学也是最低的扬州大学 5 倍多。

而从最高阅读数来看，其无法显现出高校微信公众号的传播力差异，但可以帮助进一步剖析阅读指数上的共性。笔者对 16 所高校微信公众号中阅读数超过 100000 的推文进行简单汇总,发现推送内容主题主要围绕的是生活资讯、人物风采、通知告示这三个方面。

(1)生活资讯的典型推文有:清华大学于 2021 年 5 月 5 日发布的推文《收!清华最全美食地图》;武汉大学于 2021 年 3 月 10 日发布的推文《今天,武大樱花疼哭了……》等。

(2)人物风采的典型推文有:清华大学于 2021 年 12 月 20 日发布的推文《激励全网的"清华女孩",如今的故事更动人》;北京大学于 2021 年 7 月 7 日发布的推文《找到了!这位刷屏的领舞者是北大老师》等。

(3)通知告示的典型推文有:华南师范大学于 2021 年 11 月 17 日发布的推文《华师停课通知!》;浙江大学于 2021 年 4 月 6 日发布的推文《重磅!浙江大学 2021 年强基计划招生简章公布》等。

2. 头条阅读指标

在采集到的 16 所高校微信公众号所有推文中选取位于头条位置的推文,运用 Excel 对其阅读数进行统计,所得结果汇总如表 3-16 所示。

表 3-16 16 所高校微信公众号头条阅读数和头条阅读密度汇总表

头条阅读指标 高校名称	头条阅读数	头条日均阅读数	头条篇均阅读数
清华大学	24089758	65999.337	42561.410
北京大学	26314905	72095.630	69800.809
浙江大学	14274817	39109.088	36047.518
上海交通大学	11334163	31052.501	29593.115
华中科技大学	9821348	26907.803	28801.607
武汉大学	21405979	58646.518	56779.785
四川大学	9882177	27074.458	34674.360
南开大学	6059585	16601.603	16647.212
厦门大学	8419909	23068.244	31417.571
天津大学	7465607	20453.718	19698.172

续表

头条阅读指标 高校名称	头条阅读数	头条日均阅读数	头条篇均阅读数
郑州大学	7285253	19959.597	22695.492
华南师范大学	11009402	30162.745	48714.168
哈尔滨工业大学	7584584	20779.682	19299.196
北京科技大学	7616822	20868.005	25221.265
湖北大学	6241839	17100.929	18744.261
扬州大学	5219337	14299.553	14338.838

微信传播指数计算公式对头条的传播力单独进行考察，表明微信公众号推送的头条占据着关键位置，传播主体需要特别注重对推送头条的安排。根据表3-16可结合表3-15中的总阅读数、日均阅读数和篇均阅读数，发现头条的总阅读数和日均阅读数均占据总阅读数和日均阅读数的大半（其中四川大学、华南师范大学和扬州大学的总阅读数等于头条阅读数，说明3所高校每次推文只推一条内容），且头条的篇均阅读数高于或等于篇均阅读数，这些都能够表明头条是微信公众号传播影响力的火车头。

对各个高校微信公众号的头条阅读指标进行比较得出，从头条阅读数来看，北京大学、清华大学和武汉大学领先于其他高校，浙江大学、上海交通大学和华南师范大学次之。从头条阅读密度来看，无论是日均阅读数还是篇均阅读数，仍是北京大学、清华大学和武汉大学较为突出，而郑州大学、湖北大学、南开大学和扬州大学则在头条日均阅读数和头条篇均阅读数上表现相对较差。

3. 点赞指标

以阅读指标类似的统计方法，对16所高校微信公众号的点赞指数进行统计，结果如表3-17所示。从16所高校微信公众号的整体点赞指数来看，点赞数要明显低于阅读数，这符合微信公众号传播效果的规律。点赞是用户自主选择的行为，用户收到推送信息，先是点开推文阅读，在此基础上，才能进一步划至推文尾端选择是否执行点赞操作。点赞往往表达出用户对推文的肯定与欣赏，比较16所高校微信公众号的点赞指数可以看出，点赞指数呈现出参差不齐的现象。在总点赞数层面，清华大学、北京大学和武汉大学的点赞数逾200000；

点赞密度层面，清华大学最高，依次是华南师范大学、北京大学，其中清华大学日均点赞数最高，依次是北京大学、武汉大学；最高点赞数花落清华大学，厦门大学、华南师范大学和浙江大学最高点赞数异常突出。

表3-17 16所高校微信公众号点赞数和点赞密度汇总表

点赞指标 高校名称	总点赞数	篇均点赞数	日均点赞数	最高点赞数
清华大学	405388	716.233	1110.652	41714
北京大学	324040	843.854	887.781	6430
浙江大学	171355	422.057	469.466	11672
上海交通大学	120189	312.992	329.285	3747
华中科技大学	129200	377.778	353.973	6978
武汉大学	210388	552.19	576.405	7478
四川大学	107859	378.453	295.504	2501
南开大学	100823	267.435	276.227	2048
厦门大学	177051	584.327	485.071	21224
天津大学	88493	232.876	242.447	2781
郑州大学	92830	283.329	254.329	3011
华南师范大学	168736	746.619	462.290	12190
哈尔滨工业大学	111825	220.562	306.370	3088
北京科技大学	151893	496.382	416.145	8188
湖北大学	115825	346.781	317.329	2465
扬州大学	96366	264.742	264.016	4299

比较16所高校微信公众号的头条点赞指数可以发现（表3-18），清华大学和北京大学在头条点赞数和头条日均点赞数上位列前两位，紧跟其后的是武汉大学、华南师范大学和厦门大学。此外，结合表3-17来看，与篇均点赞数相比，头条篇均点赞数均超过前者，表明头条微信推文的点赞数具备最强大的影响力。而日均点赞数总是大于或等于头条日均点赞数，表明多数高校并非每日都推送微信推文。

表 3-18 16 所高校微信公众号头条点赞数和头条点赞密度汇总表

头条点赞指标　　高校名称	头条点赞数	头条篇均点赞数	头条日均点赞数
清华大学	360671	801.491	988.140
北京大学	322931	856.581	884.742
浙江大学	169322	427.581	463.896
上海交通大学	120038	313.415	328.285
华中科技大学	129173	378.806	353.899
武汉大学	209458	555.512	573.775
四川大学	107859	378.453	295.504
南开大学	98381	270.277	269.537
厦门大学	167878	626.410	459.940
天津大学	88482	233.462	242.416
郑州大学	92069	252.244	286.819
华南师范大学	168736	746.619	462.290
哈尔滨工业大学	107630	273.868	294.877
北京科技大学	151023	500.076	413.762
湖北大学	114496	343.832	313.688
扬州大学	96366	264.742	264.016

　　为进一步挖掘 16 所高校获得最高点赞数的推文特点，笔者对 16 篇相应的推文进行了整理，汇总结果如表 3-19 所示。

表 3-19 16 所高校 2021 年获得最高点赞数的推文汇总表

高校名称	推送日期	推文标题	阅读数	点赞数
清华大学	2021-2-5	历尽千帆，归来仍是少年！	100001	41714
北京大学	2021-4-25	北大清华：棠棣之情 手足之谊	100001	6430

续表

高校名称	推送日期	推文标题	阅读数	点赞数
浙江大学	2021-11-26	同心抗疫，共克时艰！昨夜，温暖与感动同在	100001	11672
上海交通大学	2021-4-9	今夜，全国地标点亮上海交大！祝福母校125岁生日快乐！	100001	3747
华中科技大学	2021-9-15	华中大定制月饼，来拿！	100001	6978
武汉大学	2021-11-29	128岁生日快乐，亲爱的武汉大学！	100001	7478
四川大学	2021-9-27	迎川大125校庆，大川文创盲盒来啦！定制天府通、T恤、帆布包……打包送你！	100001	2501
南开大学	2021-12-6	我与南开的冬日恋歌	20277	2048
厦门大学	2021-3-29	厦门大学建校100周年官方宣传片震撼首发！	100001	21224
天津大学	2021-11-18	天津大学4位教授新当选院士！	100001	2781
郑州大学	2021-4-16	郑大的春天，美得无须文案！	100001	3011
华南师范大学	2021-11-2	华师校庆礼盒抢鲜看！超大福利来了！	100001	12190
哈尔滨工业大学	2021-11-18	刚刚，2021年增选当选院士名单公布，哈工大+3！	100001	3088
北京科技大学	2021-4-22	今天，你69岁了！生日快乐！我挚爱的北科大！	100001	8188
湖北大学	2021-10-13	连续三天！武汉长江灯光秀，将为湖北大学点亮！	87266	2465

续表

高校名称	推送日期	推文标题	阅读数	点赞数
扬州大学	2021-7-25	驰援南京！我校医学院 625 名师生志愿者今晨出征！	100001	4299

从阅读数和点赞数来看，点赞数最高的推文未必是阅读数最高的推文，例如南开大学点赞数最高的推文，阅读数仅有 20277，但表 3-15 中其微信推文的最高阅读数为 92518。从推送标题与内容上看，点赞数最高的推文内容主题丰富，但不难归纳出，结合校庆活动、共同抗疫、重大荣誉的内容最能获得情感认同。这其中，上海交通大学、武汉大学、四川大学、厦门大学、北京科技大学的校庆推文获得该校最高点赞数，表明该校校友的高度凝聚力。浙江大学、湖北大学和扬州大学抗疫相关的微信推文获得该校最高点赞数，表明疫情期间的互助共苦仍然是最能打动人心的。天津大学和哈尔滨工业大学发布院士入选祝贺信息获得该校最高点赞数，表明两所高校对重大荣誉的重视程度。

4. 在看指标

以头条阅读指标类似的统计方法，对 16 所高校微信公众号的头条在看指数进行统计，结果如表 3-20、表 3-21、表 3-22 所示。

表 3-20　16 所高校微信公众号在看数和在看密度汇总表

在看指标 高校名称	总在看数	篇均在看数	日均在看数	最高在看数
清华大学	189321	334.489	518.688	24197
北京大学	167244	435.531	458.203	5744
浙江大学	72286	178.044	198.044	5519
上海交通大学	59431	154.768	162.825	3202
华中科技大学	55090	161.082	150.932	5855
武汉大学	101357	266.029	277.690	5223
四川大学	41518	145.677	113.748	1725
南开大学	41977	111.345	115.005	818

在看指标 高校名称	总在看数	篇均在看数	日均在看数	最高在看数
厦门大学	34616	114.244	94.838	259
天津大学	37233	97.982	102.008	1530
郑州大学	35985	110.046	98.589	1698
华南师范大学	127135	562.544	348.315	12272
哈尔滨工业大学	42960	84.734	117.699	1221
北京科技大学	103292	337.556	282.992	7903
湖北大学	52862	158.269	144.827	1675
扬州大学	47885	131.552	131.192	2025

由表 3-20 可知，结合总在看数、篇均在看数和日均在看数，发现清华大学、北京大学和华南师范大学总在看数位列前三，但华南师范大学篇均在看数位列第一，清华大学日均在看数位列第一，清华大学最高在看数位列第一。

表 3-21　16 所高校微信公众号头条在看数和头条在看密度汇总表

头条在看指标 高校名称	头条在看数	头条篇均在看数	头条日均在看数
清华大学	59315	131.811	162.507
北京大学	322931	856.581	884.742
浙江大学	71405	180.316	195.630
上海交通大学	120038	313.415	328.285
华中科技大学	55080	161.525	150.904
武汉大学	209458	555.512	573.775
四川大学	41518	145.677	113.748
南开大学	98381	270.277	269.537
厦门大学	32349	120.705	88.627

头条在看指标 / 高校名称	头条在看数	头条篇均在看数	头条日均在看数
天津大学	88482	233.462	242.416
郑州大学	35671	97.729	111.125
华南师范大学	168736	746.619	462.290
哈尔滨工业大学	40940	104.173	112.164
北京科技大学	151023	500.076	413.762
湖北大学	52092	156.432	142.718
扬州大学	47885	131.552	131.192

由表3-21可知，结合头条在看数、头条篇均在看数和头条日均在看数，发现北京大学、武汉大学、华南师范大学和北京科技大学头条在看数位列前四，头条篇均在看数和头条日均在看数上都是北京大学和华南师范大学位列前二。

表3-22　16所高校2021年获得最高在看数的推文汇总表

高校名称	推送日期	推文标题	阅读数	在看数
清华大学	2021-2-5	历尽千帆，归来仍是少年！	100001	24197
北京大学	2021-4-25	北大清华：棠棣之情 手足之谊	100001	5744
浙江大学	2021-11-26	同心抗疫，共克时艰！昨夜，温暖与感动同在	100001	5519
上海交通大学	2021-4-9	今夜，全国地标点亮上海交大！祝福母校125岁生日快乐！	100001	3202
华中科技大学	2021-9-15	华中大定制月饼，来拿！	100001	6978
武汉大学	2021-11-29	128岁生日快乐，亲爱的武汉大学！	100001	5223

续表

高校名称	推送日期	推文标题	阅读数	在看数
四川大学	2021-6-24	川大校长李言荣院士寄语毕业生：选择比努力更重要	100001	1725
南开大学	2021-2-18	桃李天下，传承一家！叶嘉莹先生荣获"感动中国 2020 年度人物"	32295	818
厦门大学	2021-2-12	你的牛年第一个 flag 是什么？	12836	259
天津大学	2021-11-18	天津大学 4 位教授新当选院士！	100001	1530
郑州大学	2021-4-16	郑大的春天，美得无须文案！	100001	1698
华南师范大学	2021-11-2	华师校庆礼盒抢鲜看！超大福利来了！	100001	12272
哈尔滨工业大学	2021-7-20	韩杰才同志任哈尔滨工业大学校长	100001	1221
北京科技大学	2021-4-22	今天，你69岁了！生日快乐！我挚爱的北科大！	100001	7903
湖北大学	2021-2-10	速抢！湖北大学专属红包大派送！	27257	1765
扬州大学	2021-7-25	驰援南京！我校医学院625名师生志愿者今晨出征！	100001	2025

表 3-22 显示，最高在看数的推文是清华大学的《历尽千帆，归来仍是少年!》，这推文讲述的人物都是清华大学上海校友会艺术团平均年龄 74 岁的校友，都是栋梁之材，一生都投身于祖国的建设工作，为所有人带去力量。无论你正在经历彷徨或已经找到了方向，只愿你历尽千帆，归来仍是少年。

（八）H_{2-7}：高校微信的推文中，与图片结合的频次明显高于与视频、音频、链接结合的频次，即以图文形式的推文居多

微信公众平台可支持图片、视频、语音、超链接等多种表现形式，因而一

篇推文中可能会出现若干种推送素材。本书对高校微信公众号各类素材使用情况的考察，采取可重复计数，统计包含图片、视频、音频、链接的推文数量以及四类推文素材分别在2021年一年内推文总数中的占比，结果如表3-23所示。

表3-23　16所高校微信公众号使用推文素材数量和占比汇总表

素材类别 高校名称	图片		视频		音频		链接	
	数量 （篇）	占比 （%）	数量 （篇）	占比 （%）	数量 （篇）	占比 （%）	数量 （篇）	占比 （%）
清华大学	532	94.0	158	27.9	3	0.53	63	11.1
北京大学	377	98.2	200	52.1	10	2.60	80	20.8
浙江大学	404	99.5	72	17.7	2	0.49	26	6.4
上海交通大学	365	95.1	83	21.6	5	1.30	36	9.4
华中科技大学	335	98.0	85	24.9	4	1.17	40	11.7
武汉大学	372	97.6	126	33.1	13	3.41	45	11.8
四川大学	284	99.6	30	10.5	3	1.05	18	6.3
南开大学	324	85.9	31	8.2	7	1.86	26	6.9
厦门大学	295	97.4	44	14.5	5	1.65	35	11.6
天津大学	368	96.8	79	20.8	4	1.05	38	10.0
郑州大学	308	94.2	94	28.7	3	0.92	98	30.0
华南师范大学	223	98.7	46	20.4	5	2.21	28	12.4
哈尔滨工业大学	480	94.7	128	25.2	7	1.38	14	2.8
北京科技大学	303	99.0	62	20.3	2	0.65	51	16.7
湖北大学	329	98.5	58	17.4	6	1.80	35	10.5
扬州大学	355	97.5	51	14.0	1	0.27	57	15.7

根据表3-23中各类素材的数量和占比，对推文素材之间进行比较可以得出，图片、视频、音频三类素材按使用密度排列，基本满足：图片最高、视频次之，且图片素材的使用密度均逾90%，要明显高于视频和音频。总体而言，图片是16所高校微信公众号使用最为频繁的素材，这表示高校微信公众号的推送以图文结合的形式为主。视频是一种更为直观、形象、生动的呈现方式，音

频则能够优化阅读体验，增强互动性，但视频和音频的制作成本相对较高，且对受众接收环境有一定的要求。而链接素材的使用具有较强的灵活性，数量和密度普遍大于、高于音频，高校可结合自身特色或推文内容合理放置链接。四川大学的图片数量和占比均最大，北京大学的视频数量和占比均最大，武汉大学的音频数量和占比均最大，郑州大学的链接数量和占比均最大。

为更深入地探析四类推文素材在 16 所高校微信公众号中的使用情况，笔者进一步按月考察了各所高校包含四类素材的推文数量和推文占比，统计结果如图 3-6 到图 3-13 所示。根据统计图所示结果，哈尔滨工业大学图片的数量在 1 月最大，清华大学图片的数量在 4 月最大，北京大学图片的数量在 12 月最大，而湖北大学的图片密度波动最激烈，2 月密度最低、10 月密度最高。北京大学视频的数量在 12 月最大，清华大学视频的数量在 4 月和 12 月最大，而北京大学视频的密度在 7 月最大，武汉大学视频的密度在 6 月最大。对于音频推文，武汉大学不论在数量还是在密度上，均在 8 月呈现波峰值。在链接推文数量上，清华大学在 4 月最大、北京大学在 12 月最大；在链接推文密度上，郑州大学在 5 月最大、浙江大学在 10 月最大。

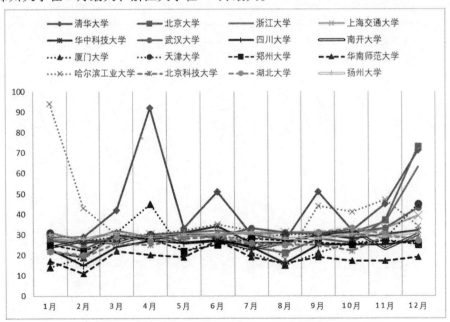

图 3-6　16 所高校微信公众号包含图片推文数量分布

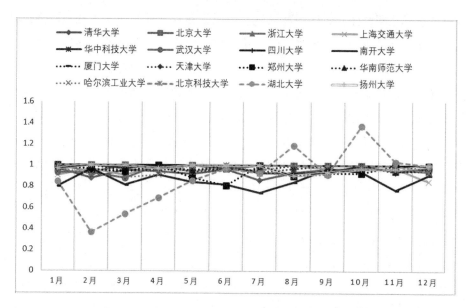

图 3-7　16 所高校微信公众号包含图片推文密度分布

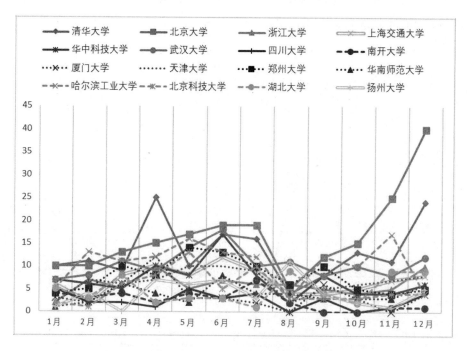

图 3-8　16 所高校微信公众号包含视频推文数量分布

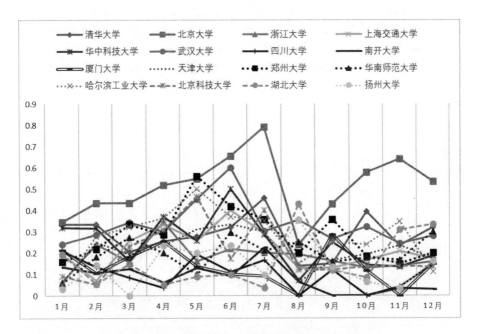

图 3-9　16 所高校微信公众号包含视频推文密度分布

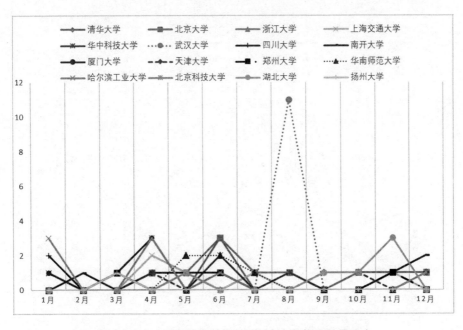

图 3-10　16 所高校微信公众号包含音频推文数量分布

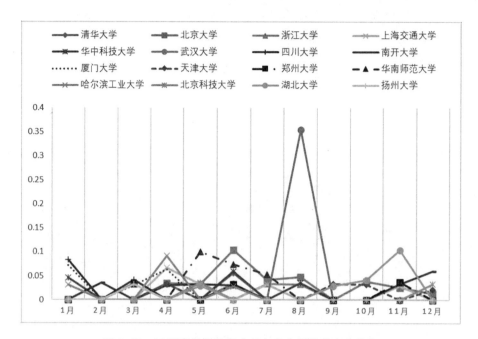

图 3-11　16 所高校微信公众号包含音频推文密度分布

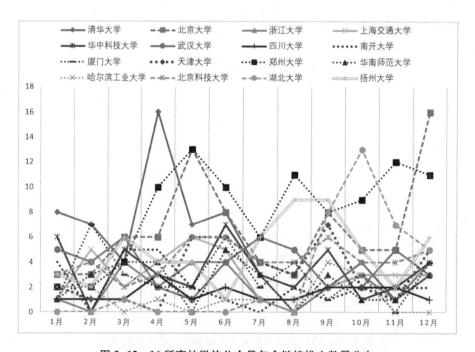

图 3-12　16 所高校微信公众号包含链接推文数量分布

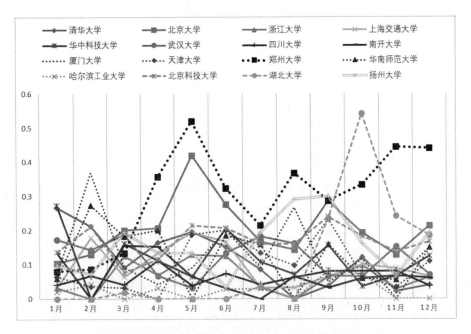

图 3-13 16 所高校微信公众号包含链接推文密度分布

四、检定结果

高校微信公众号表层形式研究假设的检定结果如表 3-24 所示。

表 3-24 表层形式研究假设的检定结果

样本信息分类	研究假设	检定结果
表层形式	H_{2-1}：高校微信公众号发布推文数量多，推文密度均高于 1，具有相当的活跃程度	部分拒绝
	H_{2-2}：高校微信公众号每月发布的推文数量均不相同	接受
	H_{2-3}：高校微信公众号发布推文有相对集中的月份，表现为有若干月的推文密度较高	接受
	H_{2-4}：就单独一所高校的微信公众号来看，推送时间存在分布不均的情况，会出现相对集中的推送时段	接受

样本信息分类	研究假设	检定结果
表层形式	H$_{2-5}$：就多所高校的微信公众号比较来看，推送时间分布存在较大差异，若有相对集中的推送时段，也不尽相同	接受
	H$_{2-6}$：高校微信公众号的原创内容数量占比不高，打造原创内容的意识薄弱	部分拒绝
	H$_{2-7}$：高校微信公众号的总阅读数能够反映高校微信公众号的传播力	拒绝
	H$_{2-8}$：高校微信公众号的篇均阅读数能够反映高校微信公众号的传播力	拒绝
	H$_{2-9}$：高校微信公众号的日均阅读数能够反映高校微信公众号的传播力	拒绝
	H$_{2-10}$：高校微信公众号的最高阅读数能够反映高校微信公众号的传播力	拒绝
	H$_{2-11}$：高校微信公众号的头条阅读数能够反映高校微信公众号的传播力	拒绝
	H$_{2-12}$：高校微信公众号的头条篇均阅读数能够反映高校微信公众号的传播力	拒绝
	H$_{2-13}$：高校微信公众号的头条日均阅读数能够反映高校微信公众号的传播力	拒绝
	H$_{2-14}$：高校微信公众号的总点赞数能够反映高校微信公众号的传播力	拒绝
	H$_{2-15}$：高校微信公众号的篇均点赞数能够反映高校微信公众号的传播力	拒绝
	H$_{2-16}$：高校微信公众号的日均点赞数能够反映高校微信公众号的传播力	拒绝
	H$_{2-17}$：高校微信公众号的最高点赞数能够反映高校微信公众号的传播力	拒绝

样本信息分类	研究假设	检定结果
表层形式	H_{2-18}：高校微信公众号的头条点赞数能够反映高校微信公众号的传播力	拒绝
	H_{2-19}：高校微信公众号的头条篇均点赞数能够反映高校微信公众号的传播力	拒绝
	H_{2-20}：高校微信公众号的头条日均点赞数能够反映高校微信公众号的传播力	拒绝
	H_{2-21}：高校微信公众号的总在看数能够反映高校微信公众号的传播力	拒绝
	H_{2-22}：高校微信公众号的篇均在看数能够反映高校微信公众号的传播力	拒绝
	H_{2-23}：高校微信公众号的日均在看数能够反映高校微信公众号的传播力	拒绝
	H_{2-24}：高校微信公众号的头条在看数能够反映高校微信公众号的传播力	拒绝
	H_{2-25}：高校微信公众号的头条篇均在看数能够反映高校微信公众号的传播力	拒绝
	H_{2-26}：高校微信公众号的头条日均在看数能够反映高校微信公众号的传播力	拒绝
	H_{2-27}：高校微信的推文中，与图片结合的数量和占比明显高于与视频、音频、链接结合的频次，即以图文形式的推文居多	接受

第三节　深层内容

一、深层内容相关指标说明

高校微信公众号深层内容相关变量说明及编码标准如表 3-25 所示。

表 3-25　高校微信公众号深层内容相关变量说明及编码标准

样本信息分类	变量分类	设立依据及补充说明
深层内容	思想政治类的微信推文数	与思想政治主题相关的信息。如党内会议、报告、讲话、发言、学习体会解读、文件解读等
	形象宣传类的微信推文数	涉及高校整体形象，为高校做包装与宣传的相关信息。包括校庆宣传片、迎新宣传片、校徽和吉祥物的设计等
	校园建设类的微信推文数	牵涉高校自身发展的相关工作，包括校园基础设施建设、学科建设、人才储备与培养等
	校生互动类的微信推文数	关于高校领导和学生直接进行交流与互动的相关信息，如组织各种座谈会、茶话会等
	领导讲话类的微信推文数	围绕高校领导重要讲话内容的有关信息，如毕业致辞、新生寄语等
	师生寄语类的微信推文数	在校师生、校友、曾经在高校任职的教工的寄语，一般为特殊节日的问候或是表达对母校的谢意与祝福
	合作交流类的微信推文数	与其他高校或校外资源进行交流或合作，包括领导、师生访学，与其他高校开展交流会，与校外企业洽谈资源合作等
	校园荣誉类的微信推文数	与高校本身、高校中领导、师生或校友获得荣誉有关的信息，如高校 QS 排名、获得国家级别的表彰等

样本信息分类	变量分类	设立依据及补充说明
深层内容	科研成果类的微信推文数	关于高校师生获得具有学术意义和实用价值的创造性结果的信息，包括发表论文、自主研发新产品、设计专利等形式
	教学成果类的微信推文数	关于高校教师教学过程中取得的成果，反映教育教学规律的信息
	生活资讯类的微信推文数	高校学生的身边事、新鲜事，如校园生活贴士、技巧指导、攻略、奇闻逸事等
	人物风采类的微信推文数	与高校人物、组织或群体有关的信息，如知名校友、优秀教职员、优秀学生或团队的介绍、访谈等
	历史文化类的微信推文数	展现高校历史轨迹和文化底蕴的有关信息，如介绍高校的建筑史、校训的文化意蕴等
	校园风景类的微信推文数	与高校风光、景物等相关的信息，如校园景色、建筑、雕塑、具体物件等
	教工生活类的微信推文数	与高校教师、职工日常生活相关的信息，如教职工代表大会、教职工趣味运动会等
	学生活动类的微信推文数	与高校学生课外活动相关的信息，包括十佳歌手、演讲比赛、军训、红歌会、运动会、社团活动、支教活动、各类征集活动等
	就业升学类的微信推文数	关于高校学生毕业去向的信息，如就业、创业、考研/考博、保研、考公、考证等
	通知告示类的微信推文数	关于高校近期需要广而告之的相关信息，包括高校招生信息、重要文件公告、各级组织纳新、重要评选结果公示等
	人事变动类的微信推文数	有关高校内各层级人事安排与调动的通知

续表

样本信息分类	变量分类	设立依据及补充说明
深层内容	会议讲座类的微信推文数	关于高校举办的各类讲座、会议的相关信息，包括讲座、会议的预告和现场报道
	节假庆典类的微信推文数	与特殊时日相关的信息，如节日、假日、节气、校庆、颁奖典礼、纪念日等
	书文选送类的微信推文数	各式具有文学、文艺色彩的信息，如著作介绍、美文品读、观后感、诗词歌赋、名画、名建筑等
	影视推荐类的微信推文数	电视、电影、戏曲、话剧等影视类相关作品的推荐，包括作品推荐、观影感受、经典台词等
	平台互动类的微信推文数	微信平台本身与高校师生进行线上双向互动的信息，如投票、投稿、电台选歌等
	数据分析类的微信推文数	主要结合数据、图表展现主题的相关信息，如新媒体榜单、学生构成、大数据分析或预测校园动态等
	综合成果类的微信推文数	多方位展现高校所取得的成果的相关信息，囊括学科建设、人才培养、科研教学成果等两个及以上层面，如高校近一年成绩单等
	趣味段子类的微信推文数	根据时下流行的网络段子，结合高校特色或是校园生活进行改编的相关信息，往往具有趣味性
	新闻合辑类的微信推文数	高校新近发生的时事汇总，包含两条及以上，如高校的一周要闻速递
	建党相关类的微信推文数	各高校推送的与建党相关的内容，如献礼作品、学习会议精神等
	其他类的微信推文数	上述类型以外的微信推文
	思想政治类的微信推文密度	思想政治类的微信推文数÷微信推文总数

样本信息分类	变量分类	设立依据及补充说明
深层内容	形象宣传类的微信推文密度	形象宣传类的微信推文数÷微信推文总数
	校园建设类的微信推文密度	校园建设类的微信推文数÷微信推文总数
	校生互动类的微信推文密度	校生互动类的微信推文数÷微信推文总数
	领导讲话类的微信推文密度	领导讲话类的微信推文数÷微信推文总数
	师生寄语类的微信推文密度	师生寄语类的微信推文数÷微信推文总数
	合作交流类的微信推文密度	合作交流类的微信推文数÷微信推文总数
	校园荣誉类的微信推文密度	校园荣誉类的微信推文数÷微信推文总数
	科研成果类的微信推文密度	科研成果类的微信推文数÷微信推文总数
	教学成果类的微信推文密度	教学成果类的微信推文数÷微信推文总数
	生活资讯类的微信推文密度	生活资讯类的微信推文数÷微信推文总数
	人物风采类的微信推文密度	人物风采类的微信推文数÷微信推文总数
	历史文化类的微信推文密度	历史文化类的微信推文数÷微信推文总数
	校园风景类的微信推文密度	校园风景类的微信推文数÷微信推文总数

续表

样本信息分类	变量分类	设立依据及补充说明
深层内容	教工生活类的微信推文密度	教工生活类的微信推文数÷微信推文总数
	学生活动类的微信推文密度	学生活动类的微信推文数÷微信推文总数
	就业升学类的微信推文密度	就业升学类的微信推文数÷微信推文总数
	通知告示类的微信推文密度	通知告示类的微信推文数÷微信推文总数
	人事变动类的微信推文密度	人事变动类的微信推文数÷微信推文总数
	会议讲座类的微信推文密度	会议讲座类的微信推文数÷微信推文总数
	节假庆典类的微信推文密度	节假庆典类的微信推文数÷微信推文总数
	书文选送类的微信推文密度	书文选送类的微信推文数÷微信推文总数
	影视推荐类的微信推文密度	影视推荐类的微信推文数÷微信推文总数
	平台互动类的微信推文密度	平台互动类的微信推文数÷微信推文总数
	数据分析类的微信推文密度	数据分析类的微信推文数÷微信推文总数
	综合成果类的微信推文密度	综合成果类的微信推文数÷微信推文总数
	趣味段子类的微信推文密度	趣味段子类的微信推文数÷微信推文总数

续表

样本信息分类	变量分类	设立依据及补充说明
深层内容	新闻合辑类的微信推文密度	新闻合辑类的微信推文数÷微信推文总数
	建党相关类的微信推文密度	建党相关类的微信推文数÷微信推文总数
	其他类的微信推文密度	其他类的微信推文数÷微信推文总数
	年度微信推文关键词	对2017年各高校微信推文标题和正文中的关键词进行词频分析和语义网络分析

二、假说形成

面对当下的移动互联网时代，海量信息以多样化的呈现形式向我们涌来，而"内容为王"依然是新媒体平台经久不衰的论题。已有的多项关于高校微信公众号的推送内容研究中，均包含对内容选题的考察与细分。赵雨晴（2015）在《校园微信公众平台的现状及发展方向——基于北京六所高校微信公众平台的研究》一文中对北京六所高校微信公众平台进行研究，将推送内容细分为"校园新闻热点""校内活动及通知""社会新闻及评论""海外游学纪实""校园人物专题""校园美食""文体及娱乐""校园生活权益""趣闻轶事""其他特色内容"十大类，同时指出校园新闻、活动占有较大比重，但高校不同微信平台定位存在差异，导致推送内容各有侧重。[1] 王蓓悦等人（2017）在《高校官方微信公众号运营的现状、困境以及对策分析——以"东华大学"为例的实证分析》中通过分析稳居《中国青年报》"全国普通高校微信公众号综合影响力排行榜"前20名的5所影响力较大的高校官方微信推送的内容，将其细分为"校园新闻""特别专题""校园活动""校园文史""校园风景""线上互动"

---

① 赵雨晴. 校园微信公众平台的现状及发展方向——基于北京六所高校微信公众平台的研究 [J]. 科技传播，2015，7（5）：133-134.

和"励志名言或者感悟"七大类，并提出校园资讯类的内容占比大且受欢迎。①
祁如玉（2017）以山东师范大学官方微信为例探讨高校官方微信发展现状、
问题及对策，构建了发布内容的类目，并将选题类型划分为"新闻类信息"
"服务类信息""人物景观类""休闲娱乐类""宣传推广类"这五大类，发现
山东师范大学的官方微信以新闻类和休闲娱乐类的推送内容为主，而缺乏服
务类信息。②

基于现有的对高校微信公众号推送内容的划分，本书依据微信推文内容的
丰富性，进一步扩充深层内容类别，划分为三十类，从数量和密度入手，加上
年度关键词，共划分出 61 个深层内容的变量，并提出以下假设：

H_{3-1}：高校微信公众号推送的深层内容涵盖多项类别。

H_{3-2}：按深层指标推送数量的时间分布来看，部分指标存在相对集中的推送
时间，即表现为各高校微信公众号会在特定时间集中推送某一类别的内容。

H_{3-3}：按高校微信公众号深层指标的密度分布来看，各所高校官方微信公
众号推送的深层内容存在共同的侧重类别，同时也存在相异的侧重类别。

吴中堂等人（2015）在《微信公众号信息传播的影响因素研究》一文中聚
焦于微信公众号推送标题的关键词热度、语义变量与信息阅读率的关系，并提
出标题的导向性词、句式是影响微信阅读量的重要因素，且微信公众号的推文
标题要有叙述策略。③ 基于已有研究，本书在深层内容的探析中加入对高校微
信公众号推文标题的词频分析和语义网络分析，并提出以下假设：

H_{3-4}：高校微信公众号推文的标题关键词能够展现高校自身特色。

H_{3-5}：高校微信公众号推文的标题语义网络能够展现高校自身特色。

吴茵茵（2015）以 20 所大学图书馆发布的 1062 篇微信推文为研究对象，
量化分析了微信公众号推文内容的高频词及其语义网络，发现"图书馆""数据

---

① 王蓓悦，王莹，魏颖. 高校官方微信公众号运营的现状、困境以及对策分析——以"东
华大学"为例的实证分析 [J]. 新媒体研究，2017，3（7）：59.

② 祁如玉. 高校官方微信发展现状、问题及对策研究 [D]. 济南：山东师范大学，
2017.

③ 吴中堂，刘建徽，唐振华. 微信公众号信息传播的影响因素研究 [J]. 情报杂志，
2015，34（4）：125.

库""资源""讲座"等词处于网络中心，符合大学图书馆主要服务于高等教育的定位。[①] 故而，本书进一步将推文正文的词频和语义网络纳入考察范畴，并提出以下假设：

H_{3-6}：高校微信公众号推文的正文关键词能够展现高校自身特色。

H_{3-7}：高校微信公众号推文的正文语义网络能够展现高校自身特色。

三、统计分析

（一）深层内容指标分析

1. H_{3-1}：高校微信公众号推送的深层内容涵盖多项类别

通过微信推文采集器对 16 所高校微信公众号 2021 年一年内推文的抓取，笔者对每篇推文的内容进行考察并细分，各所高校微信公众号深层内容的数量与密度分析结果如表 3-26 所示。

表 3-26　16 所高校微信公众号深层内容数量与密度汇总表

内容类别 ＼ 高校名称	清华大学		北京大学		浙江大学		上海交通大学	
	数量（篇）	密度	数量（篇）	密度	数量（篇）	密度	数量（篇）	密度
思想政治	17	0.0300	22	0.0573	22	0.0542	17	0.0443
形象宣传	8	0.0141	19	0.0495	2	0.0049	14	0.0365
校园建设	19	0.0336	24	0.0625	11	0.0271	28	0.0729
校生互动	0	0.0000	0	0	0	0.0000	0	0.0000
领导讲话	30	0.0530	2	0.0052	6	0.0148	4	0.0104
师生寄语	1	0.0018	2	0.0052	6	0.0148	0	0
合作交流	31	0.0548	10	0.0260	10	0.0246	9	0.0234
校园荣誉	29	0.0512	6	0.0156	16	0.0394	41	0.1068

---

① 吴茵茵. 基于 Web 挖掘的图书馆微信服务可视化研究 [J]. 农业图书情报学刊, 2015, 27 (12)：21-24.

续表

高校名称 内容类别	清华大学		北京大学		浙江大学		上海交通大学	
	数量（篇）	密度	数量（篇）	密度	数量（篇）	密度	数量（篇）	密度
科研成果	25	0.0442	9	0.0234	32	0.0788	10	0.0260
教学成果	13	0.0230	16	0.0417	16	0.0394	2	0.0052
生活资讯	29	0.0512	26	0.0677	34	0.0837	27	0.0703
人物风采	66	0.1166	98	0.2552	124	0.3054	81	0.2109
历史文化	13	0.0230	12	0.0313	5	0.0123	8	0.0208
校园风景	18	0.0318	22	0.0573	12	0.0296	17	0.0443
教工生活	1	0.0018	1	0.0026	1	0.0025	0	0
学生活动	20	0.0353	19	0.0495	10	0.0246	27	0.0703
就业升学	1	0.0018	3	0.0078	1	0.0025	0	0
通知告示	32	0.0565	19	0.0495	33	0.0813	43	0.1120
人事变动	4	0.0071	0	0.0000	0	0.0000	0	0
会议讲座	68	0.1201	8	0.0208	15	0.0369	13	0.0339
节假庆典	69	0.1219	30	0.0781	25	0.0616	27	0.0703
书文选送	13	0.0230	8	0.0208	4	0.0099	0	0
影视推荐	12	0.0212	12	0.0313	0	0.0000	3	0.0078
平台互动	10	0.0177	2	0.0052	8	0.0197	0	0
数据分析	2	0.0035	1	0.0026	0	0.0000	5	0.0130
综合成果	12	0.0212	9	0.0234	1	0.0025	0	0
趣味段子	1	0.0018	2	0.0052	0	0.0000	2	0.0052
新闻合辑	1	0.0018	2	0.0052	0	0.0000	3	0.0078
建党相关	35	0.0618	37	0.0964	43	0.0296	21	0.0547
其他	21	0.0371	0	0	12	0.1059	3	0.0078

续表

内容类别 ＼ 高校名称	华中科技大学		武汉大学		四川大学		南开大学	
	数量（篇）	密度	数量（篇）	密度	数量（篇）	密度	数量（篇）	密度
思想政治	14	0.0409	11	0.0289	15	0.0526	29	0.0769
形象宣传	5	0.0146	11	0.0289	4	0.0140	9	0.0239
校园建设	17	0.0497	15	0.0394	21	0.0737	27	0.0716
校生互动	1	0.0029	1	0.0026	0	0.0000	1	0.0027
领导讲话	7	0.0205	1	0.0026	5	0.0175	5	0.0133
师生寄语	5	0.0146	5	0.0131	2	0.0070	3	0.0080
合作交流	4	0.0117	0	0	6	0.0211	7	0.0186
校园荣誉	53	0.1550	14	0.0367	25	0.0877	13	0.0345
科研成果	19	0.0556	8	0.0210	12	0.0421	20	0.0531
教学成果	5	0.0146	7	0.0184	4	0.0140	3	0.0080
生活资讯	35	0.1023	55	0.1444	43	0.1509	58	0.1538
人物风采	42	0.1228	93	0.2441	56	0.1965	46	0.1220
历史文化	4	0.0117	4	0.0105	1	0.0035	8	0.0212
校园风景	16	0.0468	43	0.1129	26	0.0912	25	0.0663
教工生活	0	0.0000	3	0.0079	2	0.0070	2	0.0053
学生活动	11	0.0322	13	0.0341	5	0.0175	23	0.0610
就业升学	4	0.0117	2	0.0052	0	0.0000	0	0
通知告示	35	0.1023	31	0.0814	20	0.0702	32	0.0849
人事变动	1	0.0029	0	0	2	0.0070	1	0.0027
会议讲座	3	0.0088	0	0	1	0.0035	17	0.0451
节假庆典	22	0.0643	21	0.0551	11	0.0386	22	0.0584
书文选送	1	0.0029	7	0.0184	0	0.0000	4	0.0106

续表

内容类别 ＼ 高校名称	华中科技大学		武汉大学		四川大学		南开大学	
	数量（篇）	密度	数量（篇）	密度	数量（篇）	密度	数量（篇）	密度
影视推荐	7	0.0205	1	0.0026	1	0.0035	2	0.0053
平台互动	9	0.0263	6	0.0157	11	0.0386	0	0
数据分析	4	0.0117	4	0.0105	2	0.0070	3	0.0080
综合成果	0	0.0000	1	0.0026	0	0.0000	1	0.0027
趣味段子	0	0.0000	13	0.0341	0	0.0000	7	0.0186
新闻合辑	2	0.0058	2	0.0052	2	0.0070	1	0.0027
建党相关	20	0.0585	13	0.0341	13	0.0281	26	0.0690
其他	16	0.0468	9	0.0236	8	0.0456	8	0.0212

内容类别 ＼ 高校名称	厦门大学		天津大学		郑州大学		华南师范大学	
	数量（篇）	密度	数量（篇）	密度	数量（篇）	密度	数量（篇）	密度
思想政治	13	0.0429	14	0.0368	29	0.0887	9	0.0398
形象宣传	5	0.0165	6	0.0158	2	0.0061	6	0.0265
校园建设	7	0.0231	26	0.0684	21	0.0642	12	0.0531
校生互动	0	0.0000	0	0	1	0.0031	2	0.0088
领导讲话	1	0.0033	6	0.0158	2	0.0061	1	0.0044
师生寄语	5	0.0165	3	0.0079	3	0.0092	2	0.0088
合作交流	5	0.0165	5	0.0132	16	0.0489	2	0.0088
校园荣誉	5	0.0165	28	0.0737	34	0.1040	5	0.0221
科研成果	12	0.0396	15	0.0395	13	0.0398	0	0
教学成果	6	0.0198	6	0.0158	0	0.0000	2	0.0088
生活资讯	61	0.2013	42	0.1105	50	0.1529	17	0.0752

内容类别＼高校名称	厦门大学		天津大学		郑州大学		华南师范大学	
	数量（篇）	密度	数量（篇）	密度	数量（篇）	密度	数量（篇）	密度
人物风采	29	0.0957	67	0.1763	21	0.0642	54	0.2389
历史文化	12	0.0396	7	0.0184	2	0.0061	0	0
校园风景	25	0.0825	30	0.0789	14	0.0428	8	0.0354
教工生活	1	0.0033	2	0.0053	3	0.0092	2	0.0088
学生活动	15	0.0495	26	0.0684	5	0.0153	11	0.0487
就业升学	0	0.0000	0	0	0	0.0000	1	0.0044
通知告示	30	0.0990	39	0.1026	54	0.1651	49	0.2168
人事变动	1	0.0033	1	0.0026	3	0.0092	0	0
会议讲座	8	0.0264	8	0.0211	8	0.0245	5	0.0221
节假庆典	19	0.0627	27	0.0711	24	0.0734	17	0.0752
书文选送	7	0.0231	4	0.0105	3	0.0092	0	0
影视推荐	11	0.0363	2	0.0053	0	0.0000	0	0
平台互动	12	0.0396	1	0.0026	2	0.0061	2	0.0088
数据分析	0	0.0000	3	0.0079	3	0.0092	7	0.0310
综合成果	6	0.0198	2	0.0053	3	0.0092	4	0.0177
趣味段子	0	0.0000	4	0.0105	0	0.0000	8	0.0354
新闻合辑	1	0.0033	1	0.0026	1	0.0031	0	0.0000
建党相关	21	0.0198	19	0.0500	29	0.0887	12	0.0531
其他	6	0.4293	5	0.0132	10	0.0306	0	0

续表

高校名称 内容类别	哈尔滨工业大学		北京科技大学		湖北大学		扬州大学	
	数量 （篇）	密度	数量 （篇）	密度	数量 （篇）	密度	数量 （篇）	密度
思想政治	26	0.0513	11	0.0359	5	0.0150	9	0.0247
形象宣传	3	0.0059	10	0.0327	4	0.0120	2	0.0055
校园建设	12	0.0237	15	0.0490	19	0.0569	5	0.0137
校生互动	3	0.0059	0	0.0000	0	0.0000	0	0.0000
领导讲话	4	0.0079	1	0.0033	0	0.0000	0	0.0000
师生寄语	2	0.0039	2	0.0065	1	0.0030	2	0.0055
合作交流	16	0.0316	6	0.0196	8	0.0240	2	0.0055
校园荣誉	51	0.1006	25	0.0817	24	0.0719	36	0.0989
科研成果	38	0.0750	5	0.0163	9	0.0269	1	0.0027
教学成果	4	0.0079	4	0.0131	9	0.0269	5	0.0137
生活资讯	65	0.1282	28	0.0915	55	0.1647	83	0.2280
人物风采	75	0.1479	77	0.2516	44	0.1317	37	0.1016
历史文化	5	0.0099	1	0.0033	8	0.0240	0	0.0000
校园风景	12	0.0237	14	0.0458	11	0.0329	38	0.1044
教工生活	3	0.0059	4	0.0131	6	0.0180	1	0.0027
学生活动	14	0.0276	17	0.0556	15	0.0449	15	0.0412
就业升学	3	0.0059	8	0.0261	0	0.0000	1	0.0027
通知告示	95	0.1874	35	0.1144	70	0.2096	67	0.1841
人事变动	2	0.0039	0	0.0000	0	0.0000	2	0.0055
会议讲座	20	0.0394	3	0.0098	0	0.0000	5	0.0137
节假庆典	31	0.0611	21	0.0686	25	0.0749	23	0.0632
书文选送	1	0.0020	0	0.0000	1	0.0030	4	0.0110
影视推荐	2	0.0039	0	0.0000	1	0.0030	3	0.0082

内容类别＼高校名称	哈尔滨工业大学		北京科技大学		湖北大学		扬州大学	
	数量（篇）	密度	数量（篇）	密度	数量（篇）	密度	数量（篇）	密度
平台互动	1	0.0020	0	0.0000	5	0.0150	4	0.0110
数据分析	0	0.0000	4	0.0131	7	0.0210	1	0.0027
综合成果	2	0.0039	8	0.0261	1	0.0030	0	0.0000
趣味段子	0	0.0000	3	0.0098	1	0.0030	1	0.0027
新闻合辑	4	0.0079	1	0.0033	2	0.0060	3	0.0082
建党相关	13	0.0256	7	0.0229	6	0.0180	15	0.0412
其他	32	0.0631	3	0.0098	3	0.0090	14	0.0385

由表 3-26 可知，16 所高校微信公众号的推送内容明显涵盖多项类别，且每所高校的深层内容指标不为 0 的项均超过 20 个，说明高校微信公众号推送的内容丰富程度均相当可观，注重信息传播内容的多样化，可以使用户保持一定程度的新鲜感。

2. H_{3-2}：按深层指标推送数量的时间分布来看，部分指标存在相对集中的推送时间，即表现为各所高校微信公众号会在特定时间集中推送某一类别的内容

因表 3-26 中深层内容指标的考察时段是 2021 年一整年的，只能呈现出每项指标在一年内的整体分布，而无法更为清晰地展现深层内容指标在一年内的变动图景。由此，笔者借助 Excel 按月统计出 16 所高校微信公众号深层内容的各项指标，绘制出的分布图如图 3-14 至图 3-43 所示。

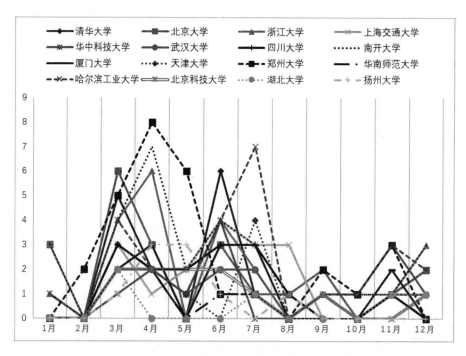

图 3-14　16 所高校微信公众号思想政治类推送数量分布

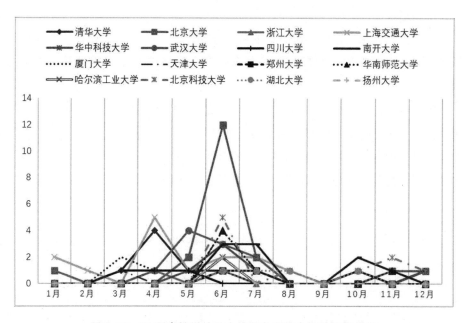

图 3-15　16 所高校微信公众号形象宣传类推送数量分布

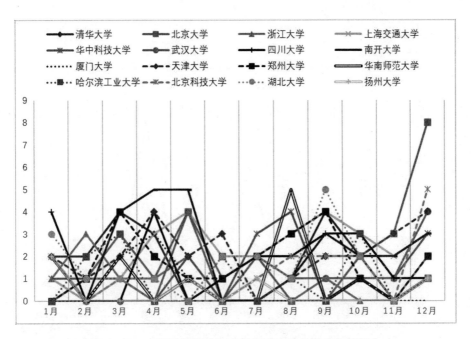

图 3-16　16 所高校微信公众号校园建设类推送数量分布

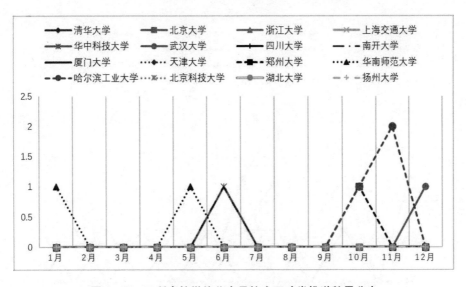

图 3-17　16 所高校微信公众号校生互动类推送数量分布

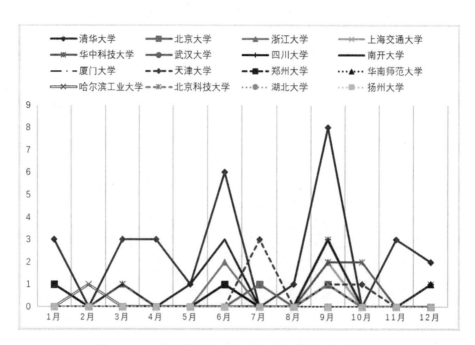

图 3-18　16 所高校微信公众号领导讲话类推送数量分布

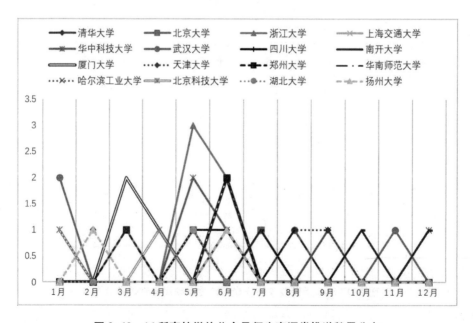

图 3-19　16 所高校微信公众号师生寄语类推送数量分布

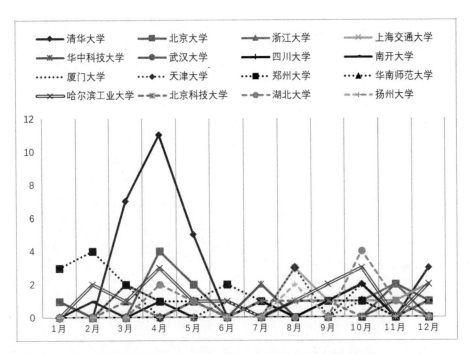

图 3-20　16 所高校微信公众号合作交流类推送数量分布

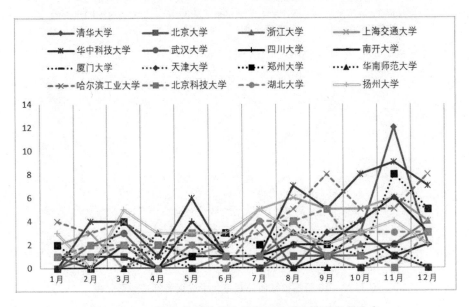

图 3-21　16 所高校微信公众号校园荣誉类推送数量分布

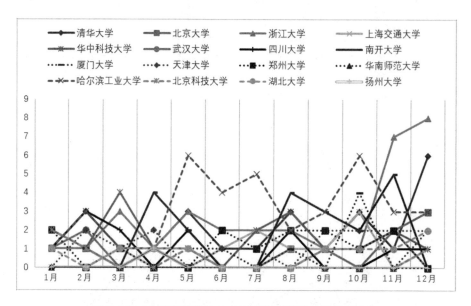

图 3-22　16 所高校微信公众号科研成果类推送数量分布

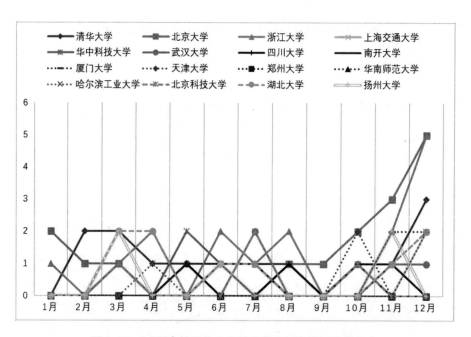

图 3-23　16 所高校微信公众号教学成果类推送数量分布

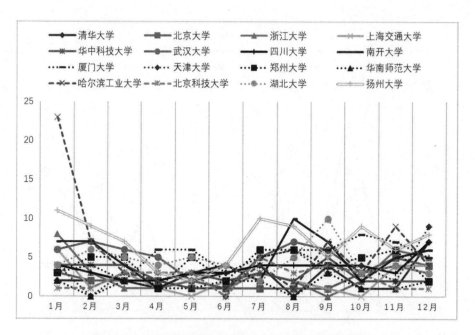

图 3-24　16 所高校微信公众号生活资讯类推送数量分布

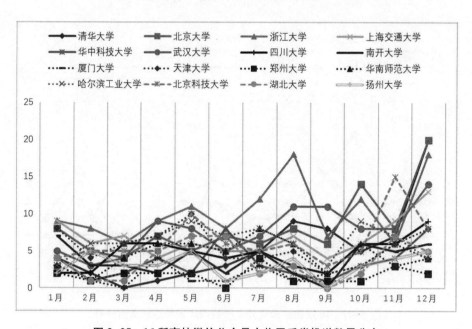

图 3-25　16 所高校微信公众号人物风采类推送数量分布

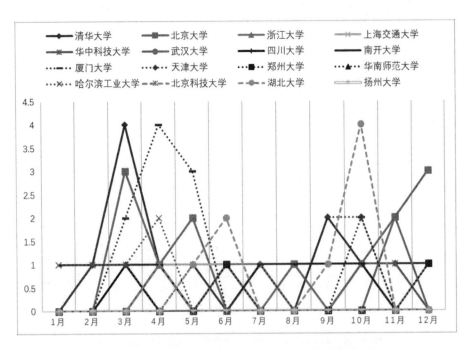

图 3-26　16 所高校微信公众号历史文化类推送数量分布

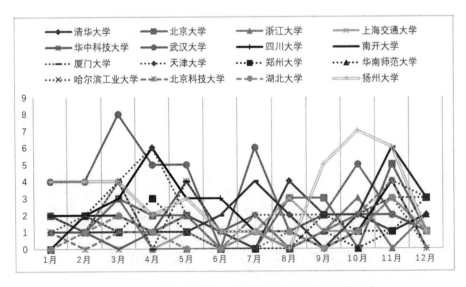

图 3-27　16 所高校微信公众号校园风景类推送数量分布

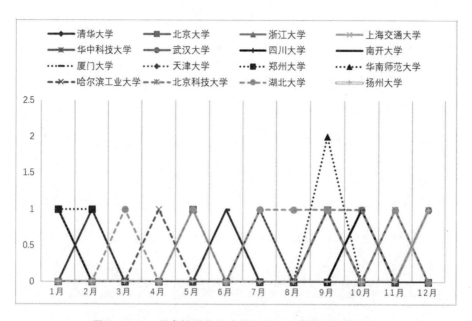

图 3-28 16 所高校微信公众号教工生活类推送数量分布

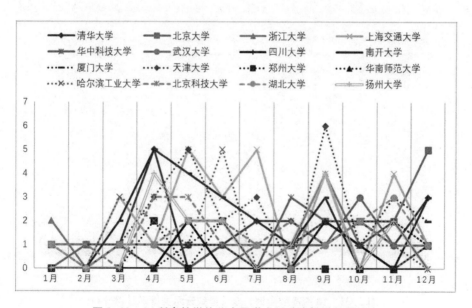

图 3-29 16 所高校微信公众号学生活动类推送数量分布

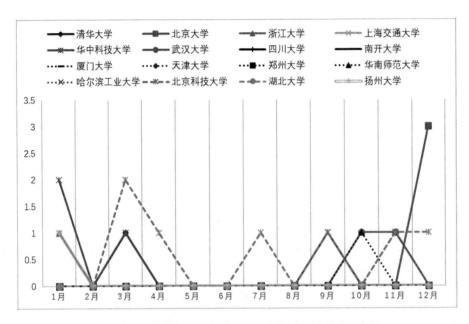

图 3-30　16 所高校微信公众号就业升学类推送数量分布

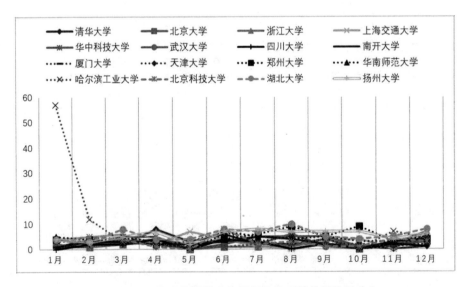

图 3-31　16 所高校微信公众号通知告示类推送数量分布

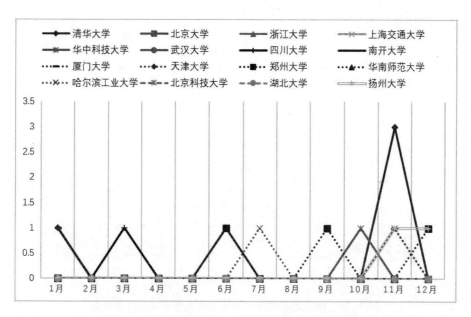

图 3-32　16 所高校微信公众号人事变动类推送数量分布

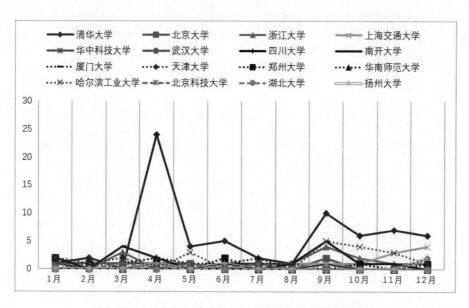

图 3-33　16 所高校微信公众号会议讲座类推送数量分布

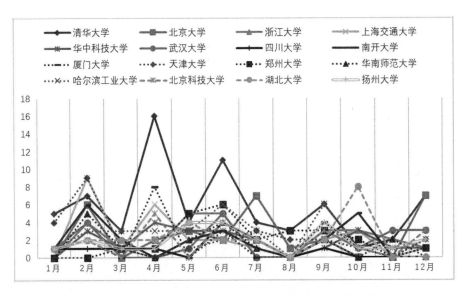

图 3-34　16 所高校微信公众号节假庆典类推送数量分布

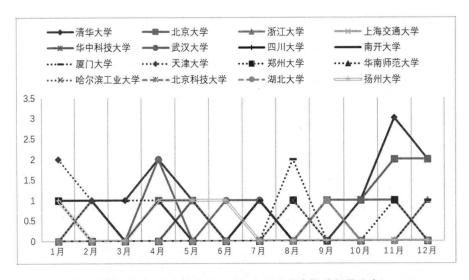

图 3-35　16 所高校微信公众号书文选送类推送数量分布

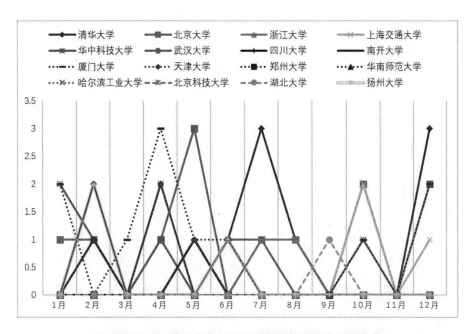

图 3-36　16 所高校微信公众号影视推荐类推送数量分布

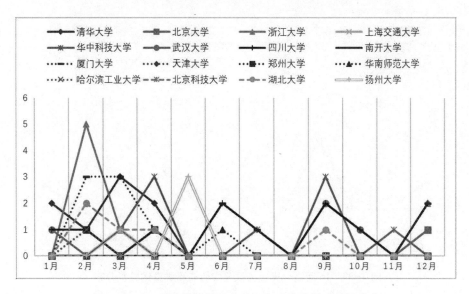

图 3-37　16 所高校微信公众号平台互动类推送数量分布

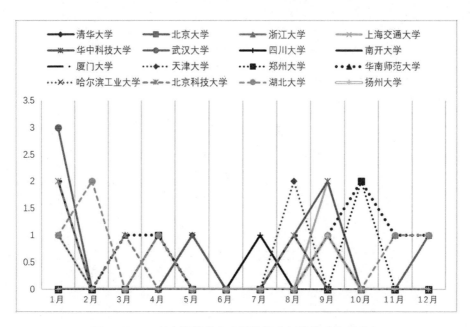

图3-38　16所高校微信公众号数据分析类推送数量分布

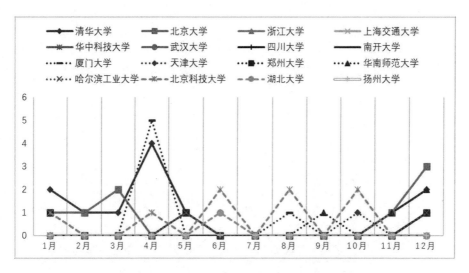

图3-39　16所高校微信公众号综合成果类推送数量分布

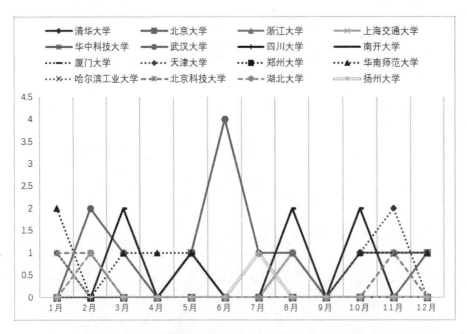

图 3-40 16 所高校微信公众号趣味段子类推送数量分布

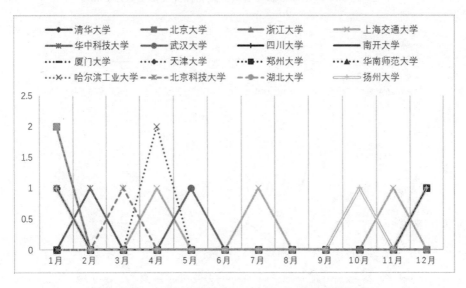

图 3-41 16 所高校微信公众号新闻合辑类推送数量分布

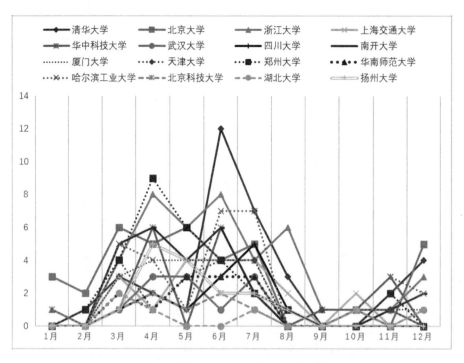

图 3-42　16 所高校微信公众号建党相关类推送数量分布

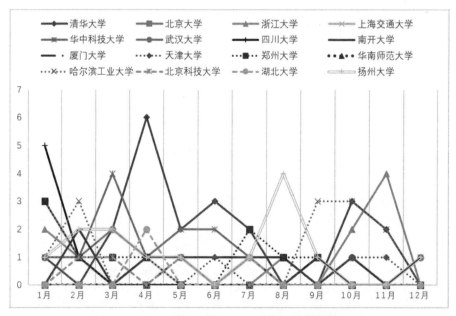

图 3-43　16 所高校微信公众号其他类推送数量分布

由各个深层内容指标推送数量分布图（图3-14至图3-43）可知，大部分推送类别并无相对集中的推送月份。在有相对集中的推送时段的类别中，一部分表现为个别高校于特定时间段的集中推送，仅有个别类别表现出多所高校均集中推送的情况。例如所有高校建党相关类的推送规律大致一样，均从4月到7月呈现抛物线的推文规律，这与建党一百周年的纪念日为7月1日有关。思想政治类的推文也与建党一百周年密切相关，因此其波动规律也从4月到7月呈现抛物线的运动轨迹。其他类别的推文不同高校的规律各异，深层内容其他指标推送数量的不同分布情况，反映出高校微信公众号在推送内容的安排上存在显著差异，表明各所高校微信公众号都有自己的内容编排特色。

3. H_{3-3}：按高校微信公众号深层指标的密度分布来看，各所高校微信公众号推送的深层内容存在共同的侧重类别，同时也存在相异的侧重类别

出于方便对16所高校微信公众号深层内容的异同进行比较的目的，笔者运用Excel对表3-26中的数据进行图像化处理，得到16所高校微信公众号深层内容密度分布情况如图3-44所示。

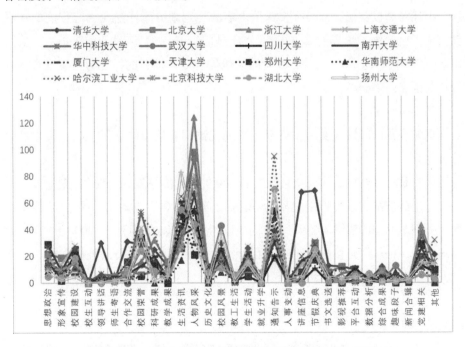

图3-44 16所高校微信公众号深层内容密度分布汇总图

正如深层内容密度分布的汇总图所示，12 条折线整体走势的差异不大，且折线"隆起"的部分也存在诸多一致之处，表明 16 所高校微信公众号在深层内容层面上有共同侧重的类别，建党相关、通知告示、生活资讯、人物风采这四类深层内容相较于其他类别密度值更高，为高校微信公众号所倚重的推送类别。

而进一步单独来看 12 条折线，每条折线的峰值差异也不大，这反映出每所高校微信公众号在 2021 年推送的内容呈现惊人的相似性，峰值集中在建党相关、通知告示、生活资讯、人物风采这四类深层内容上，而通知告示、生活资讯、人物风采仍然多数与疫情有关。这表明重大事件对高校微信公众号推文的影响是决定性的。

若是深层内容的分析仅停留在类别层面，就会导致只能窥见高校微信公众号推送内容的整体轮廓，而无法从更细微的层面去把控各所高校微信公众号传播内容上的特色。因而，本书引入词频分析和语义网络分析的方法，对高校微信公众号的深层内容进行更细致的研究。

（二）词频分析与语义网络分析

上述对高校微信公众号推文深层内容的类别划分无法避免一定程度的主观性。为了更系统、更贴合高校微信公众号的推送内容实际，笔者进一步采用 ROST CM6 内容挖掘软件，对 16 所高校微信公众号推文的标题与正文进行词频分析与语义网络分析。

1. 词频分析

词频统计可以发现文本中反复出现的关键词，从而能够便于抓住文本的要点及主旨。

（1）H_{3-4}：高校微信公众号推文的标题关键词能够展现高校自身特色

运用微信推文采集器采集到 16 所高校微信公众号 2021 年一年内的推文标题，分别导入 ROST CM6 中进行词频分析（选取高频词前 200 个），借助 Tagxedo Creator 在线生成文字云，由此得到 16 所高校微信公众号推文标题的文字云（如图 3-45 所示）。[①]

---

① Tagxedo Creator 在生成词云时，会对高频词进行筛选呈现，并通过字体大小不同来反映词频数量的高低。推文正文的文字云亦同。

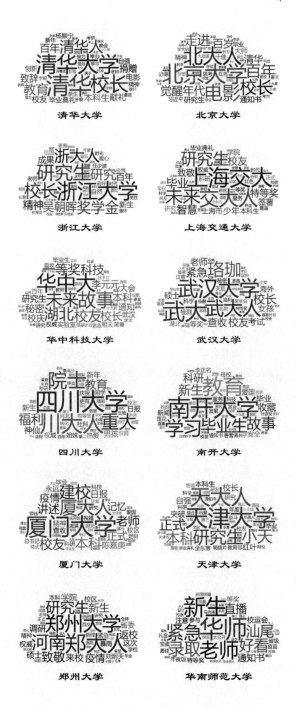

清华大学

北京大学

浙江大学

上海交通大学

华中科技大学

武汉大学

四川大学

南开大学

厦门大学

天津大学

郑州大学

华南师范大学

图 3-45　16 所高校微信公众号推文标题关键词词云图

　　从 16 朵推文标题关键词词云来看，其中每朵最为醒目的均是高校自身的全称或是简称，侧面反映出高校微信公众号是高校自身的"发声者"，基本围绕高校传播资讯。清华大学、北京大学、上海交通大学、华中科技大学、四川大学、南开大学、华南师范大学、湖北大学、扬州大学推文标题里"疫情"关键词不是很突出，表明 2021 年整体疫情比较缓和。此外，各个高校推文标题里用以指代学生群体的名称出现频次较高，例如清华大学的"清华人"、北京大学的"北大人"、浙江大学的"浙大人"、武汉大学的"武大人"、厦门大学的"厦大人"、湖北大学的"湖大人"等，体现出高校微信公众号对传播受众给予了相当程度的关注。

　　除去疫情主题外，分别对 16 朵推文标题关键词词云进行考察，发现大部分高校微信公众号的推文标题关键词具有一定的共性，"录取""研究生""考试""分数线""通知书"等出现在多数高校的推文标题关键词里。从国内大环境上说，新冠肺炎疫情的影响导致企业大大减少了用人需求而形成的就业压力大是2021 年研究生报名人数暴涨的主要原因之一。2021 届高校毕业生规模达 909 万人，再加上 2020 年因疫情暴发没有顺利就业的毕业生，以及因疫情影响回国求职的留学生，就业市场可谓是"僧多粥少"。大家选择考研的目的，除了深造学业、暂缓就业等以外，最直接的就是想要通过研究生学历来提高自身竞争优势，因此，考研热度居高不下。

（2）H$_{3-6}$：高校微信公众号推文的正文关键词能够展现高校自身特色

运用微信推文采集器采集到 16 所高校微信公众号 2021 年一年内的推文正文，分别导入 ROST CM6 中进行词频分析（选取高频词前 300 上），借助 Tagxedo Creator 在线生成文字云，由此得到 16 所高校微信公众号推文正文的文字云（如图 3-46 所示）。

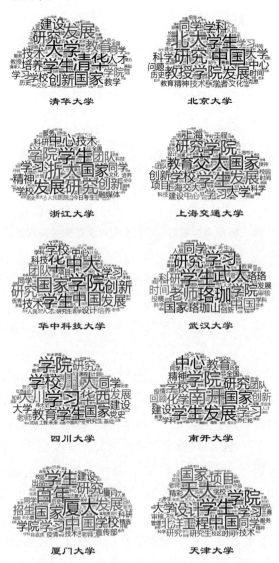

图 3-46　16 所高校官方微信公众号推文正文关键词词云图

通过比较 16 朵推文正文的关键词词云可以发现：

第一，正文关键词均强调自身校名，但没有像标题那样强调学生群体的缩略语（如浙大人、厦大人、武大人等），这可能与标题字数限制和正文篇幅却较为宽松有关。

第二，推文正文关键词中各个高校并没有突出"疫情"，这表明 2021 年国内大多数地方的疫情已经得到了很好的控制，2021 年，中国全年批签发 50 多亿剂新型冠状病毒疫苗。截至 2021 年 12 月 28 日，全国累计报告接种新型冠状病毒疫苗 27 亿 9571.6 万剂次，完成全程接种的人数为 12 亿 741.3 万人。

第三，正文中核心关键词有"研究""学习""学生""教育"等与高校日常学习活动密切相关的词汇，而"发展""建设""创新"等因 2020 年疫情暴发而停滞的信息在 2021 年开始逐渐增多。

由是观之，分析推文正文的关键词，在一定程度上能够初步把握高校微信公众号的传播重点，但在区隔不同高校微信公众号的传播特色方面还存在欠缺。

2. 语义网络分析

在词频分析的基础上，语义网络分析能够进一步厘清关键词之间的语义关系，从而构建更为完整的传播内容图景。据此，本书主要运用 ROST CM6 软件进行语义网络分析，结合 NetDraw 实现可视化。ROST CM6 软件对分词后的文本会自动进行过滤无意义词、生成高频词词表、提取行特征、构建矩阵等操作，最终形成语义网络，网络中的节点大小代表关键词的频度，箭头代表节点之间有指向性的关系，而连线的粗细程度则代表共现频率的大小。①

（1）H_{3-5}：高校微信公众号推文的标题语义网络能够展现高校自身特色

针对 16 所高校微信公众号 2021 年一年内所有推送的标题，基于标题的词频分析选取高频词前 200 个，语义网络图选取高频词前 100 个进行呈现，结果如图 3-47 至图 3-62 所示。

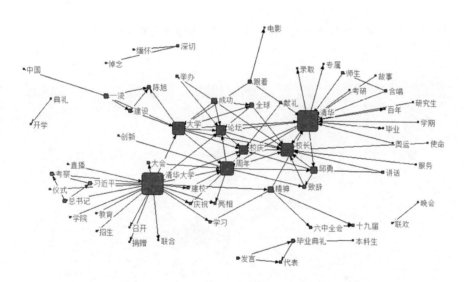

图 3-47　清华大学微信公众号推文标题语义网络分析图

---

①　史安斌. 社交媒体时代全球传播的理想模式探究——基于联合国"微传播"的个案分析 [J]. 武汉大学学报（哲学社会科学版），2018，71（1）：70.

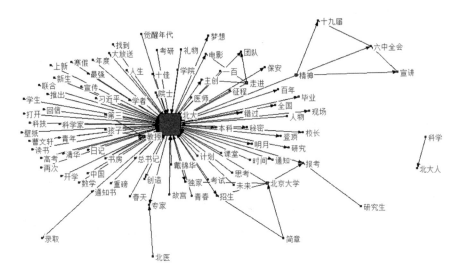

图 3-48　北京大学微信公众号推文标题语义网络分析图

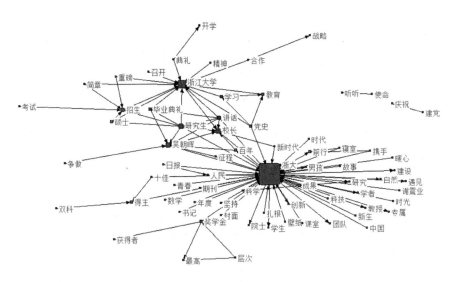

图 3-49　浙江大学微信公众号推文标题语义网络分析图

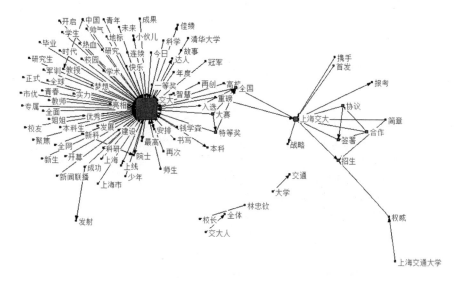

图 3-50　上海交通大学微信公众号推文标题语义网络分析图

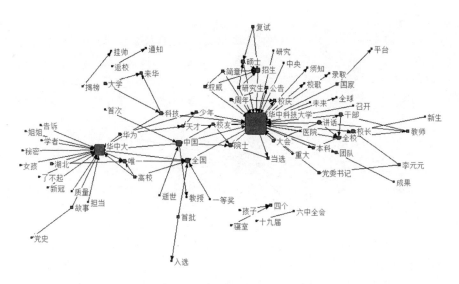

图 3-51　华中科技大学微信公众号推文标题语义网络分析图

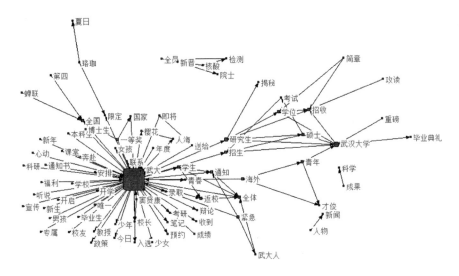

图 3-52　武汉大学微信公众号推文标题语义网络分析图

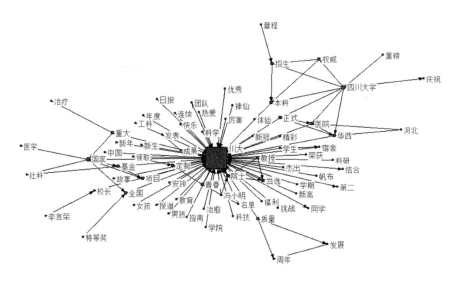

图 3-53　四川大学微信公众号推文标题语义网络分析图

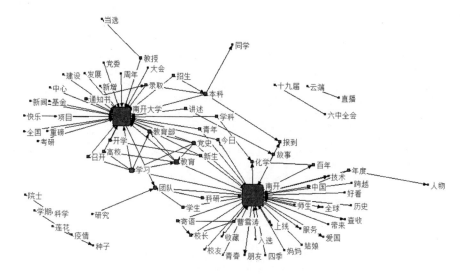

图 3-54　南开大学微信公众号推文标题语义网络分析图

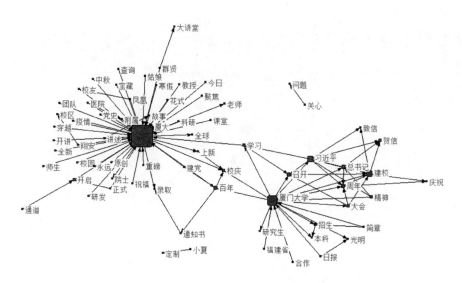

图 3-55　厦门大学微信公众号推文标题语义网络分析图

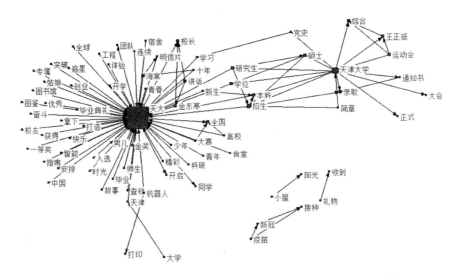

图 3-56 天津大学微信公众号推文标题语义网络分析图

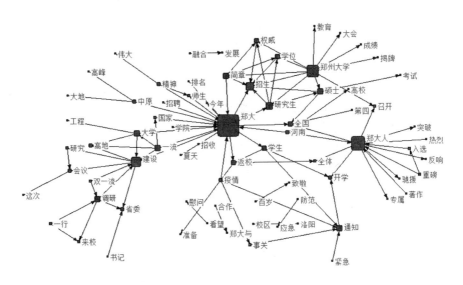

图 3-57 郑州大学微信公众号推文标题语义网络分析图

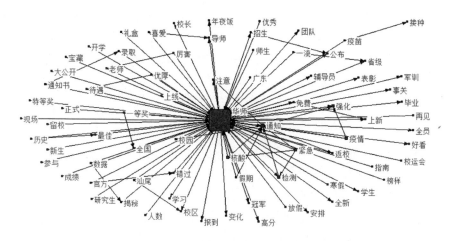

图 3-58　华南师范大学微信公众号推文标题语义网络分析图

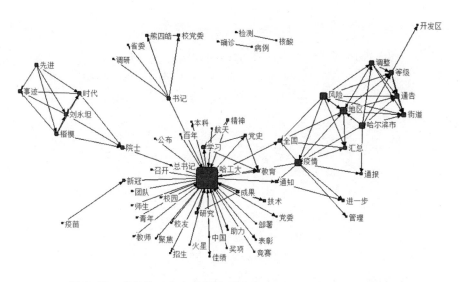

图 3-59　哈尔滨工业大学微信公众号推文标题语义网络分析图

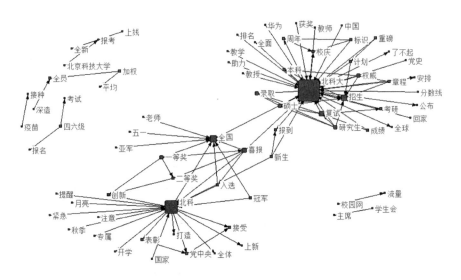

图 3-60　北京科技大学微信公众号推文标题语义网络分析图

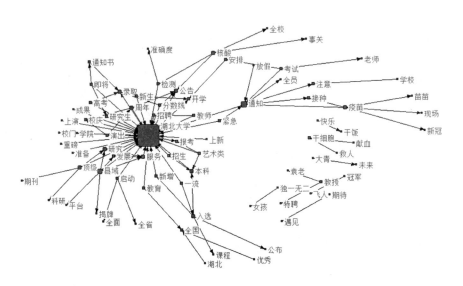

图 3-61　湖北大学微信公众号推文标题语义网络分析图

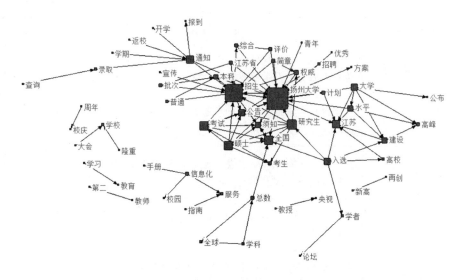

图3-62 扬州大学微信公众号推文标题语义网络分析图

综合比较16所高校微信公众号推文标题语义网络分析结果，从网络中心节点来看，16所高校的推文标题语义网络的核心词汇均为高校名称，表明高校微信公众号传播资讯都是围绕高校这一传播主体在进行的。

从各个节点的连接情况来看，16所高校分别形成了自身的"语义集束"。"语义集束"可以理解为由若干个相互关联的词汇汇集而成，这些词汇可按一定的顺序组成赋有意义的表述。笔者对16所高校微信公众号推文标题语义网络中形成的语义集束进行整理，结果如表3-27所示。

表3-27 16所高校微信公众号推文标题语义网络中的语义集束汇总表

高校名称	标题语义网络中的语义集束
清华大学	清华大学建校/庆祝/直播；邱勇校长致辞；周年校庆；全球/大学论坛；一流建设；十九届六中全会精神
北京大学	北京大学本科/强基计划/研究生招生简章；北大《觉醒年代》；走进电影团队；北大十佳
浙江大学	浙江大学招生；浙大团队/院士/学者/男孩；浙大党史教育；吴朝晖校长讲话

高校名称	标题语义网络中的语义集束
上海交通大学	交大智慧；交大新科院士；上海交大签署合作协议；全国大赛特等奖；上海交通大学权威招生简章
华中科技大学	华中科技大学招生；华中科技大学党委书记/院士/硕士研究生/干部/校友/团队；十九届六中全会
武汉大学	武大樱花；海外青年才俊；通知全体武大人；武大全国一等奖；学位招收简章；武大学生返校
四川大学	川大定制/成果/团队/院士/教授/新生/同学；四川大学招生；国家社科基金
南开大学	南开大学新生开学；南开校长曹雪涛寄语；南开大学学生科研团队；南开大学录取通知书；百年南开
厦门大学	讲述厦大故事；厦大科研/课堂/校友/师生/院士；厦门大学招生/研究生/建校；习近平总书记致信
天津大学	天大校长金东寒讲话；天津大学研究生/本科学位招生简章发布；天津大学"王正廷杯"综合运动会；天大海棠季十年；新型冠状疫苗接种；天津大学录取通知书
郑州大学	郑大建设一流大学；郑大招生简章/研究生/权威/返校；郑州大学权威/硕士；郑大人入选/突破/入选；紧急通知
华南师范大学	华师假期通知；华师全国一等奖；华师紧急核酸检测通知；最喜爱的华师导师；华师省级一流；华师招生计划公布
哈尔滨工业大学	哈工大党史教育/学习/研究成果/院士/校党委书记；疫情风险地区；哈尔滨市等级通告；全国疫情汇总
北京科技大学	北科大70周年校庆；北科大权威招生章程；北科全国冠军/一等级/二等奖/入选；北科大硕士录取/复试；北科人接受党中央表彰
湖北大学	湖北大学紧急通知/服务/本科/招生/县域/研究生；放假安排；新型冠状疫苗；核酸检测

续表

高校名称	标题语义网络中的语义集束
扬州大学	扬州大学硕士研究生/招生简章/权威/公告/须知；招生通知；综合评价；硕士考试

由表 3-27 整理的语义集束来看，高校推送标题之间有异同的部分，例如天津大学、华南师范大学、哈尔滨工业大学、湖北大学均出现抗疫相关信息，上海交通大学、武汉大学、华南师范大学、北京科技大学突出获奖荣誉。清华大学庆祝周年校庆、北京科技大学庆祝 70 周年校庆均在推文标题关键词里有所体现。但建党 100 周年的相关信息很少见。几乎所有高校微信公众号的推文标题均侧重科研、招生等日常事务信息。

（2）H$_{3-7}$：高校微信公众号推文的正文语义网络能够展现高校自身特色

针对 16 所高校微信公众号 2021 年一年内所有推送正文，基于内容的词频分析选取高频词前 300 个，语义网络图选取高频词前 200 个进行呈现，结果如图 3-63 至图 3-78 所示。

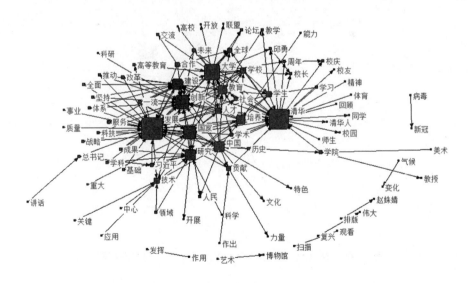

图 3-63　清华大学微信公众号推文正文语义网络分析图

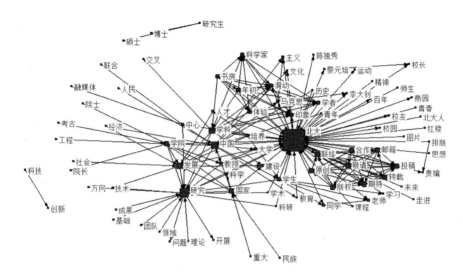

图 3-64　北京大学微信公众号推文正文语义网络分析图

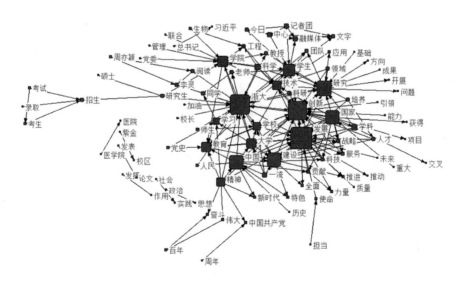

图 3-65　浙江大学微信公众号推文正文语义网络分析图

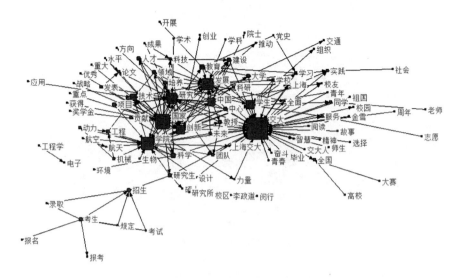

图 3-66 上海交通大学微信公众号推文正文语义网络分析图

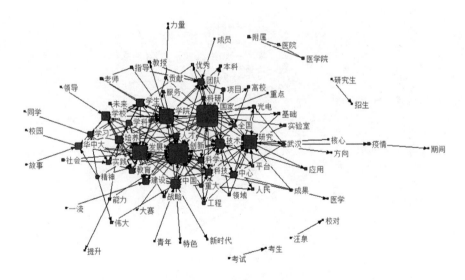

图 3-67 华中科技大学微信公众号推文正文语义网络分析图

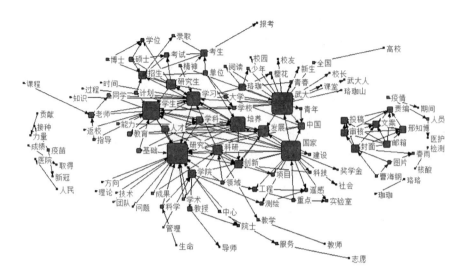

图 3-68　武汉大学微信公众号推文正文语义网络分析图

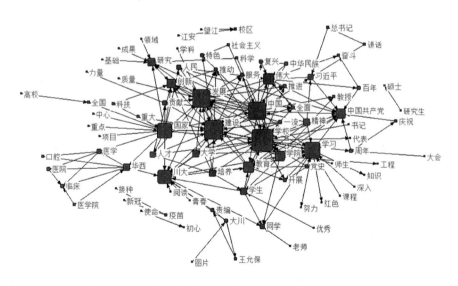

图 3-69　四川大学微信公众号推文正文语义网络分析图

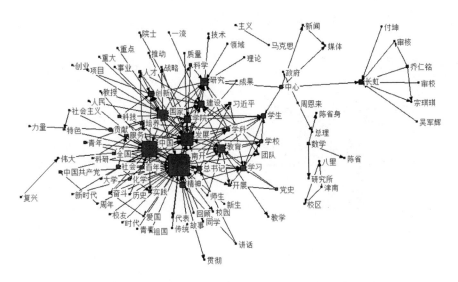

图 3-70 南开大学微信公众号推文正文语义网络分析图

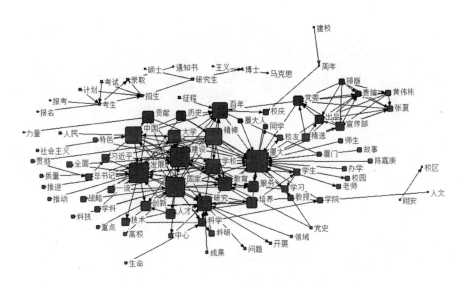

图 3-71 厦门大学微信公众号推文正文语义网络分析图

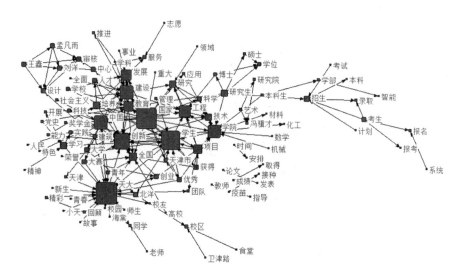

图 3-72　天津大学微信公众号推文正文语义网络分析图

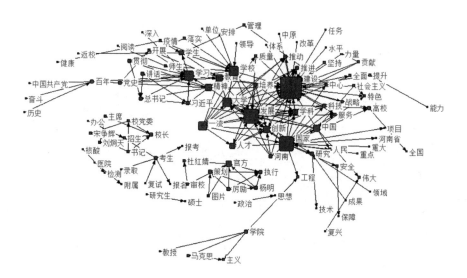

图 3-73　郑州大学微信公众号推文正文语义网络分析图

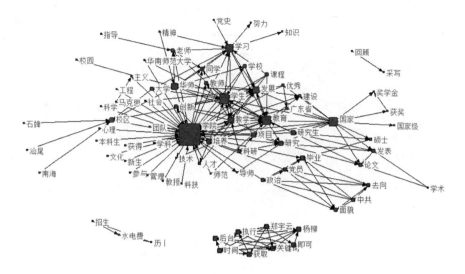

图 3-74 华南师范大学微信公众号推文正文语义网络分析图

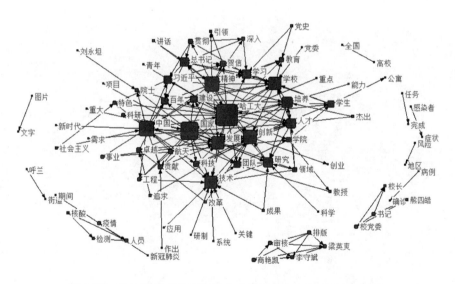

图 3-75 哈尔滨工业大学微信公众号推文正文语义网络分析图

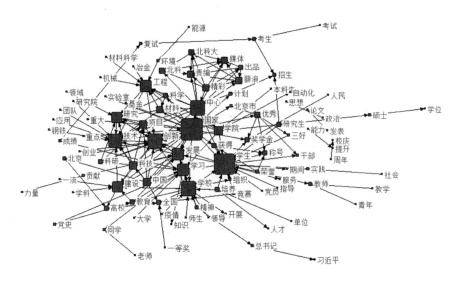

图 3-76　北京科技大学微信公众号推文正文语义网络分析图

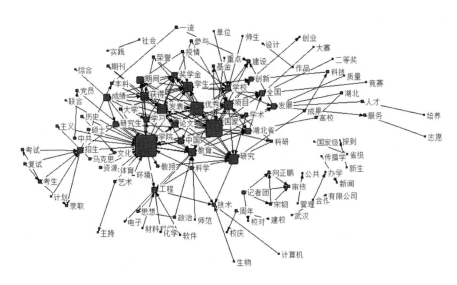

图 3-77　湖北大学微信公众号推文正文语义网络分析图

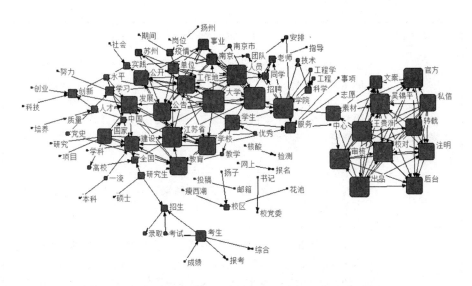

图3-78 扬州大学微信公众号推文正文语义网络分析图

比较16所高校微信公众号推文正文语义网络分析图，从网络中心节点来看，推文正文语义网络的核心词为唯一校名或校名缩略语的高校有11所：清华大学、北京大学、浙江大学、上海交通大学、武汉大学、四川大学、南开大学、厦门大学、天津大学、哈尔滨工业大学和北京科技大学。多数高校推文正文语义网络的核心词体现家国意识，如"国家""战略""发展""习近平"和"创新"等，表明2021年16所高校微信公众号推文正文存在较高的同质化程度。疫情和建党100周年相关的推文信息较为少见。从各个节点的连接情况来看，16所高校又分别形成了自身的"语义集束"。笔者整理如表3-28所示。

表3-28 16所高校微信公众号推文正文语义网络中的语义集束汇总表

高校名称	正文语义网络中的语义集束
清华大学	清华大学；创新建设/人才/发展/培养；人才培养；国家发展；社会人才；全球论坛；历史贡献；研究贡献
北京大学	走进北大学者的书房；蔡元培校长与北大；北大国家学科研究发展；马克思主义传播基地；马克思主义理论学科建设；北大学科人才培养

续表

高校名称	正文语义网络中的语义集束
浙江大学	浙大创新/学院/研究/发展/学生；创新发展/研究/技术/建设/战略；国家发展/战略；大学教育；一流建设；建设发展；新时代精神
上海交通大学	研究生招生录取/考生/考试规定；李政道研究所；闵行校区；科技研究成果；学院教授团队；三好学生标兵；国家人才培养；交大学生教育发展
华中科技大学	创新发展/技术/人才/科技/研究；国家战略；人才培养；技术/研究中心；科研团队/项目；科学技术；学科建设
武汉大学	武大珞珈樱花；学科研究人才培养；研究生博士学位/研究生硕士学位学生招收计划；国家重点项目建设；珞珈少年学习；国家创新领域发展；培养学生学习能力；武大少年珞珈精神；测绘遥感信息国家重点实验室
四川大学	学校建设/教育/发展；推动发展；建设服务；创新发展/建设/研究；庆祝中国共产党百年；人才培养；川大建设/学生；中华民族伟大复兴
南开大学	国家创新人才培养；学习习近平总书记精神；南开研究团队；为中国特色社会主义贡献力量；中国共产党百年奋斗历史；南开开展学习党史教育；南开/学院发展学科建设
厦门大学	厦大教育/学生/精神/建设/校友；百年精神/校庆；发展建设；创新发展/建设/人才/研究/技术；人才培养；习近平总书记；党委宣传部
天津大学	天大优秀项目获得全国大赛荣誉；学科研究教育建设与发展；学生创新人才培养；全国青年创新创业大赛；培养人才创新实践能力；研究生/本科生招生录取计划；天大精彩回顾
郑州大学	建设/创新发展；学科建设；学习习近平总书记讲话精神；国家一流大学/战略；创新人才/建设/培养；人才培养；百年党史

高校名称	正文语义网络中的语义集束
华南师范大学	研究生硕士发表学术论文；国家奖学金获奖；广东省优秀创新学院；学院优秀教学建设；师范教育教学；党员政治面貌毕业去向；努力学习党史知识
哈尔滨工业大学	哈工大建设/发展/创新/团队；人才培养；创新人才/发展/研究/技术/培养；深入贯彻/学习习近平总书记讲话精神；国家发展/建设
北京科技大学	国家一流建设学科；学生获得奖学金/优秀三好学生荣誉称号；全国竞赛一等奖；创新技术项目研究；开展党史学习教育；学校学生人才培养
湖北大学	国家项目/发展/研究；发表论文；优秀学生奖学金；学术研究；学院教育/教授/工程/研究生/招生；招生考试/复试/计划
扬州大学	大学/学院招聘；江苏省公告；学校教育；教育/发展建设；学校/优秀学生；官方私信；全国研究生招生考试/录取

　　推文内正文语义网络结构显然要比推文标题语义网络结构更复杂，包含的语义集束也更丰富。因而在推文正文语义网络分析基础上，可以得到比推文标题语义网络分析层次更多、反映出高校更多信息的分析结果。例如清华大学强调全球、贡献，表明学校定位的国际视野和成果导向；北京大学侧重历史和马克思主义，表明浓厚的人文社科氛围；厦门大学重视学生和校友，宣传百年校庆，其对学生和校友的关爱闻名遐迩。而在微信公众号正文语义网络中体现建党100周年有关信息的高校并不多，只有五所高校：四川大学、南开大学、郑州大学、华南师范大学、北京科技大学。

　　由此观之，对高校微信公众号推送正文的语义网络分析能够佐证或补充推文标题层面的分析结果，并使之充实与完善，这在一定程度上也折射出推文标题与正文之间的互补关系。

四、检定结果

　　高校微信公众号深层内容的研究假设的检定结果如表3-27所示。

表 3-27 深层内容研究假设的检定结果

样本信息分类	研究假设	检定结果
深层内容	H$_{3-1}$：高校微信公众号推送的深层内容涵盖多项类别	接受
	H$_{3-2}$：按深层指标推送数量的时间分布来看，部分指标存在相对集中的推送时间，即表现为各所高校微信公众号会在特定时间集中推送某一类别的内容	接受
	H$_{3-3}$：按高校微信公众号深层指标的密度分布来看，各所高校官方微信公众号推送的深层内容存在共同的侧重类别，同时也存在相异的侧重类别	接受
	H$_{3-4}$：高校微信公众号推文的标题关键词能够展现高校自身特色	拒绝
	H$_{3-5}$：高校微信公众号推文的标题语义网络能够展现高校自身特色	拒绝
	H$_{3-6}$：高校微信公众号推文的正文关键词能够展现高校自身特色	部分拒绝
	H$_{3-7}$：高校微信公众号推文的正文语义网络能够展现高校自身特色	接受

第四章

研究结论与反思

第一节　高校微信公众号传播策略的异同

通过上述 16 所高校微信公众号三个维度多个细化指标的比较研究，对其传播策略的异同总结如下。

一、固有属性

（一）共同之处

（1）高校微信公众号的开通时长均已超过 1800 天，表明高校在借助官方微信公众号进行传播方面已经积攒了一定的经验，并有足够的时间对传播策略进行摸索。

（2）高校微信公众号均可通过搜索高校名称获得，一方面便于微信用户的搜索操作，进而有助于提升关注量；另一方面彰显官方微信公众号是高校的代表，具有权威性。

（3）高校微信公众号均选择具备媒体属性的订阅号进行传播，反映出高校形成与学生之间的黏性、向社会宣传形象的需求。

（4）除华中科技大学和武汉大学以卡通形象作为头像之外，其余高校均以校徽作为微信公众号的头像，在用户中树立了比较严肃的高校品牌形象。

（5）只有 6 所高校关联了"微言教育"小程序，这能够给用户提供优质服务，增强互动性。

（6）高校微信公众号均已完成认证，在用户中建立了较高的可信度，容易获得关注并提升传播的可能性。

（7）多数高校入选"985 工程""211 工程""双一流"名单，说明高校微信公众号的传播力与高校自身所处等级具备一定程度的关联性，但仍然有少数高校如湖北大学和扬州大学成为微信公众号运营的黑马。

（二）差异之处

（1）高校微信公众号的设置形式多样，内容与高校特色结合，各校之间存在明显差异。

（2）武汉大学和浙江大学的微信公众号对客服电话或客服人员进行了设置，其余高校均未设置客服人员或客服电话，表明高校微信公众号与受众的互动服务机制尚不完善。

（3）只有清华大学和郑州大学完成了微信公众号名称的商标注册，标注有商标详情，其余高校均未注册商标，说明高校微信公众号的商标保护意识尚待加强。

（4）尽管多数高校均入选"985 工程""211 工程""双一流"名单，但高校之间的品牌强度存在差距，表明品牌强度并不是决定高校微信公众号的传播力的唯一因素，少数品牌强度落后的"三非"高校也可以探索出合适的传播策略形成强大的传播力。

二、表层形式

（一）共同之处

（1）高校微信公众号均有推文密度较高的月份，说明高校微信公众号的推文数量具有相对集中性，4 月、6 月、11 月、12 月发布推文数量较多，与学生在校时间有关。

（2）每所高校微信公众号的推文发布均有各自相对集中的时段，这与该高校的运营团队、受众的阅读习惯有关。

（3）高校微信公众号推文的总阅读数、篇均阅读数、日均阅读数、头条阅读数、头条篇均阅读数、头条日均阅读数、总点赞数、篇均点赞数、日均点赞数、头条点赞数、头条篇均点赞数、头条日均点赞数、总在看数、篇均在看数、日均在看数能在一定程度上反映出自身的传播力。

（4）从高校微信公众号的整体阅读指数来看，篇均阅读数和日均阅读数均破万，最高阅读数均突破100000，最高阅读数推送内容主题主要围绕生活资讯、人物风采、通知告示这三个方面，表明建党100周年的推文传播效果不太理想。

（5）高校微信公众号的推送形式以图文结合为主，视频、音频、链接使用频率较低。

（二）差异之处

（1）高校微信公众号之间生产原创内容的差距显著，北京大学、武汉大学、四川大学微信公众号的原创密度逾60%，反映出注重对原创内容的打造，而哈尔滨工业大学微信公众号的原创密度仅为2.4%，表明缺乏生产原创内容的意识。这说明高校官方微信公众号在打造原创内容、依靠优质内容吸引受众的意识上存在较大差异。

（2）推送形式上，链接的推文占用空间小，受到许多高校不同程度上的青睐。其中北京大学和郑州大学使用链接的比例均超过20%，说明这两所高校在传播形式上注重层次感。

（3）头条点赞数、头条日均点赞数和头条篇均点赞数之间不存在必然联系。尽管清华大学和北京大学在头条点赞数和头条日均点赞数位列前两位，比如，尽管浙江大学在头条篇均点赞数排名不高，但在头条日均点赞数上位居第三。此外，对于不同的高校而言，与篇均点赞数、日均点赞数相比，头条篇均点赞数和头条日均点赞数并非都超过前者。

三、深层内容

（一）共同之处

（1）高校微信公众号推送的内容类别涵盖丰富（均超过20类），说明高校微信公众号的整体传播环境呈现"百花齐放"的形态。

（2）高校微信公众号在两个类别上推文内容规律相似：建党相关类和思想政治类。所有高校建党相关类的推送规律大致一样，均从4月到7月呈现抛物线的推文规律，这与建党100周年的纪念日为7月1日有关。思想政治类的推文也与建党 100 周年密切相关，因此其波动规律也从 4 月到 7 月呈现抛物线的运动轨迹。

（3）16 所高校微信公众号在深层内容层面上有共同侧重的类别，建党相关、通知告示、生活资讯、人物风采这四类深层内容相较于其他类别密度值更高，为高校微信公众号所倚重的推送类别。

（4）高校微信公众号推送标题的词云和语义网络、正文的词云均是以高校名称为唯一核心，表明官方微信公众号的推送均是围绕高校在进行，传播的资讯不会脱离高校本身。

（二）差异之处

（1）除去疫情主题外，分别对 16 朵推文标题和正文关键词词云进行考察，发现部分高校微信公众号的推文标题和正文关键词均无法有效体现高校自身特色。高校的推文标题和正文关键词差异不明显。

（2）从标题和正文的语义网络来看，有些高校推送标题之间有不同的部分，但推送的正文之间差异不明显。

（3）在推文正文语义网络分析基础上，可以得到比推文标题语义网络分析层次更多、反映出高校更多信息的分析结果。

第二节　高校微信公众号传播的启示、问题与展望

一、高校微信公众号传播的启示

根据 16 所高校微信公众号传播策略的异同，笔者对高校微信公众号传播策略总结如下。

（一）立足于线下学生对校园活动的需求催动高校微信公众号用户的线上互动参与

直接与教学行政系统连接，将学生的学号与高校微信公众号绑定，这样学生可以通过高校微信公众号上网查看自己的课程安排、考试成绩、日常考勤，

甚至在高校微信公众号上选课也可以实现。通过在高校微信公众号建立班级群、学院群的方式来进行公共事件的通知，可以做到实时到达，无延迟。可以通过高校微信公众号来收集学生们的意见建议，做到阳光办公。去食堂也可以不用饭卡了，去图书馆之前在高校微信公众号就可以查询到书的位置并且进行预定，通过高校微信公众号续借图书，在高校微信公众号上收到还书日期通知等。总之，高校微信公众号平台要顺应新媒体的发展趋势，可以在高校内开启一个全新的信息传播的时代。

（二）有意识地通过微信公众号构筑高校品牌形象，形成特色

好的品牌形象对高校的发展至关重要，品牌优势有助于培养竞争优势，提升高校的良好形象，促进其良性发展。① 从本研究中可以看到，高校借助微信公众平台，正在有意识地塑造自身品牌特色。高校微信公众号的公众号昵称与高校自身名称一致；头像基本设置主要为高校校徽；推送内容文本中均以高校名称为核心，并拓展自身特色信息，这些方面都体现出高校在传播品牌印记，并尽可能地使与高校相关的元素显著地展现出来。注重对校徽、校名等具备唯一性的元素的表达，在形成高校特色的同时达到宣传高校形象的目的，易于加深受众对高校的整体印象，进而形塑影响力。

（三）能够把握受众特征，提供针对性服务

受众是微信公众号进行传播活动的对象，对受众的把控反过来也能进一步找准需要提供的服务与资讯。本研究发现，高校微信公众号均选择订阅号类型进行传播，以便增强用户的黏性；基本都关联了小程序，提供更多更优质的针对性服务；在推送时段方面，准确抓住学生群体的动态与特征，选择学生在校、结束一天的课程后进行内容发布，这些方面都体现出高校官方微信公众号欲为学生群体，即用户建构起精准且高效的信息传播体系，并在结合微信公众平台的多项接口上提供更多周到的服务。在这样的传播策略下，受众能够有更便捷、更舒适自在的体验，对高校微信公众号的黏度自然得到提升。

（四）巧妙结合重大事件，充分发挥作用，扩大影响力

结合高校微信公众号引导舆论的功能，在 2020 年新冠肺炎疫情暴发前后，

---

① 谢卫红. 微信公众平台提升高校品牌形象初探［J］. 今传媒，2016，24（8）：73.

高校微信公众号推送了大量的相关文章，在澄清谣言、树立典型、引导舆论、援助抗疫、善后工作、应急通知等方面发挥了巨大的作用，刷新了人们对微信公众号的认知。但是 2021 年建党 100 周年之际，高校微信公众号表现不佳。这固然与疫情下高校微信公众号运营团队缺乏有效的运作有关，但其也缺乏将建党 100 周年与中国抗疫有机结合的融合思维。这就要求高校微信公众号运营团队具备危机意识，平时要进行专业化的运作，未雨绸缪方能应对自如。

（五）专栏、系列活动"齐上阵"，形成高校特色传播

高校微信公众号在建构自身传播特色的过程中，专栏、系列活动是常见的形式。本研究中有两个层面的数据较为直观地体现了这一点：一是表层形式中的阅读数、点赞数、在看数排名靠前的推文中经常包含专栏或是系列活动，可以获得颇高的点赞数，进一步与受众形成互动；二是深层内容中常常出现专栏或是系列活动，例如一些高校的党史学习教育专栏。通过专栏、系列活动等较为固定或集中的推送模式，易于高校形成自身的传播特色，加强受众对于高校特色的认知。

二、高校微信公众号传播的问题

高校微信公众号自 2012 年首次出现以来，其成长与进步是有目共睹的，推送内容日趋多样化，功能与服务方面也在不断完善，正逐步形成可观的传播力与影响力。但在看到高校微信公众号可喜的发展局面之时，同样需要关注到高校微信公众号在传播过程中亟待解决的问题。

（一）疫情影响高校微信公众号的运营效率，导致建党 100 周年微信推文的内容生产明显不足

为庆祝中国共产党成立 100 周年，回顾党的奋斗历史，讴歌党的光辉业绩，继承和发扬党的光荣传统和优良作风，高校微信公众号相关推文不论在数量上还是质量上，明显准备不足。客观而言，许多高校的线下活动十分隆重，如天津大学发布了《天津大学学生庆祝中国共产党成立 100 周年系列活动实施方案》，计划开展"六个一百"系列活动，即举办一百场思政理论宣讲、制作一百堂微党课、举办一百期红色展览、讲述一百个初心故事、录制一百个示范组织生活视频、征集一百项红色网络文化作品，但是高校微信公众号缺少把线下红

色资源转换为线上传播素材的能力，高校微信公众号在建党 100 周年之际的表现不尽如人意。

（二）原创意识有待进一步加强，知识产权保护意识尚显薄弱

虽然目前已逐渐有高校意识到打造原创内容的重要性，但整个微信公众号的传播环境仍较为复杂，有力的监管机制还未形成，内容同质化的现象犹存。高校微信公众号在制作内容的时候因运营团队精力有限，直接复制推文或是"东拼西凑"，但长此以往势必会对微信公众号甚至是高校自身产生负面影响。

其实除了声明原创的知识产权保护外，微信公众平台对微信名称也存在注册商标的保护机制。但正如前文所述，目前鲜有高校进行商标注册，商标保护的意识还未完全形成，这也反映出高校当下对塑造自身品牌的理念有待提升。

（三）推送时间存在"断档"，内容生产效率较低

推送是否具有连续性已成为高校微信公众号活跃程度的衡量指标之一。高校微信公众号需要保持足够的活力才能有机会巩固已有受众并进一步扩大影响范围，否则可能会导致受众无法获得所需资讯，从而采取取消关注的操作。而本研究表明，高校微信公众号的推送尚未全部实现日更，存在若干天无推送信息的情况，表明高校微信公众号运营团队的内容生产不能及时跟上，在效率上还有待提高。

（四）推送形式相对单一，丰富的推送内容缺乏多元化的呈现

多元化的推送形式往往能够带给受众新鲜感，也可以使推文内容更加饱满、更加"立体化"。然而，正如前文所述，目前高校微信公众号的推文以图文推送形式为主，与视频、音频的结合较少。微信公众平台应该可以提供多种推送形式用以展现多样化的内容。所有内容都可以找到更为恰当的传播形式，高校微信公众号在这一层面的意识与实践还较为匮乏。

（五）定位不够清晰，同质化内容较多，高校自身特色挖掘程度仍需加强

高校本身特色是高校微信公众号的立足之本。但从本研究来看，高校微信公众号的定位仍显模糊：一方面，公众号功能介绍中包含明确的定位信息的仅占到三分之一；另一方面，16 所高校微信公众号推文内容的区隔度较低，呈现出集中在某些类别的内容、忽视其他类别的共同波动规律，这样各高校微信公

众号推文就丧失了高校本身作为一个品牌的核心价值聚焦功能。在年度发布关键词分析中，不论是推文标题还是正文，除了校名本身被提及最多无可厚非之外，二级网络的关键词雷同现象严重，很少有让人耳目一新的词汇出现。传播重大事件、学习、生活、校庆、历史、校园、教学、科研等本身是每所高校的共性，如何在共性中寻找个性，凸显高校自身的特点，让微信公众号推文不再像传统媒体那样严肃呆板地呈现高校的一般讯息，而体现出新媒体喜闻乐见、以人为本的特点，从而让微信公众号成为展示高校特色形象的重要窗口，这些都存在很大的改进空间。

（六）传播力波动幅度大，推送内容质量不稳定

传播力作为微信公众号推送内容质量的直接反映，其变化也在一定程度上表现出推送内容质量的变动。本研究中涉及的 16 所高校中，部分高校传播力在一年中的变化幅度大，上下波动最多时甚至达到 74 名，这表明高校微信公众号在推送整体质量上波动较大，很可能波及受众对高校微信公众号的态度。由此保证推送质量稳定在一个较高的水平虽有不小困难，但仍需要微信公众号运营团队去克服，以巩固受众。

三、高校微信公众号传播的展望

针对上述高校微信公众号的传播问题，笔者进一步对高校微信公众号的传播做出以下几个方面的展望。

（一）将微信公众号的传播与高校品牌特色塑造相挂钩

随着微信越来越广泛的运用，高校微信公众平台快速成长，现已形成了相当的传播力与影响力。高校微信公众号作为高校新媒体的主要"发声者"，其在传播信息的过程中实际上代表的就是高校本身，塑造的即是高校形象。因而微信公众号的传播方式和传播内容要与高校自身品牌特色的建构关联起来，结合高校自身特色实际安排推送内容，在微信公众平台上形成一道道独特的"风景线"。

（二）重视运营团队建设，完善推送机制

高校微信公众平台的运营，离不开一支工作高效、敬业奉献的运营团队。[1]

---

[1] 彭丽娟. 关于高校官方微信公众平台的现状与思考 [J]. 新闻知识，2015（7）：86.

高校要想提升微信公众号的内容生产效率，可以借助自身相关学科所储备的学生资源，在自身专业教师指导下，对运营团队成员进行悉心遴选，在实践中培养学生具备一定的信息敏感度以及较为专业的编辑能力。与此同时，在团队人员储备到位的基础上，合理安排推送内容的制作与发布，提前备好推送内容，以确保包括假期在内每天能有一人管理微信公众号后台，及时发布并回应受众反馈。

（三）充分利用微信公众平台功能，充分关注线下资源，通过策划丰富推送内容和形式

要充分整合线下资源，通过策划思维，利用线下丰富素材，形成传播聚力。微信广泛的使用已将人们带入一个"碎片化"阅读的时代，很多时候直观、形象、鲜活的信息呈现形式往往更能抓住受众的注意力。而在这方面，图文形式是有局限的，适当结合视频、音频、链接的形式能让受众有焕然一新的感觉。

（四）明确定位，系统制订规划，以形成传播的独特性

要想在高校微信公众平台上形成独特的影响力，首先得找到自身与他者的差异之处，即需要形成更深层细化的定位，以便系统地制订推送规划。例如展现青春活力的形象，就可安排适时推送趣味段子、多多结合学生日常活动等；以实用性为定位的微信公众号，就可结合学校自身的优势资源，推送学习资料、职场经历、二手市场、线上商店等方面的功能，由此形成侧重点，从而产生区别于其他高校的传播特色。

（五）注重目标受众体验，及时进行数据分析，总结传播效果

高校微信公众号的传播受众主要是本校学生，在注重高校特色的基础上，需要进一步对受众需求进行把控。高校微信公众号的运营团队需要多深入到本校学生群体当中，可以结合问卷调查、焦点小组访谈、座谈会等多种形式，了解他们日常关注的资讯，以及对微信公众号的评价与建议。此外，还要注意结合微信公众号后台数据，及时跟进传播效果并总结，从而更好地规划和调整之后的推送，保持推文的内容赏心悦目、能够符合受众期待，提供更优质的服务。

第三节 研究反思

一、研究贡献

本研究对高校微信公众号相关研究的贡献体现在以下几个方面。

（1）研究对象上，目前有关高校微信公众号的研究聚焦于高校图书馆微信公众平台。本书选取隶属于高校宣传部的微信公众号作为研究对象，能够在一定程度上对已有研究进行补充。

（2）研究方法上，已有研究对高校微信公众号的研究方法主要为定性研究。本书基于现有研究成果提出假设，对高校微信公众号进行多方位系统的量化研究，给予已有研究数据上的支撑。

（3）研究设计上，本书从固有属性、表层形式、深层内容三个维度尽可能全面地完成对高校微信公众号整体传播策略的梳理，通过大量的细化指标多层次、多角度地进行研究，为相关研究提供一个可供参考的研究模型。

二、研究局限

本研究一方面侧重对高校微信公众号的量化研究，主要在指标的数据呈现层面进行研究与分析，另一方面受限于时间与精力，因而未能从传播者角度对微信公众号平台的整体运营情况进行考察与细究。

此外，本书因着眼于传播策略的研究，主要站在传播内容的角度来分析高校官方微信公众号的整体情况，而未对传播受众进行观照。

三、建议

2023年后续的研究将进一步融入问卷调查法和深度访谈法，对入选百强排行榜的高校受众进行问卷调查，以及对每所入选高校的微信公众号运营团队进行深度访谈，以弥补本研究报告的不足。

附　录

每周均入选百强排行榜的 16 所高校微信公众号建党 100 周年相关分析

附录一：清华大学微信公众号建党 100 周年相关分析

一、高校背景①

清华大学的前身清华学堂始建于 1911 年，1912 年更名为清华学校。1928 年更名为"国立清华大学"。1937 年抗日战争全面爆发后南迁长沙，与北京大学、南开大学组建"国立长沙临时大学"，1938 年迁至昆明改名为"国立西南联合大学"。1946 年迁回清华园，设有文、法、理、工、农 5 个学院、26 个系。

1952 年全国高等学校院系调整后，清华大学成为一所多科性工业大学，重点为国家培养工程技术人才，被誉为"红色工程师的摇篮"。改革开放以来，清华大学逐步确立了建设世界一流大学的长远目标，进入了蓬勃发展的新时期。学校先后恢复或新建了理科、文科、医学学科和经济管理学科，并成立了研究生院和继续教育学院。1999 年，中央工艺美术学院并入，成立清华大学美术学院。2012 年，中国人民银行研究生部并入，成为清华大学五道口金融学院。在

---

① 学校概况·学校沿革［EB/OL］. 清华大学官网，2022-03-01.

国家和社会的大力支持下，通过实施"211 工程""985 工程"，开展"双一流"建设，清华大学在人才培养、科学研究、社会服务、文化传承创新、国际合作交流等方面都取得了长足进展。目前，清华大学共设 21 个学院、59 个系，已成为一所设有理学、工学、文学、艺术学、历史学、哲学、经济学、管理学、法学、教育学和医学 11 个学科门类的综合性、研究型大学。

面向未来，清华大学将秉持"自强不息、厚德载物"的校训和"行胜于言"的校风，坚持"中西融汇、古今贯通、文理渗透"的办学风格和"又红又专、全面发展"的培养特色，弘扬"爱国奉献、追求卓越"传统和"人文日新"精神，以习近平新时代中国特色社会主义思想为指引，深入学习贯彻党的十九大精神，坚持正确方向、坚持立德树人、坚持服务国家、坚持改革创新，持续深入推进综合改革和"双一流"建设，实现内涵式发展，努力在创建世界一流大学方面走在前列，为国家发展、人民幸福、人类文明进步做出新的更大的贡献。

二、清华大学微信公众号相关变量分析

（一）固有属性简介

清华大学微信公众号固有属性相关变量及具体情况如附表 1-1 所示。

附表 1-1　清华大学微信公众号固有属性相关变量及具体情况汇总表

样本信息分类	变量分类	微信公众号相关具体情况
固有属性	开通年月	2013 年 12 月
	微信号	THU1911-BJ
	公众号功能	自强不息，厚德载物。这里是清华大学！
	公众号类型	订阅号
	客服电话	未设置
	客服人员	未设置
	账号主体	清华大学
	商标保护	已注册商标

样本信息分类	变量分类	微信公众号相关具体情况
固有属性	高校级别	"985 工程"高校、"211 工程"高校、"双一流"高校
	品牌强度	2
	相关小程序	参观清华、清华校园导览、清华大学、学生清华、水木汇 THU、清动圈 THU、Wesalon、同行实践平台、一百一十年校庆相框、THUSOE、清华五道 MBA、WeLibrary、掌上艺教、元宵祝福秘语签、清华大学智能产业研究院、班团快线、云上小研、圆桌测试、清华港中大 FMBA 校友平台、清华年年有心意、云上学生清华、清华紫荆、微言教育等
	公众号昵称是否与高校名称完全一致	是
	品牌显著标签	高校校徽
	官方认证	已认证
	开通时长	2951 天

　　微信公众平台自 2012 年 8 月正式上线，而清华大学微信公众号于一年后才上线，存在一定的滞后性，反映出清华大学对创新宣传工作的敏感性和前瞻性有待提高。清华大学微信公众号的微信号由英文"THU""BJ"和数字"1911"以及半字线组成，其中"THU"为清华大学英文名缩写，"1911"为其建校年份，"BJ"为"北京"的英文名缩写、表示清华大学所处城市，其微信号有着鲜明的自身特色，而且仅含 10 个字符，便于检索。清华大学微信公众号的功能介绍仅有其校训与公众号的隶属关系（即传达传播主体为"清华大学"），可见清华大学在彰显公众号自身功能定位方面较为模糊。清华大学微信公众号类型为订阅号，能够与学生群体形成较好的黏性，同时在宣传、塑造高校自身品牌形象方面均能起到相应作用。清华大学微信公众号未设置客服电话和客服人员，说明目前该微信公众号还未给予客服系统足够的关注，在服务的完善程度上有待进一步提升。清华大学微信公众号的账号主体为清华大学本身，显示权威性和官方性，以便读者将其界定为清华大学官方微信公众号。清华大学微信

公众号包含商标详情，考虑到商标保护问题，说明其具备相应的知识产权保护意识。清华大学微信公众号相关小程序较多，涉及的方面较广，为师生校友及其他用户提供了全面、自助式的优质服务。清华大学微信公众号的昵称与清华大学的全称一致，易于被用户搜索到进而被关注。清华大学微信公众号头像为清华大学校徽，具有品牌显著性。清华大学微信公众号已完成官方认证的结果，表明该微信公众号具有较高的可信度。清华大学微信公众号开通时长超过2900天，说明该微信公众号在运营上已积攒了一定程度的经验，形成了一定的自身传播特色，有较大的参考意义。

（二）表层形式简介

2021年清华大学微信公众号共发推文566篇。4月推文数最高，是因为该月高校内举行的讲座和会议较多，产出了许多讲座会议相关的推文。4月推文密度也是最高。清华大学的推送时段多集中在18—24时段，0—9时段推送文章最少，仅占11%。清华大学推文的原创密度为48.8%，所有推文中原创推文将近一半。清华大学微信公众号总阅读数26827617，篇均阅读数47398.617，日均阅读数73500.321，最高阅读数100000+，总阅读数破2500万，阅读密度都超过4万，阅读数可观。566篇推文中有450篇为头条，头条总阅读数24089758，头条日均阅读数65999.337，头条篇均阅读数42561.410。566篇推文的总点赞数为405388，篇均点赞数716.233，日均点赞数1110.652，最高点赞数41714，点赞数要明显低于阅读数。头条点赞数360671，头条日均点赞数988.140，头条篇均点赞数801.491。推文使用四类素材的频度排序为（从高到低）：图片、视频、链接、音频。

（三）深层内容简介

2021年清华大学微信公众号发布推文内容相对集中在节假庆典、讲座信息、人物风采、建党相关上。仅校生互动类推文指数为0。标题词云中较醒目的字眼为"清华""清华大学""校长""清华人""教育""百年""献礼"等。正文词云中较醒目的字眼为"清华""大学""发展""学生""国家""研究""教育"等。标题语义网络中有两个大范围中心节点："清华大学""清华"，五个小范围中心节点："周年""校长""大学""论坛""校庆"。正文语义网络中两个最大范围中心点是"清华""发展"，较小范围中心节点有"大学""创新"

"国家""中国""建设"等。

三、清华大学微信公众号建党 100 周年相关分析

我们对高校微信公众号 2021 年建党 100 周年相关内容进行前测，归纳出会议解读、党史党课、活动信息、人物宣传、献礼百年五个方面的建党 100 周年相关主题，具体类目说明如附表 1-2 所示，统计如附表 1-3 所示，每月数量分布如附图 1-1 所示。

附表 1-2 类目说明

样本信息分类	变量分类	设立依据及补充说明
微信深层内容：建党相关	会议解读	如党的相关会议、报告、讲话、发言、文件解读、学习体会解读等
	党史党课	与党史学习和党课情况相关的信息，如党史学习系列讲座、党课现场报道等
	活动信息	建党相关活动的信息，如红歌传唱比赛
	人物宣传	高校过去或现在有突出贡献的党员的介绍
	献礼百年	与建党百年相关的信息，如献礼建党百年的舞蹈作品，庆祝建党百年文艺晚会等

附表 1-3 清华大学微信公众号各月建党相关推文分类数量与密度汇总表

	1月	2月	3月	4月	5月	6月	7月	8月	9月	10月	11月	12月	总计	密度
会议解读	0	0	0	1	0	1	0	0	0	0	2	0	4	0.114
党史党课	0	0	2	0	0	2	2	2	0	0	0	1	9	0.257
活动信息	0	1	1	0	0	1	0	1	0	0	0	1	5	0.143
人物宣传	0	0	0	0	1	2	1	0	0	0	0	0	4	0.114
献礼百年	0	0	0	1	0	6	4	0	0	0	0	2	13	0.371
总计	0	1	3	2	1	12	7	3	0	0	2	4	35	1

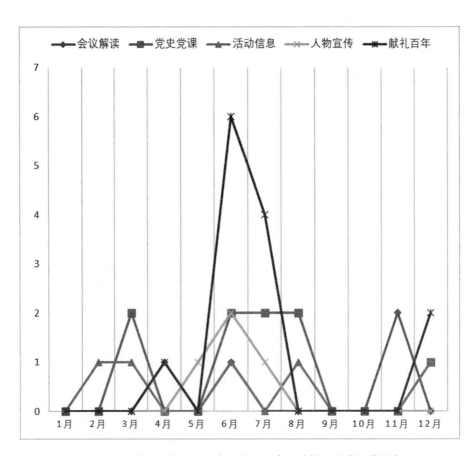

附图 1-1　清华大学微信公众号各月建党相关推文分类数量分布

2021 年清华大学微信公众号发布推文共 566 篇，建党相关类推文共 35 篇，占所有推文的 6.2%，主要集中在 6 月和 7 月，因为 7 月 1 日为党的百年诞辰，相关活动和信息都会在这前后进行发布。点赞数最多的推文为清华大学于 2021 年 6 月 30 日发布的《一镜到底！清华人唱支歌儿给党听》，获点赞数 1438。建党相关原创推文密度为 48.6%，原创密度较高，与所有推文的原创密度相近。

献礼百年类推文有 13 篇，占比排第一，建党百年是隆重的纪念日，高校会在此节点组织师生进行献礼百年的活动并通过高校相关平台发布，提高师生爱国情怀的同时，也巩固高校的社会形象。其中，典型的献礼百年类推文有清华大学于 2021 年 6 月 30 日发布的《一镜到底！清华人唱支歌儿给党听》、2021 年

6 月 30 日发布的推文《响彻清华！3756 名军训师生合唱献礼党的百年华诞》等。

党史党课类有 9 篇，占比排第二，主要是讲述高校党史，以及发布党课和党史学习活动的开展情况。典型的党史党课类有清华大学于 2021 年 7 月 6 日发布的推文《11 分钟微党课，清华老师为你讲……》、2021 年 3 月 10 日发布的推文《党史故事百校讲述 ｜ 唯实求是 献身党的教育事业 清华老校长蒋南翔的故事》等。

活动信息类有 5 篇，占比排第三，主要是建党相关的活动开展情况。典型的活动信息类有清华大学于 2021 年 6 月 4 日发布的推文《这场接力，真青春！》、2021 年 8 月 19 日发布的推文《暑假去哪儿？行万里路！》等。

附录二：北京大学微信公众号建党 100 周年相关分析

一、高校背景①

北京大学创办于 1898 年，初名京师大学堂，是中国第一所"国立综合性大学"，也是当时中国最高教育行政机关。辛亥革命后，于 1912 年改为现名。作为新文化运动的中心和五四运动的策源地，作为中国最早传播马克思主义和民主科学思想的发祥地，作为中国共产党最早的活动基地，北京大学为民族的振兴和解放、国家的建设和发展、社会的文明和进步做出了不可替代的贡献，在中国走向现代化的进程中起到了重要的先锋作用。爱国、进步、民主、科学的传统精神和勤奋、严谨、求实、创新的学风在这里生生不息、代代相传。

---

① 北京大学简介［EB/OL］. 北京大学官网，2022-03-01.

1917 年，著名教育家蔡元培出任北京大学校长，他"循思想自由原则，取兼容并包主义"，对北京大学进行了卓有成效的改革，促进了思想解放和学术繁荣。陈独秀、李大钊、毛泽东以及鲁迅、胡适等一批杰出人才都曾在北京大学任职或任教。

中华人民共和国成立后，全国高校于 1952 年进行院系调整，北京大学成为一所以文理基础教学和研究为主的综合性大学，为国家培养了大批人才。据不完全统计，北京大学的校友和教师有 400 多位两院院士，中国人文社科界有影响的人士中相当多的也出自北京大学。

改革开放以来，北京大学进入了一个前所未有的大发展、大建设的新时期，并成为国家"211 工程"重点建设的两所大学之一。1998 年 5 月 4 日，北京大学百年校庆之际，江泽民在庆祝北京大学建校一百周年大会上发表讲话，发出了"为了实现现代化，我国要有若干所具有世界先进水平的一流大学"的号召。在国家的支持下，北京大学适时启动"创建世界一流大学计划"，从此，北京大学的历史翻开了新的一页。

2000 年 4 月 3 日，北京大学与原北京医科大学合并，组建了新的北京大学。原北京医科大学的前身是"国立"北京医学专门学校，创建于 1912 年 10 月 26 日。20 世纪三四十年代，学校一度名为北平大学医学院，并于 1946 年 7 月并入北京大学。1952 年在全国高校院系调整中，北京大学医学院脱离北京大学，独立为北京医学院。1985 年更名为北京医科大学，1996 年成为国家首批"211 工程"重点支持的医科大学。两校合并进一步拓宽了北京大学的学科结构，为促进医学与人文社会科学及理科的结合，改革医学教育奠定了基础。

近年来，在"211 工程"和"985 工程"的支持下，北京大学进入了一个新的历史发展阶段，在学科建设、人才培养、师资队伍建设、教学科研等各方面都取得了显著成绩，为将北大建设成为世界一流大学奠定了坚实的基础。今天的北京大学已经成为国家培养高素质、创造性人才的摇篮、科学研究的前沿和知识创新的重要基地和国际交流的重要桥梁和窗口。

二、北京大学微信公众号相关变量分析

2013 年 12 月 12 日，北京大学官方微信正式上线。这是继官方微博开通后，北京大学加强新媒体建设和发展的又一举措。为适应新媒体快速发展的形势，利用新载体、新手段报道北大、引领舆论、沟通社会、树立形象，2013 年 3 月 26 日北京大学正式开通新闻中心官方微博。经过半年多的运行探索和积累，11 月 1 日，北京大学新闻中心微博更名为北京大学官方微博。随后北京大学相继在腾讯微博、人民微博上开通了官方微博。目前北大各大官微联动发布，协同发挥作用，取得了很好的效果，粉丝数不断上升，影响力不断扩大。

北京大学官方微信公众号是北京大学党委宣传部指导下的北大官方新媒体平台之一，与北京大学官方微博，合并简称 "北大官微"。北京大学官方微信公众号名称为 "北京大学"，账号为 "iPKU1898"，自开通以来，北大官微已成长为全国高校当中关注度最高、影响力最强的新媒体品牌之一。

北大官微围绕学校中心工作，及时有效准确地报道北京大学发展建设中的热点人物事件，对相关选题独立策划、精心报道，力求制作出兼具新闻价值与传播价值的新媒体产品；通过新媒体应对学校重大舆情，为北京大学有力地发声，发挥好舆论阵地的作用，树立学校良好的社会形象。

官微鼓励原创，紧跟热点，贴近民生，在发布内容、形式和方式上力求创新，目前官方微信粉丝数达 90 万。入选 2017—2018 年度首届全国 "两微一端" 评选百佳名单荣获 "微信贡献力十佳账号"、2017 年度 "教育政务新媒体综合力十强"、北京高校新闻宣传优秀集体等荣誉。

北大官微团队主要负责北京大学官方微信、微博的日常运营维护、学校重大信息发布、校园活动报道等工作，肩负着树立北大社会形象、服务广大师生校友、营造积极校园文化的任务。北大官微由宣传部新媒体办公室负责运行，运营团队骨干成员由北京大学全日制在校学生组成。

目前，北大官微已形成多个品牌栏目："北大发布""大美北大""定格""读书""燕归来""教授书单""北大的课"等，高质量的固定栏目在培养了大量忠实用户的同时也将北大 "知识高地、人文高地" 的形象向社会广泛传播。

（一）固有属性简介

北京大学微信公众号固有属性相关变量及具体情况如附表 2-1 所示。

附表 2-1　北京大学微信公众号固有属性相关变量及具体情况汇总表

样本信息分类	变量分类	微信公众号相关具体情况
固有属性	开通年月	2013 年 12 月
	微信号	iPKU1898
	公众号功能	北大是常为新的
	公众号类型	订阅号
	客服电话	未设置
	客服人员	未设置
	账号主体	北京大学
	商标保护	未包含商标详情
	高校级别	"985 工程"高校、"211 工程"高校、"双一流"高校
	品牌强度	1
	相关小程序	参观北大、北京大学校园卡、北大未名 BBS、北大光华、微言教育、北京大学勺园餐厅、北京大学图书馆、北医云通行、双胎宝、北京大学光华管理学院、北大空间、北大校友、北大人脸采集、悦动跃健康、双胎通、数字农业、北医培训、北京大学就业小助手、北大密码重置、北大青年、北大手机绑定、决战北大知巅、PKU 经济情况调查、北大燕缘学堂、北大物理学院人才培养等
	公众号昵称是否与高校名称完全一致	是
	品牌显著标签	高校校徽
	官方认证	已完成官方认证
	开通时长	2941 天

微信公众平台自 2012 年 8 月正式上线，而北京大学微信公众号于 1 年后才上线，存在一定的滞后性，反映出北京大学对创新宣传工作的敏感性和前瞻性有待提高。北京大学微信公众号的微信号由英文字母"iPKU"和数字"1898"组合而成，其中"PKU"为北京大学英文名缩写，"1898"为北京大学建校年

份，有着鲜明的自身特色，而且仅含 8 个字符，便于检索。北京大学微信公众
号的功能介绍"北大是常为新的"，是鲁迅先生在 1925 年应北大学生会的要求
写的校庆文章《我观北大》中所说的。北京大学微信公众号类型为订阅号，能
够与学生群体形成较好的黏性，同时在宣传、塑造高校自身品牌形象方面均能
起到相应作用。北京大学微信公众号未设置客服电话和客服人员，说明目前该
微信公众号还未给予客服系统足够的关注，在服务的完善程度上有待进一步提
升。北京大学微信公众号的账号主体为北京大学本身，显示权威性和官方性，
以便读者将其界定为北京大学官方微信公众号。北京大学微信公众号未包含商
标详情，尚缺乏知识产权保护意识。北京大学微信公众号相关小程序较多，涉
及的方面较广，为师生校友及其他用户提供了全面、自助式的优质服务。北京
大学微信公众号的昵称与北京大学的全称一致，易于被用户搜索到进而被关注。
北京大学微信公众号头像为北京大学校徽，具有品牌显著性。北京大学微信公
众号已完成官方认证的结果，表明该微信公众号均具有较高的可信度。北京大
学微信公众号开通时长超过 2900 天，说明该微信公众号在运营上已积攒了一定
程度的经验，形成了一定的自身传播特色，有较大的参考意义。

（二）表层形式简介

2021 年北京大学微信公众号共发推文 384 篇。12 月推文数最高，共有 75
篇。12 月推文密度也是最高。北京大学的推送时段相对不均，其中 12—14 时段
密度仅为 3.6%，而 9—12 时段密度高达 53.9%。北京大学推文的原创密度为
89.6%。北京大学微信公众号总阅读数 26470947，篇均阅读数 68934.758，日均
阅读数 72523.142，最高阅读数 100000+，总阅读数破 2600 万，阅读密度都超过
6 万，阅读数可观。384 篇推文中有 383 篇为头条，头条总阅读数 26314905，头
条日均阅读数 72095.630，头条篇均阅读数 69800.809。384 篇推文的总点赞数
为 324040，篇均点赞数 843.854，日均点赞数 887.781，最高点赞数 6430，点赞
数要明显低于阅读数。头条点赞数 322931，头条日均点赞数 884.742，头条篇均
点赞数 856.581。推文使用四类素材的频度排序为（从高到低）：图片、视频、
链接、音频。

（三）深层内容简介

2021 年北京大学微信公众号发布推文内容相对集中在人物风采、节假庆典、

生活资讯、校园建设上。30 个分类中校生互动、人事变动、其他指数为 0。标题词云中较醒目的字眼为"北京大学""北大人""电影""校长""百年""走进""觉醒年代"等。正文词云中较醒目的字眼为"北大""中国""学生""研究""教学""学院""发展""学科"等。标题语义网络中有一个较大范围的中心节点："北大"。正文语义网络中最大范围中心点是"北大"，小范围中心节点有"研究""中国""发展""学院""印象"等。

三、北京大学微信公众号建党 100 周年相关分析

我们对高校微信公众号 2021 年建党 100 周年的内容进行前测，归纳出会议解读、党史党课、活动信息、人物宣传、献礼百年五个方面的建党相关主题，具体类目说明如附表 2-2 所示，统计如表 2-3 所示，每月数量分布如附图 2-1 所示。

附表 2-2　类目说明

样本信息分类	变量分类	设立依据及补充说明
微信深层内容：建党相关	会议解读	如党的相关会议、报告、讲话、发言、文件解读、学习体会解读等
	党史党课	与党史学习和党课情况相关的信息，如党史学习系列讲座、党课现场报道等
	活动信息	建党相关活动的信息，如红歌传唱比赛
	人物宣传	高校过去或现在有突出贡献的党员的介绍
	献礼百年	与建党百年相关的信息，如献礼建党百年的舞蹈作品，庆祝建党百年文艺晚会等

附表 2-3　北京大学微信公众号各月建党相关推文分类数量与密度汇总表

	1月	2月	3月	4月	5月	6月	7月	8月	9月	10月	11月	12月	总计	密度
会议解读	0	0	1	0	0	0	0	0	0	0	0	1	2	0.054
党史党课	3	2	3	1	2	1	0	0	0	0	0	0	12	0.324

续表

	1月	2月	3月	4月	5月	6月	7月	8月	9月	10月	11月	12月	总计	密度
活动信息	0	0	0	0	3	0	2	0	0	0	0	1	6	0.162
人物宣传	0	0	0	2	0	0	0	0	0	0	0	1	5	0.135
献礼百年	0	0	2	2	1	3	1	0	0	1	0	2	12	0.324
总计	3	2	6	5	6	4	5	0	0	1	0	5	37	1

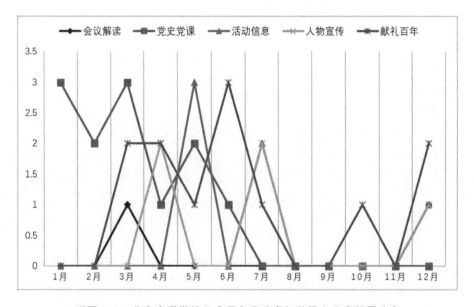

附图 2-1 北京大学微信公众号各月建党相关推文分类数量分布

2021 年北京大学微信公众号发布推文共 384 篇，其中建党相关类推文共 37 篇，占所有推文的 9.7%，主要集中在上半年，是因为建党节是 7 月 1 日，宣传、献礼和党史学习等一般安排在节日前进行。其中，建党相关推文阅读数破 10 万的有 7 篇。建党相关推文最高点赞数 2420，是 2021 年 4 月 15 日发布的《跟北大海闻教授学习改革开放史》，分类是党史党课。建党相关推文原创密度是 100%。北京大学微信公众号建立专栏话题为百年初心，专栏内收录 26 篇推文，其中党史党课、活动信息、人物宣传、献礼百年四类内容都有涉及。

因建党百年是隆重的纪念日，高校会在此节点组织师生进行献礼百年的活动并通过高校相关平台发布，提高师生爱国情怀的同时，也巩固高校的社会形象，加大党史学习的力度。因此，献礼百年类和党史党课类的建党相关推文数量占比较大，排名并列第一。其中，典型的献礼百年类推文有北京大学于2021年3月4日发布的推文《北大里的一场快闪，歌声穿越百年》、2021年6月13日发布的推文《舞动燕园！走"心"未名湖》等。典型的党史党课类推文有北京大学于2021年4月15日发布的推文《跟北大海闻教授学习改革开放史》、2021年6月26日发布的推文《北大红楼：光辉伟业 红色序章》。

活动信息类的推文有6篇，占比排第三，在建党百年纪念日来临之际，社会各界都会举办相关的活动。其中，典型的活动信息类推文有北京大学于2021年7月1日发布的推文《"请党放心，强国有我！"——北京大学热烈庆祝中国共产党成立100周年》、2021年7月2日发布的推文《一百年，北大在！一百年，青年在!》

人物宣传类的推文有5篇，其中涉及的人物分别是李大钊、高君宇、埃德加·斯诺、王义遒，其中两篇推文是关于李大钊先生的；会议解读类推文数较少，仅2篇。

附录三：浙江大学微信公众号建党100周年相关分析

一、高校背景①

浙江大学是一所历史悠久、声誉卓著的高等学府，坐落于中国历史文化名

---

① 学校概况［EB/OL］．浙江大学官网，2021-03-01．

城、风景旅游胜地杭州。浙江大学的前身求是书院创立于 1897 年，为中国人自己最早创办的新式高等学校之一。1928 年，定名"国立浙江大学"。抗战期间，浙大举校西迁，在贵州遵义、湄潭等地办学七年，1946 年秋回迁杭州。1952 年全国高等学校院系调整时，浙江大学部分系科转入兄弟高校和中国科学院，留在杭州的主体部分被分为多所单科性院校，后分别发展为原浙江大学、杭州大学、浙江农业大学和浙江医科大学。1998 年，同根同源的四校实现合并，组建了新浙江大学，迈上了创建世界一流大学的新征程。习近平总书记主政浙江期间，亲自联系浙江大学，18 次莅临指导，对学校改革发展作出了一系列重要指示，描绘了高水平建成中国特色世界一流大学的宏伟蓝图。在 120 多年的办学历程中，浙江大学始终秉承以"求是创新"为校训的优良传统，以天下为己任、以真理为依归，逐步形成了"勤学、修德、明辨、笃实"的浙大人共同价值观和"海纳江河、启真厚德、开物前民、树我邦国"的浙大精神。

浙江大学是一所特色鲜明、在海内外有较大影响力的综合型、研究型、创新型大学，学科涵盖哲学、经济学、法学、教育学、文学、历史学、艺术学、理学、工学、农学、医学、管理学、交叉学科 13 个门类，设有 7 个学部、37 个专业学院（系）、1 个工程师学院、2 个中外合作办学机构、7 家直属附属医院。学校现有紫金港、玉泉、西溪、华家池、之江、舟山、海宁 7 个校区，总占地面积 6890108 平方米，图书馆总藏书量 797.1 万册。截至 2020 年年底，学校有全日制学生 60739 人、国际学生 5596 人、教职工 9674 人，教师中有中国科学院院士、中国工程院院士（含双聘）52 人、文科资深教授 15 人、教育部"长江学者奖励计划"特聘教授 101 人、国家杰出青年科学基金获得者 154 人。在国家公布的"双一流"建设名单中，学校入选一流大学建设高校（A 类），18 个学科入选一流建设学科，居全国高校第三。

浙江大学紧紧围绕"德才兼备、全面发展"的核心要求，全面落实立德树人根本任务，着力培养德智体美劳全面发展、具有全球竞争力的高素质创新人才和领导者。在长期的办学历程中，学校涌现出大批著名科学家、文化大师以及各行各业的精英翘楚，包括 1 位诺贝尔奖获得者、5 位国家最高科技奖得主、4 位"两弹一星"功勋奖章获得者、1 位"八一勋章"获得者、1 位全军挂像英模、5 位国家荣誉称号获得者、6 位"最美奋斗者"和 210 余位两院院士等杰出人物，为实现中华民族伟大复兴、推进人类文明交流互鉴做出了积极贡献。

浙江大学注重精研学术和科技创新，建设了一批开放性、国际化的高端学术平台，汇聚了各学科的学者大师和高水平研究团队。"十二五"以来，学校多项科研创新指标保持居于全国高校前列，作为牵头单位获得国家科技进步特等奖 1 项、一等奖 8 项、二等奖 56 项；《中国历代绘画大系》《中华礼藏》、敦煌学等文化传承创新成果在海内外产生了广泛影响。

"国有成均，在浙之滨。"今天的浙江大学，坚持以习近平新时代中国特色社会主义思想为指导，致力于传播与创造知识，弘扬与引领文化，服务与奉献社会，坚持"更高质量、更加卓越、更受尊敬、更有梦想"的战略导向，统筹推进"五大体系""五大布局""五大战略"，加快走向世界一流大学前列，为实现中华民族伟大复兴、促进人类文明进步做出卓越贡献。

二、浙江大学微信公众号相关变量分析

（一）固有属性简介

浙江大学微信公众号固有属性相关变量及具体情况如附表 3-1 所示。

附表 3-1　浙江大学微信公众号固有属性相关变量及具体情况汇总表

样本信息分类	变量分类	微信公众号相关具体情况
固有属性	开通年月	2013 年 9 月
	微信号	zdnews99
	公众号功能	"国有成均，在浙之滨"。今天的浙江大学，正努力建设世界一流的综合型、研究型、创新型大学。学校将秉承求是创新精神，致力于传播与创造知识，弘扬与引领文化，服务与奉献社会，坚定不移地打造更高质量、更加卓越、更受尊敬、更有梦想的大学。
	公众号类型	订阅号
	客服电话	0571-87951111
	客服人员	未设置
	账号主体	浙江大学

续表

样本信息分类	变量分类	微信公众号相关具体情况
固有属性	商标保护	未包含商标详情
	高校级别	"985 工程"高校、"211 工程"高校、"双一流"高校
	品牌强度	4
	相关小程序	98 淘书、浙江大学生物实验教学中心、浙江大学实验室安全检查、浙江大学广播电视台周年庆、ZJUBTV 请假系统、浙大学生节、竺青年查询平台、浙大外院布劳沃德国际课程中心、浙江大学医学院会议培训注册、浙大云端毕业照、浙大生研院、浙大管院 EDP 中心、浙大传媒与国际文化学院继教中心、微言教育等
	公众号昵称是否与高校名称完全一致	是
	品牌显著标签	高校校徽
	官方认证	已认证
	开通时长	3042 天

微信公众平台自 2012 年 8 月正式上线，而浙江大学微信公众号于 1 年后才上线，存在一定的滞后性，反映出浙江大学对创新宣传工作的敏感性和前瞻性有待提高。浙江大学微信公众号的微信号由英文"zdnews"和数字"99"组合而成，其中"zdnews"意为"浙大新闻"，有着鲜明的自身特色，而且仅含 8 个字符，便于检索。浙江大学微信公众号的功能介绍仅简明地介绍了浙江大学，而未对公众号的隶属关系、传播功能、服务对象等进行阐述，可见浙江大学公众号在彰显公众号自身定位方面较为模糊。浙江大学微信公众号类型为订阅号，能够与学生群体形成较好的黏性，同时在宣传、塑造高校自身品牌形象方面均能起到相应作用。浙江大学微信公众号设置有客服电话，未设置客服人员，说明目前该微信公众号对客服系统有一定的关注，但在服务的完善程度上仍有待进一步提升。浙江大学微信公众号的账号主体为浙江大学本身，显示权威性和官方性，以便读者将其界定为浙江大学官方微信公众号。浙江大学微信公众号

未包含商标详情，尚缺乏知识产权保护意识。浙江大学微信公众号相关小程序较多，涉及的方面较广，为师生校友及其他用户提供了全面、自助式的优质服务。浙江大学微信公众号的昵称与浙江大学的全称一致，易于被用户搜索到进而被关注。浙江大学微信公众号头像为浙江大学校徽，具有品牌显著性。浙江大学微信公众号已完成官方认证的结果，表明该微信公众号具有较高的可信度。浙江大学微信公众号开通时长超过 3000 天，说明该微信公众号在运营上已积攒了一定程度的经验，形成了一定的自身传播特色，有较强的参考意义。

（二）表层形式简介

2021 年浙江大学微信公众号共发推文 406 篇。12 月推文数最高，是因为该月高校获科研成果和各项荣誉较多，发布的相关推文较多，而且临近期末和寒假，发布的通知告示也较多。12 月推文密度也是最高。浙江大学的推送时段相对不均，其中 0—9 时段推文密度仅为 6.4%，而 9—12 时段推文密度则高达 37.7%。浙江大学推文的原创密度为 37.2%。浙江大学微信公众号总阅读数14446608，篇均阅读数 35582.778，日均阅读数 39579.748，最高阅读数100000+，总阅读数破 1400 万，阅读密度都超过 3 万，阅读数可观。406 篇推文有 396 篇为头条，头条总阅读数 14274817，头条日均阅读数 39109.088，头条篇均阅读数 36047.518。406 篇推文的总点赞数为 171355，篇均点赞数 422.057，日均点赞数 469.466，最高点赞数 11672，点赞数要明显低于阅读数。头条点赞数169322，头条日均点赞数 463.896，头条篇均点赞数 427.581。推文使用四类素材的频度排序为（从高到低）：图片、视频、链接、音频。

（三）深层内容简介

2021 年浙江大学微信公众号发布推文内容相对集中在人物风采上。校生互动、人事变动、影视推荐标题词云中较醒目的字眼为"浙江大学""浙大人""研究生""校长""研究""奖学金""精神"等。正文词云中较醒目的字眼为"浙大""学生""研究""学院""发展""国家""中心"等。标题语义网络中最大范围中心节点为："浙大"。正文语义网络中较大范围中心点有"浙大""发展""创新"，较小范围中心节点有"研究""学生""中国""建设""国家"等。

三、浙江大学微信公众号建党 100 周年相关分析

我们对高校微信公众号 2021 年建党 100 周年传播内容进行前测，归纳出会议解读、党史党课、活动信息、人物宣传、献礼百年五个方面的建党相关主题，具体类目说明如附表3-2所示，统计如附表3-3所示，每月数量分布如附图3-1所示。

附表 3-2　类目说明

样本信息分类	变量分类	设立依据及补充说明
微信深层内容：建党相关	会议解读	如党的相关会议、报告、讲话、发言、文件解读、学习体会解读等
	党史党课	与党史学习和党课情况相关的信息，如党史学习系列讲座、党课现场报道等
	活动信息	建党相关活动的信息，如红歌传唱比赛
	人物宣传	高校过去或现在有突出贡献的党员的介绍
	献礼百年	与建党百年相关的信息，如献礼建党百年的舞蹈作品，庆祝建党百年文艺晚会等

附表 3-3　浙江大学微信公众号各月建党相关推文分类数量与密度汇总表

	1月	2月	3月	4月	5月	6月	7月	8月	9月	10月	11月	12月	总计	密度
会议解读	1	0	2	1	0	1	2	0	0	0	1	3	11	0.256
党史党课	0	0	2	4	0	2	0	1	0	0	0	0	9	0.209
活动信息	0	0	0	0	0	1	0	1	0	0	0	0	2	0.047
人物宣传	0	0	0	3	6	4	2	1	5	1	1	0	0	21	0.488
献礼百年	0	0	0	0	0	0	0	0	0	0	0	0	0	0
总计	1	0	4	8	6	8	4	6	1	1	1	3	43	1

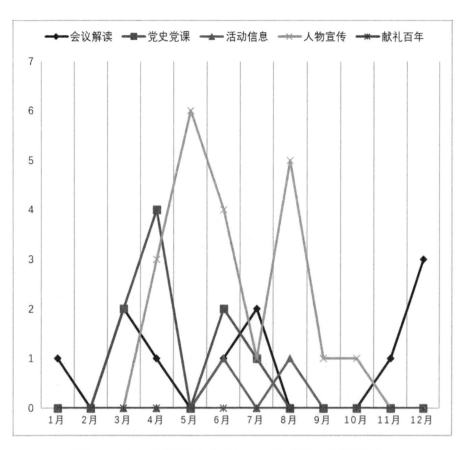

附图 3-1 浙江大学微信公众号各月建党相关推文分类数量分布

2021 年浙江大学微信公众号发布推文 406 篇，建党相关类推文共 43 篇，占所有推文的 10.6%，主要集中在上半年，是因为党的百年诞辰是 7 月 1 日，相关活动和信息会在这之前发布。其中，建党相关推文阅读数破 2 万的有 12 篇，且人物宣传类居多。点赞数最多的推文为浙江大学于 2021 年 5 月 27 日发布的《国士无双！他参加过我国所有核试验，一辈子隐姓埋名！》，获点赞数 641。建党相关原创推文密度仅为 16.3%，低于所有推文的原创密度。

人物宣传类推文有 21 篇，占比排第一，主要对突出党员进行生平和突出贡献的介绍。典型的人物宣传类有浙江大学于 2021 年 8 月 18 日发布的推文《爱创新+不盲从+淡名利！他是被动学数学的数学大师》、2021 年 4 月 30 日发布的推文《真理的味道非常甜！他是〈共产党宣言〉中译本第一人》等。

会议解读类推文有 11 篇，占比排第二，可见浙江大学对于学习党的会议与讲话精神的重视。典型的会议解读类推文有浙江大学于 2021 年 7 月 1 日发布的推文《请党放心，强国有我！浙江大学师生热议习近平总书记重要讲话精神》、2021 年 3 月 23 日发布的推文《浙江大学召开党委理论学习中心组〈习近平在浙江〉学习会》等。

党史党课类推文有 9 篇，占比排第三。主要是党史学习活动和党课的开展情况，典型的党史党课类推文有浙江大学于 2021 年 4 月 24 日发布的推文《凝聚走向前列的奋斗力量！任少波书记开讲党史学习教育专题党课》、2021 年 6 月 19 日发布的推文《浙大校长吴朝晖开讲党史学习教育专题党课！》等。

活动信息类推文有 2 篇，占比排第四，分别是浙江大学于 2021 年 8 月 31 日发布的推文《党史学习正当潮！四位浙大人共赴这趟〈世纪航程〉》和于 2021 年 6 月 8 日发布的推文《党史学习正当潮！四位浙大人共赴这趟〈世纪航程〉》。

附录四：上海交通大学微信公众号建党 100 周年相关分析

一、高校背景①

上海交通大学是我国历史最悠久、享誉海内外的著名高等学府之一，是教育部直属并与上海市共建的全国重点大学。经过 125 年的不懈努力，上海交通大学已经成为一所国内一流、国际知名的大学，并在新的历史节点，进一步明确了构建"综合性、创新型、国际化"世界一流大学的愿景目标。

19 世纪末，甲午战败，民族危难。中国近代著名实业家、教育家盛宣怀秉

---

① 上海交通大学简介［EB/OL］.上海交通大学官网，2022-03-01.

持"自强首在储才，储才必先兴学"的信念，于1896年在上海创办了交通大学的前身——南洋公学。建校伊始，学校即确立"求实学，务实业"的宗旨，以培养"第一等人才"为教育目标，精勤进取，笃行不倦，南洋公学在20世纪二三十年代已成为国内著名的高等学府，被誉为"东方麻省理工"。抗战时期，广大师生历尽艰难，移转租界，内迁重庆，坚持办学，不少学生投笔从戎，浴血沙场。中华人民共和国成立前夕，广大师生积极投身民主革命，学校被誉为"民主堡垒"。

中华人民共和国成立初期，为配合国家经济建设的需要，构建新中国的高等教育体系，学校调整出相当一部分优势专业、师资设备，支持国内兄弟院校的发展。50年代中期，学校又响应国家建设大西北的号召，经历西迁与分设，分为交通大学上海部分和西安部分。1959年3月两部分同时被列为全国重点大学，7月经国务院批准分别独立建制，交通大学上海部分启用"上海交通大学"校名。六七十年代，学校先后归属国防科委和第六机械工业部领导，积极投身国防人才培养和国防科研，为"两弹一星"和国防现代化做出了巨大贡献。

改革开放以来，学校以"敢为天下先"的精神，锐意推进改革：率先组成教授代表团访问美国，率先实行校内管理体制改革，率先接受海外友人巨资捐赠等，有力地推动了学校的教学科研改革。1984年，邓小平同志亲切接见了学校领导和师生代表，对学校的各项改革给予了充分肯定。在国家和上海市的大力支持下，学校以"上水平、创一流"为目标，以学科建设为龙头，先后恢复和兴建了理科、管理学科、生命学科、法学和人文学科等。1999年，上海农学院并入；2005年，与上海第二医科大学强强合并。至此，学校完成了综合性大学的学科布局。通过国家"211工程"和"985工程""双一流"工程的建设，学校高层次人才日渐汇聚，科研实力快速提升，实现了向研究型大学的转变。与此同时，学校通过与美国密西根大学等世界一流大学的合作办学，实施国际化战略取得重要突破。1985年开始闵行校区建设，历经30多年，已基本建设成设施完善，环境优美的现代化大学校园，并完成了办学重心向闵行校区的转移。学校现有徐汇、闵行、黄浦、长宁、浦东等校区，总占地面积300余万平方米。通过一系列的改革和建设，学校的各项办学指标大幅度提升，实现了跨越式发展，整体实力显著增强，为建设世界一流大学奠定了坚实的基础。

上海交通大学始终把人才培养作为办学的根本任务。100多年来，学校为国家和社会培养了逾 40 万各类优秀人才，包括一批杰出的政治家、科学家、社会活动家、实业家、工程技术专家和医学专家，如陆定一、汪道涵、钱学森、吴文俊、徐光宪、黄旭华、顾诵芬、张光斗、黄炎培、邵力子、李叔同、蔡锷、邹韬奋、严隽琪、陈敏章、王振义、陈竺等。在中国科学院、中国工程院院士中，有 200 余位交大校友；在国家 23 位"两弹一星"功臣中，有 6 位交大校友；在国家最高科学技术奖获得者中，有 5 位来自交大。交大创造了中国近现代发展史上的诸多"第一"：中国最早的内燃机、最早的电机、最早的中文打字机等；新中国第一艘万吨轮、第一艘核潜艇、第一艘气垫船、第一艘水翼艇、自主设计的第一代战斗机、第一枚运载火箭、第一颗人造卫星、第一例心脏二尖瓣分离术、第一例成功移植同种原位肝手术、第一例成功抢救大面积烧伤病人手术、第一个大学翻译出版机构、数量第一的地方文献等，都凝聚着交大师生和校友的心血智慧。改革开放以来，一批年轻的校友已在世界各地、各行各业崭露头角。

学校共有 33 个学院/直属系，12 家附属医院，2 个附属医学研究所，23 个直属单位，5 个直属企业。全日制本科生（国内）17071 人、全日制硕士研究生 14589 人、全日制博士研究生 9903 人，国际留学生 2513 人，其中：研究生 1488 人；有专任教师 3307 名，其中教授 1083 名；中国科学院院士 25 名、中国工程院院士 23 名（包括 1 名两院院士），国家杰出青年基金获得者 159 名，青年拔尖人才 27 名，长江学者青年项目 47 名，优秀青年科学基金获得者 141 名，国家重点基础研究发展计划（973 计划）首席科学家 35 名（青年科学家 2 名），国家重大科学研究计划首席科学家 14 名，国家基金委创新研究群体 18 个，教育部创新团队 20 个，国家重点研发计划项目获得者 117 名（青年项目获得者 14 名）。

学校现有本科专业 71 个，含 43 个国家一流专业建设点，1 个省级一流专业建设点，涵盖经济学、法学、文学、理学、工学、农学、医学、管理学和艺术 9 个学科门类；21 世纪以来获 61 项高等教育国家级教学成果奖（其中 39 项为第一完成单位）；拥有国家级实验教学、虚拟仿真实验教学和上海市实验教学示范中心 16 个；有国家"万人计划"教学名师 2 人，国家高层次人才特殊支持计划 1 人，国家级高等学校教学名师奖获得者 9 人，上海市教学名师奖获得者 36 人，国家级教学团队 16 个，上海市教学团队 15 个；入选国家首批一流本科课程 33

门，有国家级精品视频公开课 13 门、国家级精品资源共享课 19 门、国家精品在线开放课 27 门，国家双语示范课 7 门；上海市精品课程 183 门，上海高校示范性全英语课程 53 门。学校荣获国家首批"双创示范基地"，成立学生创新中心，入选首批中美青年创客交流中心。"学在交大"正在成为新时期上海交通大学的鲜亮名片，学校办学的整体水平与国际地位不断跃上新的台阶。

学校有 17 个学科入选国家"双一流"建设学科，位列全国高校第四；11 个学科入选上海市高峰高原学科；在第四轮学科评估中，全校 25 个学科入选 A 类。全校现有一级学科博士学位授权点 47 个，覆盖经济学、法学、文学、理学、工学、农学、医学、管理学等 10 个学科门类；一级学科硕士学位授权点 56 个，覆盖 12 个学科门类；博士专业学位类别 7 个；硕士专业学位类别 31 个；38 个博士后流动站；有各类科技创新基地 129 个，其中国家级 28 个、省部级 82 个、国际合作 11 个、其他 8 个，包括：1 个国家重大科技基础设施，8 个国家重点（级）实验室，1 个国家级创新基地，1 个国家实验室，1 个国家前沿科学中心，1 个国家集成攻关大平台，3 个国家协同创新中心，1 个国家应用数据中心，5 个国家工程研究中心，2 个国家工程实验室，2 个国家级研发中心，3 个国家临床医学研究中心；18 个教育部重点实验室，11 个国际合作联合科技创新基地，4 个卫健委重点实验室，1 个农业农村部重点实验室，1 个国防重点学科实验室，37 个上海市重点实验室，7 个教育部工程研究中心，15 个上海市工程技术研究中心，4 个上海市工程研究中心，4 个上海市功能型平台，10 个上海市专业技术服务平台。1 个国家社科基金决策咨询点，1 个上海市重点智库，7 个上海市哲学社会科学创新研究基地，4 个上海市高校智库，3 个上海市人民政府决策咨询研究基地（专家工作室），2 个上海市软科学基地，1 个教育部高等学校软科学研究基地等。目前，正在建设一批面向世界基础科学前沿和国家战略需求的研究机构。

科学研究与科技创新水平不断提高。20 年来，获得国家科技奖 99 项，上海市奖 408 项。2019 年，谭家华教授团队牵头、六家单位"二十年磨一剑"共同研制的"海上大型绞吸疏浚装备"获评国家科技进步特等奖，实现了历史性突破；7 个项目获得国家科技奖，总数位居全国第二；19 项成果获评教育部"三大奖"，总数位列全国第一；国家自然科学基金项目总数连续 11 年位列全国第一。2020 年学校获国家科技奖 8 项，居全国高校第二，其中一项成果拟被授予国家技术发明奖一等奖（专用项目）。教育部一等奖 7 项，居全国高校第三。上海市科学技术奖特等奖 1 项，一等奖 21 项，蝉联上海市首位；SCI 收录论文数等指标连续多年在国内高校名列前茅，2019 年达 7203 篇，2020 年达 8239 篇；Nature、Science、Cell 等顶尖杂志的论文发表渐成常态；中国城市治理研究院等智库资政启民，影响力日益显现；立足上海，辐射全国，李政道研究所、张江科学园建设稳步推进，为上海全球科创中心建设添砖加瓦。

上海交通大学深厚的文化底蕴，悠久的办学传统，奋发图强的发展历程，特别是改革开放以来取得的巨大成就，为国内外所瞩目。这所英才辈出的百年学府正乘风扬帆，以传承文明、探求真理为使命，以振兴中华、造福人类为己任，向着中国特色世界一流大学目标奋进！

二、上海交通大学微信公众号相关变量分析

（一）固有属性简介

上海交通大学微信公众号固有属性相关变量及具体情况如附表 4-1 所示。

附表 4-1 上海交通大学微信公众号固有属性相关变量及具体情况汇总表

样本信息分类	变量分类	微信公众号相关具体情况
固有属性	开通年月	2012 年 11 月
	微信号	love_SJTU
	公众号功能	这里是"图、文、影、音"并茂的高教信源、时政平台、微型课堂，用图解、短文、视频、语音等灵活形式推送媒体信息。欢迎关注上海交通大学！
	公众号类型	订阅号
	客服电话	未设置
	客服人员	未设置
	账号主体	上海交通大学
	商标保护	未包含商标详情
	高校级别	3

样本信息 分类	变量分类	微信公众号相关具体情况
固有 属性	品牌强度	"985 工程"高校、"211 工程"高校、"双一流"高校
	相关小程序	交大校园导览、知行安泰、SI 服务、上海交大安泰高管教育、健康交大人、采招加油站、同窗安泰、学在安泰、上海交大安泰高管教育营销管理、上海交通大学年鉴、走进李政道图书馆、上海交通大学绿色爱心屋、青年之声权益平台、走进思源阁、校园会议订餐、SJTU 新年签、SJTU 思源百年文创菁英赛、微言教育等
	公众号昵称是否与 高校名称完全一致	是
	品牌显著标签	高校校徽
	官方认证	已认证
	开通时长	3347 天

微信公众平台自 2012 年 8 月正式上线，上海交通大学微信公众号于同年 11 月上线，反映出上海交通大学对创新宣传工作具有敏感性和前瞻性，能敏锐地感知到微信公众平台传播资讯的潜力。上海交通大学微信公众号的微信号由英文"love""SJTU"和下划线组成，其中"SJTU"为上海交通大学英文名缩写，有着鲜明的自身特色，而且仅含 9 个字符，便于检索。上海交通大学微信公众号的功能介绍较为清晰，不仅表述隶属关系，传达传播主体为"上海交通大学"，还对传播形式、传播功能进行更为翔实的阐述。上海交通大学微信公众号类型为订阅号，能够与学生群体形成较好的黏性，同时在宣传、塑造高校自身品牌形象方面均能起到相应作用。上海交通大学微信公众号未设置客服电话和客服人员，说明目前该微信公众号还未给予客服系统足够的关注，在服务的完善程度上有待进一步提升。上海交通大学微信公众号的账号主体为上海交通大学本身，显示权威性和官方性，以便读者将其界定为上海交通大学官方微信公众号。上海交通大学微信公众号未包含商标详情，尚缺乏知识产权保护意识。上海交通大学微信公众号相关小程序较多，涉及的方面较广，为师生校友及其

他用户提供了全面、自助式的优质服务。上海交通大学微信公众号的昵称与上海交通大学的全称一致，易于被用户搜索到进而被关注。上海交通大学微信公众号头像为上海交通大学校徽，具有品牌显著性。上海交通大学微信公众号已完成官方认证的结果，表明该微信公众号具有较高的可信度。上海交通大学微信公众号开通时长超过 3000 天，说明该微信公众号在运营上已积攒了一定程度的经验，形成了一定的自身传播特色，有较大的参考意义。

（二）表层形式简介

2021 年上海交通大学微信公众号共发推文 384 篇。12 月推文数最高，共有46 篇。12 月推文密度也是最高。上海交通大学的推送时段相对不均，其中 0—9时段推文密度仅为 3.4%，而 9—12 时段推文密度则高达 43.2%。上海交通大学推文的原创密度为 2.9%。上海交通大学微信公众号总阅读数 11347886，篇均阅读数 29551.786，日均阅读数 31090.099，最高阅读数 100000＋，总阅读数破1000 万，阅读密度都在 3 万左右，阅读数可观。384 篇推文中有 377 篇为头条，头条阅读数 11334163，头条日均阅读数 31052.501，头条篇均阅读数 29593.115。384 篇推文的总点赞数为 120189，篇均点赞数 312.992，日均点赞数 329.285，最高点赞数 3747，点赞数要明显低于阅读数。头条点赞数 120038，头条日均点赞数 328.285，头条篇均点赞数 313.415。推文使用四类素材的频度排序为（从高到低）：图片、视频、链接、音频。

（三）深层内容简介

2021 年上海交通大学微信公众号发布推文内容相对集中在人物风采、通知告示、校园荣誉、校园建设上。标题词云中较醒目的字眼为"上海交大""交大人""未来""研究生""毕业""特等奖""智慧"等。正文词云中较醒目的字眼为"交大""学生""发展""国家""学院""研究""教育"等。标题语义网络中有一个大范围中心节点："交大"，一个小范围中心节点："上海交大"。正文语义网络中最大范围中心点是"交大"，较小范围中心节点有"国家""研究""发展""学院""创新"等。

三、上海交通大学微信公众号建党 100 周年相关分析

我们对高校微信公众号 2021 年建党 100 周年传播内容进行前测，归纳出会议解读、党史党课、活动信息、人物宣传、献礼百年五个方面的建党相关主题，具体类目说明如附表4-2所示，统计如附表4-3所示，每月数量分布如附图4-1所示。

附表4-2　类目说明

样本信息分类	变量分类	设立依据及补充说明
微信深层内容：建党相关	会议解读	如党的相关会议、报告、讲话、发言、文件解读、学习体会解读等
	党史党课	与党史学习和党课情况相关的信息，如党史学习系列讲座、党课现场报道等
	活动信息	建党相关活动的信息，如红歌传唱比赛
	人物宣传	高校过去或现在有突出贡献的党员的介绍
	献礼百年	与建党百年相关的信息，如献礼建党百年的舞蹈作品，庆祝建党百年文艺晚会等

附表4-3　上海交通大学微信公众号各月建党相关推文分类数量与密度汇总表

	1月	2月	3月	4月	5月	6月	7月	8月	9月	10月	11月	12月	总计	密度
党史党课	0	0	1	0	1	2	0	1	0	1	0	0	6	0.286
活动信息	0	0	1	0	0	1	4	1	0	1	0	0	8	0.381
人物宣传	0	0	1	0	1	0	0	0	0	0	0	1	3	0.143
献礼百年	0	0	0	1	2	1	0	0	0	0	0	0	4	0.19
总计	0	0	3	1	4	4	4	2	0	2	0	1	21	1

2021年上海交通大学微信公众号发布推文共384篇，其中建党相关类推文共21篇，占所有推文的5.5%，主要集中在上半年，是因为建党节是7月1日，更多的宣传、献礼和党史学习等会安排在节日前进行。其中，建党相关推文阅读数破10万的有2篇。点赞数最多的推文为上海交通大学于2021年5月29日

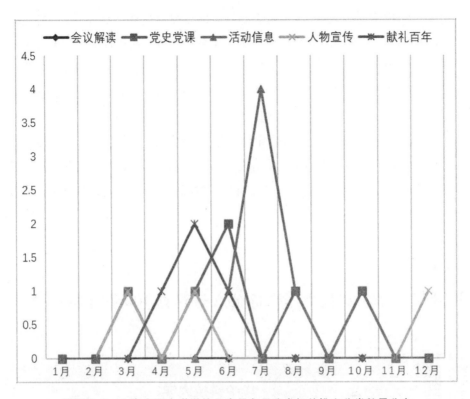

附图 4-1 上海交通大学微信公众号各月建党相关推文分类数量分布

发布的《钱学森的入党申请书火了！网友：寥寥数句，却字字铿锵！》，获点赞数 499。建党相关原创推文密度为 0。

同时，在建党百年纪念日来临之际，社会各界都会举办相关的活动；党史教育也会有一定程度的浓度增加。因此，活动信息类与党史党课类的建党相关推文数较多，且占比分别为第一和第二。其中，典型的活动信息类推文有上海交通大学微信公众号于 2021 年 7 月 1 日发布的推文《今天，上海交大热烈庆祝中国共产党成立 100 周年！》、2021 年 7 月 3 日发布的推文《刚刚，〈新闻联播〉头条！上海交大庆祝中国共产党成立 100 周年》等，典型的党史党课类推文有上海交通大学微信公众号于 2021 年 5 月 5 日发布的推文《给 00 后讲讲共产党 | 这 12 个交大党史故事，重温红色记忆！》、2021 年 6 月 18 日发布的推文《今天，市委书记李强为上海交大师生上党课！》等。

献礼百年类推文有 4 篇，占比排第三。建党百年是隆重的纪念日，高校会在此节点组织师生进行献礼百年的活动并通过高校相关平台发布，提高师生爱国情怀的同时，也巩固高校的社会形象。其中，典型的献礼百年类推文有上海交通大学于 2021 年 4 月 29 日发布的推文《「点击有惊喜」手绘长征画卷！交大〈长征组歌〉5 月 2 日震撼献演！》、2021 年 5 月 3 日发布的推文《■■■■ 超燃！听，交大人震撼唱响〈长征组歌〉！》等。

人物宣传类占比较小，分布较分散。典型的推文有上海交通大学于 2021 年 5 月 29 日发布的《钱学森的入党申请书火了！网友：寥寥数句，却字字铿锵！》等，共有 3 篇人物宣传类推文，3 篇宣传的人物都是钱学森。会议解读类推文数是 0。

附录五：华中科技大学微信公众号建党 100 周年相关分析

 华中科技大学

一、高校背景①

华中科技大学是教育部直属重点综合性大学，由原华中理工大学、同济医科大学、武汉城市建设学院于 2000 年 5 月 26 日合并成立，是国家"211 工程"重点建设和"985 工程"建设高校之一，是首批"双一流"建设高校。

学校校园占地 7000 余亩，园内树木葱茏，碧草如茵，环境优雅，景色秀丽，绿化覆盖率 72%，被誉为"森林式大学"。学校教学科研支撑体系完备，各项公共服务设施齐全。

学校学科齐全、结构合理，基本构建起综合性、研究型大学的学科体系。

---

① 学校简介［EB/OL］.华中科技大学官网，2022-03-01.

拥有哲学、经济学、法学、教育学、文学、理学、工学、医学、管理学、艺术学、交叉学科 11 大学科门类；设有 109 个本科专业，48 个硕士学位授权一级学科，46 个博士学位授权一级学科，39 个博士后科研流动站。现有一级学科国家重点学科 7 个，二级学科国家重点学科 15 个（内科学、外科学按三级计），国家重点（培育）学科 7 个。在教育部第四轮学科评估中，该校 44 个学科参评，全部上榜，其中机械工程、光学工程、生物医学工程、公共卫生与预防医学等 4 个学科进入 A+，A 类学科 14 个，B+ 及以上学科 33 个。8 个学科入选国家首轮"双一流"建设学科名单。

学校实施"人才兴校"战略，师资力量雄厚。现有专任教师 3700 余人，其中教授 1400 余人，副教授 1400 余人；教师中有院士 20 人，"973 计划"项目首席科学家 15 人，重大科学研究计划项目首席科学家 2 人，国家重点研发计划项目首席科学家 101 人，国家级教学名师 9 人，国家百千万人才工程入选者 43 人。国家自然科学基金创新研究群体 11 个，教育部创新团队 19 个。

学校贯彻建设"学生、学者与学术的大学"的教育思想，秉承"育人为本、创新是魂、责任以行"的办学理念，坚持"一流教学一流本科"的建设目标，采取多种举措，深化教育教学改革，全面推进素质教育，构建和完善充满活力的创新人才培养体系。几十年来，70 余万毕业生走向社会，遍布全球各行各业。

按照"应用领先、基础突破、协调发展"的科技发展方略，构建起了覆盖基础研究层、高新技术研究层、技术开发层三个层次的科技创新体系。建设有武汉光电国家研究中心、国家脉冲强磁场科学中心、精密重力测量研究设施和国家数字化设计与制造创新中心等国家重大科研基地，还拥有 4 个国家重点实验室、1 个国家产教融合创新平台、7 个国家工程（技术）研究中心、1 个国家临床医学研究中心、1 个国家医学中心、2 个国家专业实验室、1 个"一带一路"联合实验室、6 个科技部国家国际科技合作基地及一批省部级科研基地。

学校坚持"以服务求支持，在贡献中发展"的办学思路，学研产相结合，与地方政府、行业龙头企业建立紧密合作关系，通过设立驻外研究院、共建技术研究中心等方式开展校地校企科技合作，大力促进科技成果转化落地，为区域经济建设服务。

学校坚持开放式办学理念，积极开展全方位、多层次的国际交流与合作，目前已与世界上 41 个国家和地区的 300 余所高校和机构开展友好合作。工程科学学院是全国首批四个国际化示范学院之一，中欧清洁与可再生能源学院被列为中欧建交 40 周年 40 个典型案例之一。

附属协和医院、同济医院是集医疗、教学、科研、培训为一体的大型现代化综合性医院，是湖北省乃至中南地区的医疗诊治中心。附属梨园医院突出老年病学的特色，是湖北省老年病防治研究中心。

华中科技大学正以创建世界一流大学为目标，秉持"明德厚学，求是创新"的校训，敢于竞争，善于转化，聚精会神，科学发展，全面提升办学水平，努力开创更加辉煌灿烂的明天。

二、华中科技大学微信公众号相关变量分析

（一）固有属性简介

华中科技大学微信公众号固有属性相关变量及具体情况如附表 5-1 所示。

附表 5-1　华中科技大学微信公众号固有属性相关变量及具体情况汇总表

样本信息分类	变量分类	微信公众号相关具体情况
固有属性	开通年月	2012 年 11 月
	微信号	ihuster
	公众号功能	华中科技大学官方微信
	公众号类型	订阅号
	客服电话	未设置
	客服人员	未设置
	账号主体	华中科技大学
	商标保护	未注册商标
	高校级别	"985 工程"高校、"211 工程"高校、"双一流"高校
	品牌强度	5
	相关小程序	华中科技大学本科招办、考场信息查询、智慧华中大等

样本信息 分类	变量分类	微信公众号相关具体情况
固有 属性	公众号昵称是否与 高校名称完全一致	是
	品牌显著标签	卡通人物形象
	官方认证	已认证
	开通时长	3346天

微信公众平台自2012年8月正式上线，而华中科技大学微信公众号于2个月后及时上线，反映出华中科技大学对创新宣传工作具有一定的敏感性和前瞻性。华中科技大学微信公众号的微信号为英文"ihuster"，其中"i"代表"Internet"，"huster"意为华中科技大学的学子们，其微信号有着鲜明的自身特色，而且仅含7个字符，便于检索。华中科技大学微信公众号的功能介绍仅说明该公众号为华中科技大学的官方公众号，而未对公众号的隶属关系、传播功能、服务对象等进行阐述，可见华中科技大学在彰显公众号自身定位方面较为模糊。华中科技大学微信公众号类型为订阅号，能够与学生群体形成较好的黏性，同时在宣传、塑造高校自身品牌形象方面均能起到相应作用。华中科技大学微信公众号未设置客服电话和客服人员，说明目前该微信公众号还未给予客服系统足够的关注，在服务的完善程度上有待进一步提升。华中科技大学微信公众号的账号主体为华中科技大学本身，显示权威性和官方性，以便读者将其界定为华中科技大学官方微信公众号。华中科技大学微信公众号未包含商标详情，尚缺乏知识产权保护意识。华中科技大学微信公众号相关小程序较少，涉及的方面较少，可能不能为师生校友及其他用户提供较为全面的优质服务，完善相关服务的意识有待提高。华中科技大学微信公众号的昵称与华中科技大学的全称一致，易于被用户搜索到进而被关注。华中科技大学微信公众号头像为华中科技大学的卡通人物形象，具有一定的品牌显著性。华中科技大学微信公众号已完成官方认证的结果，表明该微信公众号具有较高的可信度。华中科技大学微信公众号开通时长超过3300天，说明该微信公众号在运营上已积攒了一定程度的经验，形成了一定的自身传播特色，有较大的参考意义。

（二）表层形式简介

2021年华中科技大学微信公众号共发推文342篇。6月推文数最高，6月推文密度也是最高。华中科技大学的推送时段多集中在9—12时段，0—9时段推送文章最少，仅占2.7%。华中科技大学推文的原创密度为42.4%，所有推文中原创推文将近一半。华中科技大学微信公众号总阅读数9824120，篇均阅读数28725.497，日均阅读数26915.397，最高阅读数100000+，总阅读数破900万，阅读密度都近3万，阅读数可观。342篇推文中只有1篇不是头条，头条总阅读数9821348，头条日均阅读数26907.803，头条篇均阅读数28801.607。342篇推文的总点赞数为129200，篇均点赞数377.778，日均点赞数353.973，最高点赞数6978，点赞数要明显低于阅读数。头条点赞数129173，头条日均点赞数353.899，头条篇均点赞数378.806。推文使用四类素材的频度排序为（从高到低）：图片、视频、链接、音频。

（三）深层内容简介

2021年华中科技大学微信公众号发布推文内容相对集中在校园荣誉、人物风采、生活资讯、通知告示上。标题词云中较醒目的字眼为"华中大""故事""未来""湖北""校友""一等奖""科技"等。正文词云中较醒目的字眼为"华中大""学院""国家""学生""中国""创新""研究"等。标题语义网络中有一个大范围中心节点："华中科技大学"，一个小范围中心节点："华中大"。正文语义网络中最大范围的两个中心点是"创新""国家"，较小范围中心节点有"学院""研究""发展""技术""中国"等。

三、华中科技大学微信公众号建党100周年相关分析

我们对高校微信公众号2021年建党100周年传播内容进行前测，归纳出会议解读、党史党课、活动信息、人物宣传、献礼百年五个方面的建党相关主题，具体类目说明如附表5-2所示，统计如附表5-3所示，每月数量分布如附图5-1所示。

附表 5-2 类目说明

样本信息分类	变量分类	设立依据及补充说明
微信深层内容：建党相关	会议解读	如党的相关会议、报告、讲话、发言、文件解读、学习体会解读等
	党史党课	与党史学习和党课情况相关的信息，如党史学习系列讲座、党课现场报道等
	活动信息	建党相关活动的信息，如红歌传唱比赛
	人物宣传	高校过去或现在有突出贡献的党员的介绍
	献礼百年	与建党百年相关的信息，如献礼建党百年的舞蹈作品，庆祝建党百年文艺晚会等

附表 5-3 华中科技大学微信公众号各月建党相关推文分类数量与密度汇总表

	1月	2月	3月	4月	5月	6月	7月	8月	9月	10月	11月	12月	总计	密度
会议解读	0	0	0	0	0	0	0	0	0	0	2	0	2	0.100
党史党课	0	0	1	5	0	4	0	0	1	0	1	0	12	0.600
活动信息	0	0	0	1	0	0	0	0	0	0	0	0	1	0.050
人物宣传	0	0	0	0	0	0	0	0	0	0	0	0	0	0.000
献礼百年	0	0	0	0	0	2	2	0	0	1	0	0	5	0.250
总计	0	0	1	6	0	6	2	0	1	1	3	0	20	1

2021 年华中科技大学微信公众号发布推文共 342 篇，建党相关类推文共 20 篇，占所有推文的 5.8%，主要集中在 4 月、6 月。其中，建党相关推文最高阅读数破 3 万；点赞数最多的推文为华中科技大学于 2021 年 6 月 21 日发布的《这一晚天空中最闪亮的星!》，获点赞数 284。建党相关原创推文密度为 35%，低于所有推文的原创密度。

党史党课类推文有 12 篇，占比排第一，主要是讲述高校党史，以及发布党课和党史学习活动的开展情况。其中，典型的党史党课类推文有华中科技大学

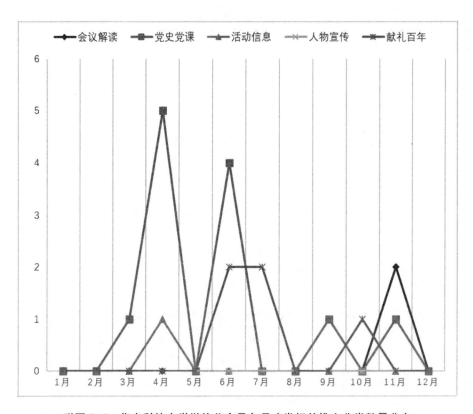

附图 5-1 华中科技大学微信公众号各月建党相关推文分类数量分布

于 2021 年 6 月 11 日发布的推文《从华中科技大学出发，我准备好了！｜我和我的学校·红色记忆》、2021 年 3 月 19 日发布的推文《全面启动！华中科技大学召开党史学习教育动员大会》等。

献礼百年类有 5 篇，占比排第二，主要是围绕建党百年主题而进行的庆祝活动、节目献礼等信息，典型的献礼百年类有华中科技大学于 2021 年 7 月 2 日发布的推文《"喻"味情书！送给深爱的她》、2021 年 6 月 30 日发布的推文《"顶流"，来了！》等。

会议解读类的推文有 2 篇。活动信息类的推文有 1 篇，是 2021 年 4 月 15 日发布的推文《划重点！品读这本百年"教科书"》。

附录六：武汉大学微信公众号建党 100 周年相关分析

 武汉大学

一、高校背景①

江城多山，珞珈独秀；山上有黉，武汉大学。武汉大学是教育部直属重点综合性大学，是国家"985 工程"和"211 工程"重点建设高校，是首批"双一流"建设高校。

武汉大学溯源于 1893 年清末湖广总督张之洞奏请清政府创办的自强学堂，历经传承演变，1928 年定名为国立武汉大学，是近代中国第一批国立大学。1946 年，学校已形成文、法、理、工、农、医 6 大学院并驾齐驱的办学格局。中华人民共和国成立后，武汉大学受到党和政府的高度重视。1958 年，毛泽东亲临武大视察。1993 年，武汉大学百年校庆之际，江泽民等人题词祝贺。改革开放以来，武汉大学在国内高校中率先进行教育教学改革，各项事业蓬勃发展，整体实力明显上升。1999 年，世界权威期刊 *Science* 杂志将武汉大学列为"中国最杰出的大学之一"。2000 年，武汉大学与武汉水利电力大学、武汉测绘科技大学、湖北医科大学合并组建新的武汉大学，揭开了学校改革发展的崭新一页。合校 20 多年来，学校综合实力和核心竞争力不断提升。2020 年，学校在软科世界大学学术排名（ARWU）中位列第 199 位，国际教育研究机构 QS 世界大学排名中位列第 246 位，泰晤士高等教育（THE）世界大学排名中位列第 351—400 位。

回眸过去，筚路蓝缕，励精图治，玉汝于成。珞珈山上风云际会，周恩来、董必武、陈潭秋、罗荣桓曾在这里指点江山；辜鸿铭、竺可桢、李四光、闻一

---

① 武汉大学简介［EB/OL］. 武汉大学官网，2022-03-01.

多、郁达夫、叶圣陶、李达等曾在这里激扬文字。100多年来，武汉大学汇集了中华民族近现代史上众多的精彩华章，形成了优良的革命传统，积淀了厚重的人文底蕴，培育了"自强、弘毅、求是、拓新"的大学精神。

武汉大学环绕东湖水，坐拥珞珈山，校园环境优美，风景如画，被誉为"中国最美丽的大学"。学校占地面积5195亩，建筑面积273万平方米。中西合璧的宫殿式建筑群古朴典雅，巍峨壮观，26栋早期建筑被列为"全国重点文物保护单位"。

武汉大学学科门类齐全、综合性强、特色明显，涵盖了哲、经、法、教育、文、史、理、工、农、医、管理、艺术12个学科门类。学校设有人文科学、社会科学、理学、工学、信息科学和医学六大学部34个学院（系）以及3所三级甲等附属医院。有127个本科专业，59个硕士学位授权一级学科，49个博士学位授权一级学科。有46个博士后科研流动站。有10个一流建设学科，5个一级学科、17个二级学科被认定为国家重点学科，6个学科为国家重点（培育）学科。

武汉大学名师荟萃，英才云集。学校现有专任教师3808人，其中正副教授2970余人，有8位中国科学院院士、6位中国工程院院士、3位欧亚科学院院士、6位人文社科资深教授、15位国家级教学名师。

武汉大学科研实力雄厚，成就卓著。学校有4个国家重点实验室、2个国家工程技术研究中心、2个国家野外科学观测研究站、2个2011协同创新中心、2个国家高端智库、2个国家科技基础条件共享平台、8个教育部重点实验室和5个教育部工程研究中心；还拥有7个教育部人文社会科学重点研究基地、10个国家基础科学研究与人才培养基地、10个国家级实验教学示范中心、3个国家级虚拟仿真实验教学中心和1个国家大学生文化素质教育基地。定期公开出版36种专业刊物。

2000年以来，学校获得国家自然科学奖、国家发明奖和国家科技进步奖三大奖88项，SCI论文数和国家自然科学基金项目数均位列全国高校前列，在教育部人文社会科学优秀成果奖评选中获奖数居全国高校前三位，国家社科基金课题、教育部社科课题均居全国高校前列，并有数十项成果获得国家"五个一"工程奖、国家图书奖、中国图书奖。学校连续十余次荣获深圳国际高新技术成果交易会优秀产品奖（成交奖）和优秀组织奖。

武汉大学积极利用自身的科技、智力资源优势，通过科技成果转化与产业化的方式，与企业和科研机构开展多层次、多领域的合作，共同建设高新技术产业发展的平台，联合创办了 70 多家高新技术企业，取得了良好的社会效益和经济效益，同时也促进了学校的发展。

学校参与了三峡工程、南水北调、西电东输等国家重点工程项目的科学研究和工程建设，在南北极科学考察、重大传染性疾病防治等科技攻关中不断取得新的突破，马协型、红莲型杂交稻、高频地波监测雷达、GPS 全球卫星定位与导航、高性能混合动力电池等应用型科技成果不仅具有重大的科学理论价值，还产生巨大的社会经济效益。

人文社会科学的专家学者充分发挥"智囊团"和"思想库"的作用，积极探索关系国家经济建设、社会发展和人类进步的重大理论与现实问题，取得了一批具有重大理论意义与应用价值的科研成果，为国家经济建设和社会发展提供了强大的理论保证和智力支持。

求知在武大，成才在珞珈。武汉大学率先提出"创造、创新、创业"教育的新理念，培养"厚基础、宽口径、高素质、创新型"复合人才，积极探索适应经济与社会发展的人才培养模式。学校现有普通本科生 29504 人，硕士研究生 19516 人，博士研究生 8289 人，另有外国留学生 1830 人。建校以来，学校共培养了 50 多万名各类高级专门人才，仅两院院士就有 100 余人，为国家建设和社会进步做出了重要贡献。

令人瞩目的高水平办学成就，为武汉大学赢得了广泛的国际声誉，国际交流与合作日益频繁，学校与 53 个国家和地区的 310 所大学、科研机构建立了合作关系。

百余年的风雨，百余年的砥砺，百余年的辉煌。武汉大学将以习近平新时代中国特色社会主义思想为指引，不忘初心，牢记使命，以立德树人为根本，以办人民满意的大学为宗旨，以谋求人类福祉、推动社会进步、实现国家富强为己任，凝心聚力，求真务实，开拓进取，追求卓越，全面开启创建中国特色世界一流大学的新征程！

二、武汉大学微信公众号相关变量分析

（一）固有属性简介

武汉大学微信公众号固有属性相关变量及具体情况如附表 6-1 所示。

附表 6-1　武汉大学微信公众号固有属性相关变量及具体情况汇总表

样本信息分类	变量分类	微信公众号相关具体情况
固有属性	开通年月	2014 年 3 月
	微信号	luojia1893
	公众号功能	武汉大学官方公众平台
	公众号类型	订阅号
	客服电话	未设置
	客服人员	未设置
	账号主体	武汉大学
	商标保护	未包含商标详情
	高校级别	"985 工程"高校、"211 工程"高校、"双一流"高校
	品牌强度	10
	相关小程序	在武大、武大智慧岛、武大梦想珈、武大日报平安、武大产学研、武大招办、智慧珞珈、梅操电影、武汉大学毕业墙、武汉大学图书馆、武大青马、武汉大学招生办公室、武大就业地图导航、武汉大学校园导览试用版、微言教育等
	公众号昵称是否与高校名称完全一致	是
	品牌显著标签	高校卡通人物形象
	官方认证	已完成官方认证
	开通时长	2851 天

微信公众平台自 2012 年 8 月正式上线，而武汉大学微信公众号于 2 年后才上线，存在一定的滞后性，反映出武汉大学对创新宣传工作的敏感性和前瞻性有待提高。武汉大学微信公众号的微信号由英文"luojia"和数字"1893"组合而成，其中"luojia"为武汉大学别称"珞珈"的拼音，"1893"为武汉大学建校年份，有着鲜明的自身特色。武汉大学微信公众号的功能介绍表述隶属关系，传达传播主体为"武汉大学"。武汉大学微信公众号类型为订阅号，能够与学生群体形成较好的黏性，同时在宣传、塑造高校自身品牌形象方面均能起到相应作用。武汉大学微信公众号未设置客服电话和客服人员，说明目前该微信公众号还未给予客服系统足够的关注，在服务的完善程度上有待进一步提升。武汉大学微信公众号的账号主体为武汉大学本身，显示权威性和官方性，以便读者将其界定为武汉大学官方微信公众号。武汉大学微信公众号未包含商标详情，尚缺乏知识产权保护意识。武汉大学微信公众号相关小程序较多，涉及的方面较广，为师生校友及其他用户提供了全面、自助式的优质服务。武汉大学微信公众号的昵称与武汉大学的全称一致，易于被用户搜索到进而被关注。武汉大学微信公众号头像为武汉大学高校卡通人物形象，具有品牌显著性。武汉大学微信公众号已完成官方认证的结果，表明该微信公众号具有较高的可信度。武汉大学微信公众号开通时长超过 2800 天，说明该微信公众号在运营上已积攒了一定程度的经验，形成了一定的自身传播特色，有较强的参考意义。

（二）表层形式简介

2021 年武汉大学微信公众号共发推文 381 篇。12 月推文数最高，共有 43 篇。12 月推文密度也是最高。武汉大学的推送时段相对不均，其中 0—9 时段推文密度仅为 2.6%，而 12-14 时段和 14—18 时段推文密度分别为 39.9% 和 38.3%。武汉大学推文的原创密度为 58.0%。武汉大学微信公众号总阅读数 21603684，篇均阅读数 56702.583，日均阅读数 59188.175，最高阅读数 100000+，总阅读数破 2000 万，阅读密度都在 5.5 万左右，阅读数可观。381 篇推文中有 377 篇为头条，头条总阅读数 21405979，头条日均阅读数 58646.518，头条篇均阅读数 56779.785。381 篇推文的总点赞数为 210388，篇均点赞数 552.19，日均点赞数 576.405，最高点赞数 7478，点赞数要明显低于阅读数。头条点赞数 209458，头条日均点赞数 573.775，头条篇均点赞数 555.512。推文使用四类素材的频度排序为（从高到低）：图片、视频、链接、音频。

（三）深层内容简介

2021年武汉大学微信公众号发布推文内容相对集中在人物风采、通知告示、校园荣誉、校园建设上。标题词云中较醒目的字眼为"武大""武汉大学""武大人""珞珈""紧急""校长""查收"等。正文词云中较醒目的字眼为"武大""学生""珞珈""研究""老师""研究""学习"等。标题语义网络中有一个大范围中心节点："武大"，一个小范围中心节点："武汉大学"。正文语义网络中最大范围中心点是"武大"，较小范围中心节点有"国家""研究""学生""学习""培养"等。

三、武汉大学微信公众号建党 100 周年相关分析

我们对高校微信公众号 2021 年建党 100 周年传播内容进行前测，归纳出会议解读、党史党课、活动信息、人物宣传、献礼百年五个方面的建党相关主题，具体类目说明如表 6-2 所示，统计如表 6-3 所示，每月数量分布如附图 6-1 所示。

附表 6-2　类目说明

样本信息分类	变量分类	设立依据及补充说明
微信深层内容：建党相关	会议解读	如党的相关会议、报告、讲话、发言、文件解读、学习体会解读等
	党史党课	与党史学习和党课情况相关的信息，如党史学习系列讲座、党课现场报道等
	活动信息	建党相关活动的信息，如红歌传唱比赛
	人物宣传	高校过去或现在有突出贡献的党员的介绍
	献礼百年	与建党百年相关的信息，如献礼建党百年的舞蹈作品，庆祝建党百年文艺晚会等

附表 6-3 武汉大学微信公众号各月建党相关推文分类数量与密度汇总表

	1月	2月	3月	4月	5月	6月	7月	8月	9月	10月	11月	12月	总计	密度
会议解读	0	0	1	0	0	0	0	0	0	0	1	0	2	0.154
党史党课	0	0	0	0	0	0	0	0	0	0	0	0	0	0.000
活动信息	0	0	0	2	0	1	2	0	0	0	0	0	5	0.385
人物宣传	0	0	0	0	2	0	1	0	0	1	0	0	4	0.308
献礼百年	0	0	0	1	1	0	0	0	0	0	0	0	2	0.154
总计	0	0	1	3	3	1	3	0	0	1	1	0	13	1

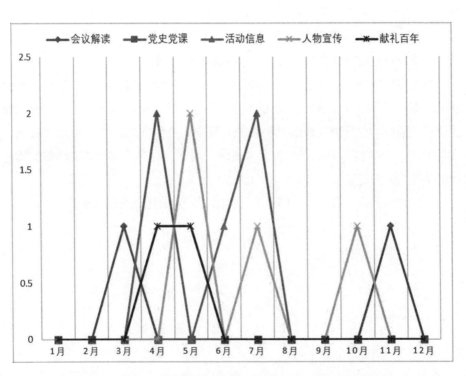

附图 6-1 武汉大学微信公众号各月建党相关推文分类数量分布

2021 年武汉大学微信公众号发布推文共 384 篇，其中建党相关类推文共 13 篇，占所有推文的 3.5%，主要集中在上半年，是因为建党节是 7 月 1 日，更多的宣传、献礼和党史学习等会安排在节日前进行。其中，建党相关推文最高阅读数为84938。点赞数最多的推文为武汉大学于2021年4月8日发布的《重启一周年，听樱花树下最美的歌！我和我的学校·红色记忆》，获点赞数519，分类是献礼百年。建党相关推文原创密度为53.8%。

在建党百年纪念日来临之际，社会各界都会举办相关的活动；人物宣传也会有一定程度的浓度增加。13篇推文中，活动信息类与人物宣传类的建党相关推文相对较多，且占比分别为第一和第二。其中，典型的活动信息类推文有武汉大学微信公众号于2021年6月28日发布的推文《卓尔体育馆，太红啦!》、2021年7月1日发布的推文《"请党放心，强国有我!"今天珞珈山誓言铿锵》等。典型的人物宣传类推文有武汉大学微信公众号于2021年5月4日发布的推文《105年前，他考入武汉大学……》、2021年5月29日发布的推文《第0011号烈士证，毛泽东主席为他签发!》等，4篇人物宣传推文介绍的分别是陈潭秋、李汉俊、一门四代九位武大人（李汉俊家族）、蒋遵海。

献礼百年类推文有2篇，占比排第三。建党百年是隆重的纪念日，高校会在此节点组织师生进行献礼百年的活动并通过高校相关平台发布，提高师生爱国情怀的同时，也巩固高校的社会形象。其中，典型的献礼百年类推文有武汉大学于2021年4月8日发布的推文《重启一周年，听樱花树下最美的歌！我和我的学校·红色记忆》。

会议解读类推文有2篇，同样占比排第三。党史党课类推文数是0。

附录七：四川大学微信公众号建党 100 周年相关分析

一、高校背景①

岷峨挺秀，锦水含章。巍巍学府，德渥群芳。四川大学是教育部直属全国重点大学，是国家布局在中国西部的重点建设的高水平研究型综合大学，是世界一流大学建设 A 类高校。四川大学地处中国历史文化名城——"天府之国"的成都，有望江、华西和江安三个校区，占地面积 7050 亩，校舍建筑面积 280.64 万平方米。学校正与眉山市合作共建四川大学眉山校区。校园环境幽雅、花木繁茂、碧草如茵、景色宜人，是读书治学的理想园地。

四川大学由原四川大学、原成都科技大学、原华西医科大学三所全国重点大学经过两次合并而成。原四川大学起始于 1896 年四川总督鹿传霖奉光绪特旨创办的四川中西学堂，是西南地区最早的近代高等学校；原成都科技大学是新中国院系调整时组建的第一批多科型工科院校；原华西医科大学源于 1910 年由西方基督教会组织在成都创办的华西协合大学，是西南地区最早的西式大学和国内最早培养研究生的大学之一。1994 年，原四川大学和原成都科技大学合并为四川联合大学，1998 年更名为四川大学。江泽民、李鹏等党和国家领导人就两校合并为学校题词并寄予深切厚望。2000 年，四川大学与原华西医科大学合并，组建了新的四川大学。李岚清同志在考察新四川大学时说："四川大学是我们改革最早的大学，对我国高校的改革作出了历史性的贡献，可以说是高校体制改革的先锋。"在 2008 年"5·12"汶川特大地震抗震救灾期间，温家宝等先

---

① 学校简介［EB/OL］. 四川大学官网，2022-03-01.

后到四川大学视察慰问。2016 年，李克强来校视察，勉励川大要为全国"双创"带头，多出世界一流学科。

四川大学承文翁之教，聚群贤英才。百余年来，学校先后汇聚了历史学家顾颉刚、文学家李劼人、美学家朱光潜、物理学家吴大猷、植物学家方文培、卫生学家陈志潜、数学家柯召等大师。历史上，吴玉章、张澜曾执掌校务，共和国开国元勋朱德、共和国主席杨尚昆、文坛巨匠郭沫若、人民作家巴金、一代英烈江竹筠（江姐）等曾在川大求学。中国科学院和中国工程院院士中，有 70 位是川大校友。

四川大学学科门类齐全，覆盖了文、理、工、医、经、管、法、史、哲、农、教、艺 12 个门类，有 36 个学科型学院（系）及海外教育学院等学院。我校为学位授权自主审核单位，现有博士学位授权一级学科 49 个，专业学位授权点 38 个，博士后流动站 39 个。四川大学大师云集，名师荟萃。学校教学科研岗共 6571 人，中国科学院和中国工程院院士 23 人（其中双聘院士 11 人），四川大学杰出教授 7 人，国家自然科学杰出青年基金获得者 65 人，国家优秀青年科学基金入选者 69 人；"973"首席科学家 7 人（9 项）；国家级教学名师 14 人；国家科技重大专项课题负责人 22 人（24 项）；国家重点研发计划项目负责人 62 人；国家社科基金重大招标（委托）及各类专项项目获得者 69 人（77 项）；国家创新人才推进计划"中青年科技创新领军人才"22 人、"重点领域创新团队"3 个。

四川大学在长期的办学历程中，形成了深厚的人文底蕴、扎实的办学基础和以校训"海纳百川，有容乃大"、校风"严谨、勤奋、求是、创新"为核心的川大精神。近年来，学校围绕建设有中国特色、川大风格的世界一流大学的奋斗目标，确立了"以人为本，崇尚学术，追求卓越"的现代大学办学理念，建立了"以院系为管理重心，以教师为办学主体，以学生为育人中心"的管理运行新机制，提出了"精英教育、质量为本、科教结合、学科交叉"的人才培养指导思想，确立了培养"具有崇高理想信念、深厚人文底蕴、扎实专业知识、强烈创新意识、宽广国际视野的国家栋梁和社会精英"的人才培养目标。面向新时代，学校将更加聚焦和强化"厚通识、宽视野、多交叉"，让"开放、包容、厚重、大气"的文化特质成为每一个川大学子的人生底色，让"志存高远、追求卓越"的精神品质成为每一个川大学子的人生境界。学校建"金专"、铸

"金课"，持续推行"探究式—小班化"等课程教学改革，扎实开展创新创业教育，擦亮"川大通识教育"名片，以内涵式发展推进教育升级。学校成功举办8 届"国际课程周"，开展了"大川视界"学生海外访学计划。学校有全国高校中华优秀传统文化传承基地 1 个，国家大学生文化素质教育基地 1 个，全国高校心理健康教育与心理咨询示范中心 1 个，国家人才培养和科学研究及工科基础课程教学基地 9 个，国家级实验教学示范中心 8 个，国家级虚拟仿真实验教学中心 3 个，国家级工程实践教育中心 19 个，国家临床教学培训示范中心 1 个，国家级教师教学发展示范中心 1 个，国家级大学生校外实践教育基地 9 个。2003年以来，学校获批立项 28 个国家级特色专业建设点、63 个国家级一流专业建设点，教育部"三全育人"综合改革试点院系 1 个，获得国家教学成果奖 31 项（其中特等奖 1 项）、国家级一流课程 64 门，国家级精品视频公开课 12 门、精品资源共享课 31 门，国家精品在线开放课程 19 门，主编或副主编 14 种教材获首届全国优秀教材奖（高等教育类）。2015 年以来，学校共获得中国"互联网+"大学生创新创业大赛金奖 13 项，金奖数位居全国第五，近三年在"挑战杯"国赛中获得特等奖和金奖 11 项。学校现有全日制普通本科生 3.7 万余人，硕博士研究生 2.9 万余人，外国留学生及港澳台学生近 3000 人。

四川大学科研实力雄厚，标志性成果不断涌现。学校现有国家重大科技基础设施 1 个，国家重点实验室 4 个，国家工程技术研究中心 2 个，国家应用数学中心 1 个，国家临床医学研究中心 2 个，国家工程实验室 1 个，国家地方联合工程实验室 3 个，国家地方联合工程研究中心 1 个，国家 2011 协同创新中心 1 个，国家国际科技合作基地 5 个，教育部前沿科学中心 1 个，教育部重点实验室 10个、工程研究中心 7 个，省部共建协同创新中心 2 个，国家卫生健康委员会重点实验室 2 个，国家药品监督管理局重点实验室 4 个、监管科学研究基地 1 个，国家应急管理部重点实验室 1 个，中央网信办国家智能社会治理实验室基地 1个，省级科研基地等 78 个；国家高端智库培育单位 1 个，铸牢中华民族共同体意识研究基地 1 个，教育部人文社会科学重点研究基地 4 个、区域与国别研究培育基地 4 个。近 4 年，学校共牵头获得国家科技三大奖 10 项。2021 年，学校科研经费达 33.5 亿元。在人文社会科学方面，学校先后编撰出版了《甲骨文字典》《汉语大字典》《全宋文》《中国道教史》《儒藏》等大型文化建设成果。

四川大学主动服务国家和区域经济社会发展，大力推进创新创业，服务社会能力不断增强。四川大学国家技术转移中心是全国高校中最早设立的6家国家技术转移中心之一。四川大学国家大学科技园是国家最早批准的15个国家大学科技园之一，是国家高新技术创业服务中心。2016年，学校被批准成为首批国家"双创"示范基地之一、全国首批深化创新创业教育改革示范高校。学校是教育部推荐入选全国首批赋予科研人员职务科技成果所有权或长期使用权试点单位的7个部属高校之一，是国家知识产权局、教育部认定的首批国家知识产权示范高校和科技部、教育部认定的首批高校专业化国家技术转移机构建设试点单位。近年来，学校与国内近30个省（自治区、直辖市）、200多个地市和1万余家企事业单位建立了产学研合作关系，共建了300多个校地企合作平台。近5年来，学校承担了国内外企事业单位委托的技术开发、转让、许可、服务和咨询项目1.5万余项，一大批重大科技创新成果已成为相关行业的主导技术。2009年，学校被批准成为首批13个"全国干部教育培训高校基地"之一。学校设有4所国家卫生健康委员会预算管理医院，在汶川特大地震、青海玉树地震、雅安芦山地震等重大自然灾害伤员救治和新冠肺炎医疗救护、疫情防控过程中发挥了重要作用，为促进我国卫生事业发展、提高人民群众健康水平做出了重要贡献。华西医院组建的中国国际应急医疗队（四川）通过世界卫生组织认证，成为全球首支非军方Ⅲ类国际应急医疗队（Type3 EMT）。华西医院获批首批国家医学中心（辅导类），华西口腔医院获批国家口腔医学中心，华西第二医院获批国家儿童区域医疗中心，华西厦门医院获批国家区域医疗中心，华西远程医学网络成为中国最大规模远程医学教育与分级协同医疗体系，网络医院总数达到1137家。

四川大学坚持开放办学，不断推进国际交流与合作，国际影响力和竞争力显著提升。目前，学校不断深化与国（境）外高水平大学开展"2+2""3+1""3+1+1"等模式的联合培养项目，与34个国家和地区的268所知名大学、科研机构建立了交流合作关系。与世界一流的研究型大学和相关机构建立了四川大学九寨沟生态与可持续发展国际研究中心、四川大学中德能源研究中心、四川大学中英联合材料研究所、四川大学—意大利国家研究会国际多功能聚合物和生物材料合作研究中心、川大—牛津华西消化道肿瘤中心联合研究中心、四川大学欧洲研究中心等20余个国际高端科研合作平台。学校与香港理工大学共建了四川大学—香港理工大学灾后重建与管理学院，与美国匹兹堡大学共建了四川大学匹兹堡学院。

四川大学现有纸本文献 829 万册、中外文文献数据库 321 个，收藏文物 8.5 万余件、动植物标本 94 万余件（份），各类档案约 36 万卷（其中珍贵历史档案 9000 余卷）。学校体育场馆设施齐全、设备先进。学校还建有分析测试中心、国家外语考试与出国留学人员培训机构以及成人继续教育学院等。

锦江黉门，弦歌铿锵。当前，四川大学已经确立了"全面推进学校党的建设新的伟大工程和建设世界一流大学新的伟大事业"的宏伟目标。展望未来，学校将始终肩负集思想之大成、育国家之栋梁、开学术之先河、促科技之进步、引社会之方向的历史使命与社会责任，再谱中国现代大学继承与创造并进、光荣与梦想交织的辉煌篇章！

二、四川大学微信公众号相关变量分析

（一）固有属性简介

四川大学微信公众号固有属性相关变量及具体情况如附表 7-1 所示。

附表 7-1　四川大学微信公众号固有属性相关变量及具体情况汇总表

样本信息分类	变量分类	微信公众号相关具体情况
固有属性	开通年月	2014 年 5 月
	微信号	scuweixin
	公众号功能	海纳百川，有容乃大。
	公众号类型	订阅号
	客服电话	未设置
	客服人员	未设置
	账号主体	四川大学
	商标保护	未包含商标详情
	高校级别	"985 工程"高校、"211 工程"高校、"双一流"高校
	品牌强度	17

样本信息分类	变量分类	微信公众号相关具体情况
固有属性	相关小程序	四川大学干部培训、U 幼云缴费、慢阻肺管理端、四川大学港澳台事务管理平台、微言教育等
	公众号昵称是否与高校名称完全一致	是
	品牌显著标签	高校校徽
	官方认证	已认证
	开通时长	2800 天

　　微信公众平台自 2012 年 8 月正式上线，而四川大学微信公众号于近 2 年后才上线，存在一定的滞后性，反映出四川大学对创新宣传工作的敏感性和前瞻性较弱。四川大学微信公众号的微信号为英文"scuweixin"，其中"scu"为四川大学英文名缩写，"weixin"为"微信"的拼音，有着鲜明的自身特色，而且仅含 9 个字符，便于检索。四川大学微信公众号的功能介绍为四川大学校训，未彰显公众号的自身定位。四川大学微信公众号类型为订阅号，能够与学生群体形成较好的黏性，同时在宣传、塑造高校自身品牌形象方面均能起到相应作用。四川大学微信公众号未设置客服电话和客服人员，说明目前该微信公众号还未给予客服系统足够的关注，在服务的完善程度上有待进一步提升。四川大学微信公众号的账号主体为四川大学本身，显示权威性和官方性，以便读者将其界定为四川大学官方微信公众号。四川大学微信公众号未包含商标详情，尚缺乏知识产权保护意识。四川大学微信公众号相关小程序较少，涉及的方面较少，可能未能为师生校友及其他用户提供全面、自助式的优质服务。四川大学微信公众号的昵称与四川大学的全称一致，易于被用户搜索到进而被关注。四川大学微信公众号头像为四川大学校徽，具有品牌显著性。四川大学微信公众号已完成官方认证的结果，表明该微信公众号具有较高的可信度。四川大学微信公众号开通时长超过 2800 天，说明该微信公众号在运营上已积攒了一定程度的经验，形成了一定的自身传播特色，有较大的参考意义。

（二）表层形式简介

2021 年四川大学微信公众号共发推文 285 篇。各月推文数和推文密度相对较均匀。四川大学的推送时段相对不均，其中 0—9 时段推文密度仅为 1.4%，而 14—18 时段推文密度则高达 63.5%。四川大学推文的原创密度为 63.5%。四川大学微信公众号总阅读数 9882177，篇均阅读数 34674.306，日均阅读数 27074.458，最高阅读数 100000+，总阅读数破 900 万，阅读密度都在 3 万左右，阅读数可观。285 篇推文均为头条。285 篇推文的总点赞数为 107859，篇均点赞数 378.453，日均点赞数 295.504，最高点赞数 2501，点赞数要明显低于阅读数。推文使用四类素材的频度排序为（从高到低）：图片、视频、链接、音频。

（三）深层内容简介

2021 年四川大学微信公众号发布推文内容相对集中在人物风采、生活资讯、校园风景和校园荣誉上。标题词云中较醒目的字眼为"四川大学""川大人""院士""重大""福利""教育""神仙"等。正文词云中较醒目的字眼为"川大""学习""学院""学校""华西""学生""国家"等。标题语义网络中有一个大范围中心节点："川大"。正文语义网络中最大范围中心点是"学校"，较小范围中心节点有"建设""中国""学习""发展""国家"等。

三、四川大学微信公众号建党 100 周年相关分析

我们对高校微信公众号 2021 年建党 100 周年传播内容进行前测，归纳出会议解读、党史党课、活动信息、人物宣传、献礼百年五个方面的建党相关主题，具体类目说明如附表 7-2 所示，统计如附表 7-3 所示，每月数量分布如附图 7-1 所示。

附表 7-2　类目说明

样本信息分类	变量分类	设立依据及补充说明
微信深层内容：建党相关	会议解读	如党的相关会议、报告、讲话、发言、文件解读、学习体会解读等
	党史党课	与党史学习和党课情况相关的信息，如党史学习系列讲座、党课现场报道等

续表

样本信息分类	变量分类	微信公众号相关具体情况
固有属性	活动信息	建党相关活动的信息，如红歌传唱比赛
	人物宣传	高校过去或现在有突出贡献的党员的介绍
	献礼百年	与建党百年相关的信息，如献礼建党百年的舞蹈作品，庆祝建党百年文艺晚会等

附表7-3　四川大学微信公众号各月建党相关推文分类数量与密度汇总表

	1月	2月	3月	4月	5月	6月	7月	8月	9月	10月	11月	12月	总计	密度
会议解读	0	0	0	0	0	0	1	0	0	0	0	0	1	0.077
党史党课	0	0	1	0	0	0	1	0	0	0	0	0	2	0.154
活动信息	0	0	0	2	1	1	0	1	0	0	0	0	5	0.385
人物宣传	0	0	0	0	0	0	0	0	0	0	0	0	0	0
献礼百年	0	0	0	0	0	2	3	0	0	0	0	0	5	0.385
总计	0	0	1	2	1	3	5	1	0	0	0	0	13	1

　　2021年四川大学微信公众号发布推文共285篇，建党相关类推文共13篇，占所有推文的4.6%，主要集中在3月至7月。其中，建党相关推文阅读数超2万的有3篇，分别是四川大学于2021年4月6日发布的推文《与四川大学一起，学起来!》、2021年8月10日发布的推文《〈光明日报〉整版报道这一抹川大"红"!》和2021年7月7日发布的推文《欢欣鼓舞、倍感振奋、充满信心……川大师生沸腾了!》。点赞数最多的推文为四川大学于2021年7月1日发布的《"请党放心，强国有我!"——四川大学热烈庆祝中国共产党成立100周年》，获点赞数243。建党相关推文原创密度为38.5%，低于所有推文的原创密度。

　　献礼百年类有5篇，占比排第一，典型的献礼百年类有四川大学于2021年7月1日发布的推文《"请党放心，强国有我!"——四川大学热烈庆祝中国共

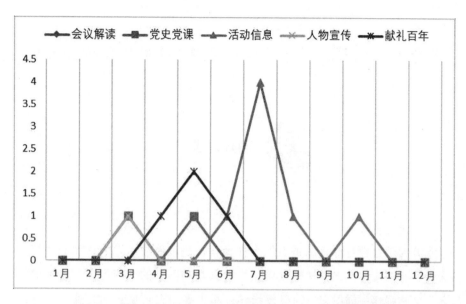

附图 7-1 四川大学微信公众号各月建党相关推文分类数量分布

产党成立 100 周年》、2021 年 6 月 21 日发布的推文《激昂！感人！振奋！深情……》等。

活动信息类推文有 5 篇，占比与献礼百年类并列第一，其中，典型的推文有四川大学于 2021 年 4 月 6 日发布的推文《与四川大学一起，学起来！》、2021 年 4 月 19 日发布的推文《"热"起来，"活"起来，"火"起来！川大在行动！》等。

党史党课类推文有 2 篇，分别为四川大学于 2021 年 3 月 8 日发布的推文《党史故事百校讲述 ｜ 锦江红梅傲雪开，来听川大革命先烈江姐的故事》、2021 年 7 月 2 日发布的推文《习近平：学史明理 学史增信 学史崇德 学史力行》。

会议解读类推文只有 1 篇，是四川大学于 2021 年 7 月 7 日发布的推文《欢欣鼓舞、倍感振奋、充满信心……川大师生沸腾了！》。

附录八：南开大学微信公众号建党 100 周年相关分析

 南开大学

一、高校背景①

南开大学是教育部直属重点综合性大学，是敬爱的周恩来总理的母校。中华人民共和国成立以来，学校发展始终得到党和国家的亲切关怀。毛泽东题写校名、亲临视察；周恩来三回母校指导；邓小平同志会见数学大师陈省身，批示成立南开数学研究所；江泽民同志、胡锦涛同志先后视察南开。特别是党的十八大以来，习近平总书记多次对南开大学的发展给予肯定，并对相关工作给予回信和勉励，更在百年校庆之际亲临南开视察。

南开大学由严修、张伯苓秉承教育救国理念创办，肇始于 1904 年，成立于 1919 年。1937 年校园遭侵华日军炸毁，学校南迁。1938 年与北京大学、清华大学合组西南联合大学，被誉为"学府北辰"。1946 年回津复校并改为国立。

中华人民共和国成立后，经历高等教育院系调整，成为文理并重的全国重点大学。改革开放以来，天津对外贸易学院、中国旅游管理干部学院相继并入，经教育部与天津市共建支持，学校发展成为国家"211 工程"和"985 工程"重点建设的综合性、研究型大学。2015 年 9 月，新校区建成启用后，初步形成了八里台校区、津南校区、泰达学院"一校三区"办学格局。2017 年 9 月，入选国家 42 所世界一流大学建设高校，且为 36 所 A 类高校之一。

南开大学坚持"允公允能，日新月异"的校训，弘扬"爱国、敬业、创新、乐群"的传统和"文以治国、理以强国、商以富国"的理念，以"知中国，服务中国"为宗旨，以杰出校友周恩来为楷模，教育英才，繁荣学术，强国兴邦，

---

① 南开大学简介 ［EB/OL］. 南开大学官网，2022-03-0.

传承文明，努力建设世界一流大学。

南开大学占地443.12万平方米，其中八里台校区占地121.60万平方米，津南校区占地245.89万平方米，泰达学院占地6.72万平方米。校舍建筑总面积195.19万平方米。按照"独立办学、紧密合作"的原则，与天津大学全面合作办学。

南开大学是国内学科门类齐全的综合性、研究型大学之一。在长期办学过程中，形成了文理并重、基础宽厚、突出应用与创新的办学特色。有专业学院26个，学科门类覆盖文、史、哲、经、管、法、理、工、农、医、教、艺等。

南开大学拥有一支公能兼备、业务精湛、奋发有为、充满活力的师资队伍。有专任教师2202人。其中，博士生导师885人、硕士生导师783人，教授898人、副教授857人。南开大学具备培养学士、硕士和博士的完整教育体系。有在校学生31418人，其中本科生17005人，硕士研究生10299人，博士研究生4114人。有网络专科学生40230人，网络本科学生73029人。

学校积极构建和发展适应21世纪经济社会发展和人才培养需要的学科体系，有本科专业93个（其中国家级特色专业18个），硕士学位授权一级学科11个，硕士专业学位授权点27个，博士学位授权一级学科31个，不在一级学科覆盖下的二级博士点1个，博士后科研流动站28个。有国家"双一流"建设学科5个，一级学科国家重点学科6个（覆盖35个二级学科），二级学科国家重点学科9个，一级学科天津市重点学科32个，国家级一流本科专业建设点21个，省级一流本科专业建设点2个。有国家重点实验室2个，国家工程研究中心1个，国家地方联合工程研究中心1个，2011协同创新中心3个。教育部重点实验室7个，教育部工程研究中心3个，教育部国际合作联合实验室2个，国家环境保护重点实验室1个，国家人权教育与培训基地1个，教育部人文社会科学重点研究基地6个，省部共建协同创新中心1个，教育部国别和区域研究基地7个（培育基地1个、备案基地6个），示范性国家国际科技合作基地4个。国家级实验教学示范中心5个，国家级虚拟仿真实验教学中心2个，国家虚拟仿真实验教学项目2项，国家基础学科人才培养和科学研究基地9个，国家教材建设重点研究基地1个，国家大学生文化素质教育基地1个，中华传统文化传承基地2个，国家创新人才培养示范基地1个。天津市重点实验室20个，天津市工程技术中心4个，天津市普通高等学校实验教学示范中心14个，天津市普通高等学校实验教学示范中心建设单位 1 个，天津市国际科技合作基地 22 个，天津市人文社科重点研究基地 9 个，天津市高校智库 8 个，天津市社科实验室 5 个，天津市爱国主义教育基地 1 个。

有中国科学院院士 11 人，中国工程院院士 4 人，发展中国家科学院院士 8 人、教育部"长江学者奖励计划"特聘教授 44 人、青年学者 19 人，"国家杰出青年科学基金"获得者 57 人、"国家优秀青年科学基金"获得者 39 人，国家"万人计划"领军人才 27 人、青年拔尖人才 15 人，国家"百千万人才工程"入选者 30 人，教育部"跨世纪人才基金"获得者 21 人、"新世纪优秀人才支持计划"入选者 158 人，国家级有突出贡献的专家 22 人，国务院学位委员会学科评议组成员 16 人，国家自然科学基金创新研究群体负责人 6 人，"国家高技术研究发展计划（863 计划）"首席科学家 3 人，"国家重点基础研究发展计划（973 计划）"首席科学家 15 人，国家重点研发计划项目负责人 24 人。国家级教学名师奖获得者 7 人，国家级教学团队 9 个，教育部"高校青年教师奖"获得者 8 人。天津市杰出人才 8 人，天津市"人才发展特殊支持计划"领军人才 3 人、青年拔尖人才 11 人、高层次创新创业团队带头人 11 人，天津市有突出贡献专家 7 人，天津市杰出津门学者 3 人，天津市"131"创新人才培养工程第一层次人选 63 人、创新型人才团队带头人 17 人，"天津市杰出青年科学基金"获得者 40 人，天津市级教学名师奖获得者 35 人，天津市级教学团队 18 个。

南开大学既是教学中心，又是科研中心，取得了一批国内外公认的优秀成果。2019 年，周其林院士领衔完成的"高效手性螺环催化剂的发现"项目获国家自然科学奖一等奖。2007—2018 年以第一单位获得国家自然科学二等奖 4 项，国家科技进步二等奖 1 项，国家技术发明二等奖 1 项。获国家教学成果奖 46 项，国家级精品资源共享课 31 门，国家级精品视频公开课 15 门，国家级一流本科课程 31 门，中国专利优秀奖 1 项，中国青年科技奖 2 项，全国百篇优秀博士论文累计入选 20 篇。2018 年以来，南开学者团队以第一完成单位在 Science 上发表研究论文 6 篇。

南开大学秉承"知中国，服务中国"的优良传统，立足"四个服务"职责使命，聚焦"一带一路"、京津冀协同发展、雄安新区建设等国家和区域发展战略，积极发挥学科、人才和技术优势，努力为国家和地方经济社会发展服务。习近平新时代中国特色社会主义思想研究院、21 世纪马克思主义研究院、亚太经济合作组织研究中心、中国新一代人工智能发展战略研究院、经济与社会发展研究院、滨海开发研究院、人权研究中心、津南研究院、统计研究院、生态文明研究院等研究机构是国家有关部委和地方政府的"智囊团"和"人才库"。学校按照"国家急需，世界一流"的原则，全面对接"创新驱动发展"战略、"中国制造 2025"等的实施，积极推动各类协同创新中心和若干高层次交叉科学中心建设，与一批高校、企业、科研院所、政府部门建立了紧密合作关系。

南开大学重视学生德、智、体、美、劳全面发展，构建南开特色的"公能"素质教育体系，探索"课堂教学-校园文化-社会实践"三位一体育人模式。以"注重素质、培养能力、强化基础、拓宽专业、严格管理、保证质量"为教学指导思想，实行弹性学制、学分制、主辅修制、双学位制。注重培育优良校风，大力加强校园文化建设，为学生营造丰富高雅、活泼向上的成长氛围。推进创新创业教育，开办"创业班"，推进"南开大学学生创新创业实践基地"建设，提升学生创新能力，助力学生创业计划落地。大力开展"师生同行"社会实践，搭建师生"受教育、长才干、作贡献"的互动平台。南开毕业生以专业基础扎实、综合素质全面、富于开拓精神和实践能力而受到社会各界青睐。

南开大学有着广泛的国际影响，与 320 多所国际知名大学和国际学术机构建立了合作与交流关系；有专兼职外国专家 400 余人，以及来自 114 个国家和地区的 2000 余名留学生在校学习；承建了英国格拉斯哥大学孔子学院等 8 所海外孔子学院；与英国牛津大学、伯明翰大学、韩国 SK 集团共建国际联合研究中心；与世界经济论坛（达沃斯论坛）、全球大学领导者论坛（GULF）、国际公立大学联盟（IFPU）、国际大学联合会（IAU）、世界工程组织联合会（WFEO）等国际组织保持着密切联系，通过积极参与各类国际组织活动，进一步推动与世界一流大学、机构的实质性、深层次合作。

南开大学先后授予数学家陈省身、物理学家吴大猷、经济学家扬·米尔达尔、美国科学院院士蒋-卡洛·若塔、哈佛大学医学院教授摩斯·居达·福克曼、中国台湾海基会前董事长江丙坤、美国莱斯大学校长李达伟、世界经济论坛主席克劳斯·施瓦布、新加坡总统陈庆炎、法国宪法委员会主席洛朗·法比尤斯 10 位国际著名人士名誉博士称号。诺贝尔奖获得者杨振宁、李政道、罗伯特·蒙代尔、彼得·杜赫提、卡尔·巴里·夏普莱斯、弗农·洛马克斯·史密斯、罗伯特·恩格尔、巴里·詹姆斯·马歇尔、托马斯·萨金特，美国前国务卿基辛格，韩国前总统金大中，欧盟委员会前主席、意大利前总理罗马诺·普罗迪，著名作家金庸等被聘为名誉教授，一批海内外知名学者、著名政治家、企业家任客座教授、兼职教授。

南开大学将深入贯彻落实习近平总书记来校视察重要讲话精神，全面贯彻党的教育方针，坚持社会主义办学方向，落实立德树人根本任务，践行"四个服务"重要使命，加快建设南开品格、中国特色、世界一流大学，培养德智体美劳全面发展的社会主义建设者和接班人，为实现中华民族伟大复兴做出新一代南开人的历史贡献。

二、南开大学微信公众号相关变量分析

（一）固有属性简介

南开大学微信公众号固有属性相关变量及具体情况如附表 8-1 所示。

附表 8-1 南开大学微信公众号固有属性相关变量及具体情况汇总表

样本信息分类	变量分类	微信公众号相关具体情况
固有属性	开通年月	2013 年 3 月
	微信号	nankaiuni
	公众号功能	允公允能，日新月异。这里是南开大学官微，百年南开欢迎你~
	公众号类型	订阅号
	客服电话	未设置
	客服人员	未设置
	账号主体	南开大学
	商标保护	未包含商标详情
	高校级别	"985 工程"高校、"211 工程"高校、"双一流"高校
	品牌强度	16

续表

样本信息分类	变量分类	微信公众号相关具体情况
固有属性	相关小程序	南开微学工、南开大学团委服务平台、NKU 中文预训练模型测试、NK Chem 校友管理系统、南开大学 EXED、南开大学材料学院党群一家亲、南开大学荷花邀请函等
	公众号昵称是否与高校名称完全一致	是
	品牌显著标签	高校建筑、校徽、校名
	官方认证	已完成官方认证
	开通时长	3226 天

微信公众平台自 2012 年 8 月正式上线，而南开大学微信公众号于 8 个月后才上线，存在一定的滞后性，反映出南开大学对创新宣传工作的敏感性和前瞻性有待提高。南开大学微信公众号的微信号是"nankaiuni"，就是南开大学的英文，仅包含英文字符，便于检索。南开大学微信公众号的功能介绍表述隶属关系，传达传播主体为"南开大学"，其中的"允公允能，日新月异"是南开大学的校训。南开大学微信公众号类型为订阅号，能够与学生群体形成较好的黏性，同时在宣传、塑造高校自身品牌形象方面均能起到相应作用。南开大学微信公众号未设置客服电话和客服人员，说明目前该微信公众号还未给予客服系统足够的关注，在服务的完善程度上有待进一步提升。南开大学微信公众号的账号主体为南开大学本身，显示权威性和官方性，以便读者将其界定为南开大学官方微信公众号。南开大学微信公众号未包含商标详情，尚缺乏知识产权保护意识。南开大学微信公众号相关小程序较多，涉及的方面较广，为师生校友及其他用户提供了全面、自助式的优质服务。南开大学微信公众号的昵称与南开大学的全称一致，易于被用户搜索到进而被关注。南开大学微信公众号头像为南开大学高校建筑、校徽、名称的集合，具有品牌显著性。南开大学微信公众号已完成官方认证的结果，表明该微信公众号具有较高的可信度。南开大学

微信公众号开通时长超过 3200 天，说明该微信公众号在运营上已积攒了一定程度的经验，形成了一定的自身传播特色，有较大的参考意义。

（二）表层形式简介

2021 年南开大学微信公众号共发推文 377 篇。每月发布推文数较平均，10 月推文数最高，共有 34 篇。10 月推文密度也最高。南开大学的推送时段相对不均，其中 12-14 时段推文密度仅为 1.3%，而 9—12 时段推文密度高达 81.2%。南开大学推文的原创密度为 55.4%。南开大学微信公众号总阅读数 6194908，篇均阅读数 16432.117，日均阅读数 16972.361，最高阅读数 92518，总阅读数破 600 万，阅读密度都超过 1.6 万，阅读数较可观。377 篇推文中有 364 篇为头条，头条总阅读数 6059585，头条日均阅读数 16601.603，头条篇均阅读数 16647.212。377 篇推文的总点赞数为 100823，篇均点赞数 267.435，日均点赞数 276.227，最高点赞数 2048，点赞数要明显低于阅读数。头条点赞数 98381，头条日均点赞数 270.277，头条篇均点赞数 269.537。推文使用四类素材的频度排序为（从高到低）：图片、视频、链接、音频。

（三）深层内容简介

2021 年南开大学微信公众号发布推文内容相对集中在生活资讯、人物风采、通知告示、思想政治上。标题词云中较醒目的字眼为"南开大学""教育""学习""毕业生""故事""新生""科研"等。正文词云中较醒目的字眼为"南开""学院""发展""学生""研究""国家""学习"等。标题语义网络中有两个大范围中心节点："南开""南开大学"。正文语义网络中最大范围中心点是"南开"，较小范围中心节点有"中国""发展""国家""教育""研究"等。

三、南开大学微信公众号建党 100 周年相关分析

我们对高校微信公众号 2021 年建党 100 周年传播内容进行前侧，归纳出会议解读、党史党课、活动信息、人物宣传、献礼百年五个方面的建党相关主题，具体类目说明如附表 8-2 所示，统计如附表 8-3 所示，每月数量分布如附图 8-1 所示。

附表 8-2 类目说明

样本信息分类	变量分类	设立依据及补充说明
微信深层内容:建党相关	会议解读	如党的相关会议、报告、讲话、发言、文件解读、学习体会解读等
	党史党课	与党史学习和党课情况相关的信息,如党史学习系列讲座、党课现场报道等
	活动信息	建党相关活动的信息,如红歌传唱比赛
	人物宣传	高校过去或现在有突出贡献的党员的介绍
	献礼百年	与建党百年相关的信息,如献礼建党百年的舞蹈作品,庆祝建党百年文艺晚会等

附表 8-3 南开大学微信公众号各月建党相关推文分类数量与密度汇总表

	1月	2月	3月	4月	5月	6月	7月	8月	9月	10月	11月	12月	总计	密度
会议解读	0	0	1	0	0	0	0	0	0	0	1	1	3	0.115
党史党课	0	0	1	2	1	0	0	0	0	0	0	0	4	0.154
活动信息	0	0	1	3	2	3	1	0	0	0	0	0	10	0.385
人物宣传	0	0	2	0	1	0	0	0	0	0	0	1	4	0.154
献礼百年	0	0	0	1	0	3	1	0	0	0	0	0	5	0.192
总计	0	0	5	6	4	6	2	0	0	0	1	2	26	1

2021 年南开大学微信公众号发布推文共 377 篇,其中建党相关类推文共 26 篇,占所有推文的 6.9%,主要集中在 3 至 6 月份,是因为建党节是 7 月 1 日,更多的宣传、献礼和党史学习等会安排在节日前进行。其中,建党相关推文最高阅读数为 19276。点赞数最多的推文为南开大学于 2021 年 12 月 5 日发布的《历史上的今天:这位南开校友,他烧焦的遗体中藏着绝密文件!》,获点赞数 643,分类是人物宣传。建党相关推文原创密度为 80.7%。南开大学微信公众号推出系列推文:党史学习教育,其中内容包括党史党课、活动信息、人物宣传、

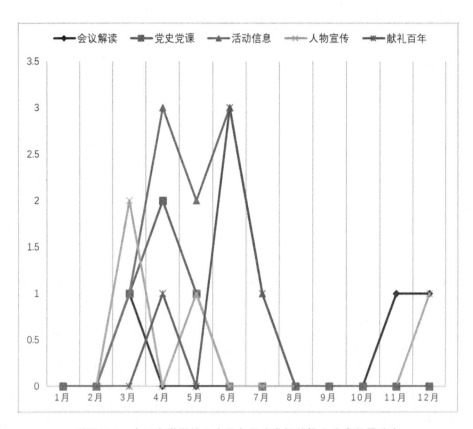

附图 8-1　南开大学微信公众号各月建党相关推文分类数量分布

献礼百年四个方面。

在建党百年纪念日来临之际，社会各界都会举办相关的活动。26 篇推文中，活动信息类的建党相关推文相对较多，共有 10 篇，占比排第一。其中，典型的活动信息类推文有南开大学微信公众号于 2021 年 4 月 28 日发布的推文《震撼！南开师生中德俄英四种语言诵读〈共产党宣言〉》、2021 年 6 月 10 日发布的推文《党史学习教育 | 听，南开人的深情告白!》等。

其他四类分布较平均。献礼百年类推文有 5 篇，占比排第二。建党百年是隆重的纪念日，高校会在此节点组织师生进行献礼百年的活动并通过高校相关平台发布，提高师生爱国情怀的同时，也巩固高校的社会形象。其中，典型的献礼百年类推文有南开大学于 2021 年 6 月 5 日发布的推文《这群南开青年，用话剧讲述鲜为人知的革命故事》、2021 年 6 月 27 日发布的推文《好看！建党百年主题沙画〈青春的模样〉发布！》等。

人物宣传类有 4 篇，占比排第三。典型的人物宣传类推文有南开大学微信公众号于 2021 年 3 月 22 日发布的推文《党史故事百校讲述｜以己为舟济苍生，听南开大学讲述于方舟烈士的故事》、2021 年 5 月 3 日发布的推文《党史学习教育｜"我当年出国，就是为了学成后归国！"》等，四篇人物宣传推文介绍了周恩来、于方舟、郭永怀，其中有两篇是关于郭永怀的。

党史党课类推文有 4 篇，同样占比排第三。典型的推文有南开大学于 2021 年 3 月 19 日发布的《南开大学召开党史学习教育动员大会》。会议解读类推文数是 3 篇。

附录九：厦门大学微信公众号建党 100 周年相关分析

一、高校背景①

厦门大学（Xiamen University），简称厦大（XMU），由著名爱国华侨领袖陈嘉庚先生于 1921 年创办，是中国近代教育史上第一所华侨创办的大学，也是国家"211 工程"和"985 工程"重点建设的高水平大学。2017 年，厦门大学入选国家公布的 A 类世界一流大学建设高校名单。建校以来，学校秉承"自强不息，止于至善"的校训，积累了丰富的办学经验，形成了鲜明的办学特色，成为一所学科门类齐全、师资力量雄厚、居国内一流、在国际上有广泛影响力的综合性大学。建校迄今，学校已先后为国家培养了 40 多万名本科生和研究生，在厦大学习、工作过的两院院士达 60 多人。

---

① 学校简介［EB/OL］. 厦门大学官网，2022-03-01.

学校设有研究生院、6 个学部以及 30 个学院和 16 个研究院，形成了包括人文科学、社会科学、自然科学、工程与技术科学、管理科学、艺术科学、医学科学等学科门类在内的完备学科体系。学校现有 18 个学科进入 ESI 全球前 1%，拥有 5 个一级学科国家重点学科、9 个二级学科国家重点学科。学校设有 32 个博士后流动站；36 个博士学位授权一级学科，45 个硕士学位授权一级学科；8 个交叉学科；1 个博士专业学位学科授权类别，28 个硕士专业学位学科授权类别。2017 年，化学、海洋科学、生物学、生态学、统计学 5 个学科入选国家公布的世界一流学科建设名单。学校现有专任教师 2777 人，其中，教授、副教授 2045 人，占专任教师总数 73.6%（下同）；拥有博士学位的有 2363 人，占 85.1%。学校共有两院院士 21 人，文科资深教授 1 人，国家重点研发计划项目负责人 27 人，中国医学科学院学部委员 1 人，"长江学者奖励计划"特聘教授 25 人、青年学者 13 人，国家杰出青年科学基金获得者 52 人，国家级教学名师 6 人，国家高层次人才特殊支持计划科技创新领军人才 25 人、哲学社会科学领军人才 7 人、教学名师 1 人、百千万工程领军人才 2 人、青年拔尖人才 14 人，国家"百千万人才工程"入选者 26 人，中宣部"四个一批"人才工程入选者 8 人，教育部新（跨）世纪优秀人才 136 人，国家优秀青年科学基金获得者 48 人；国家创新研究群体 10 个、国家自然科学基金基础科学中心项目 1 项、教育部创新团队 9 个。

学校现有在校学生 40000 余人（含外国留学生 1208 人），其中本科生 20651 人、硕士研究生 16712 人、博士研究生 4737 人，本研比约为 1∶1。学校内部质量保障体系入选联合国教科文组织所发起的"高等教育内部质量保障优秀原则和创新实践研究典型案例"，我校是中国也是东亚地区唯一入选高校。学校获第六、第七、第八届国家级高等教育教学成果一等奖 1 项、二等奖 15 项。4 个专业入选教育部"基础学科拔尖学生培养计划 2.0"基地，11 个专业（13 个项目）入选国家卓越教育计划；24 个专业入选首批国家级一流专业建设点，12 个专业入选首批省级一流专业建设点。29 门课程入选国家级精品课程，20 门课程入选教育部精品资源共享课，10 门课程入选教育部精品视频公开课，44 门课程入选国家首批一流本科课程，94 门课程入选省级一流本科课程。现有 6 个国家级实验教学示范中心、3 个国家级虚拟仿真实验教学中心、3 个国家级大学生校外实践教育基地。46 名教师入选 2018-2022 年教育部高等学校教学指导委员会。

厦大毕业生是最受社会欢迎的群体之一，年均就业率保持在 95% 以上。学校坚持深化创新创业教育改革，推动思政教育与创新创业教育紧密结合，入选国务院第三批大众创业万众创新示范基地、教育部全国首批深化创新创业教育改革示范高校、教育部首批中美青年创客交流中心，牵头发起成立全国大学生创新创业实践联盟，获"国创计划十周年"最佳组织奖、全国大学生创新创业教育实践优秀组织奖等。在中国（国际）"互联网+"大学生创新创业大赛中共获 13 金 6 银 13 铜，成功承办第四届大赛，两次夺得总决赛亚军。

学校设有 200 多个研究机构，其中，国家级协同创新中心 2 个（牵头单位），国家重点实验室 4 个，国家工程技术研究中心 1 个，国家工程实验室 1 个，国家地方联合工程研究中心 2 个，国家地方联合工程实验室 3 个，国家研究院 1 个，国家产教融合创新平台 1 个，国家野外科学观测研究站 1 个，教育部重点实验室 5 个，教育部工程研究中心 3 个，教育部野外科学观测研究站 1 个，教育部人文社科重点研究基地 5 个。近 5 年，学校自然科学科研实力大幅提升，在《科学》《自然》《细胞》上发表论文 12 篇；获国家自然科学二等奖 3 项，何梁何利基金科学与技术进步奖 1 项；6 人获"全国创新争先奖"，3 人获"中国青年科技奖"，3 项成果获中国专利优秀奖。学校人文社会学科研究实力雄厚，近五年共承担国家社科基金重大项目 34 项，教育部哲学社会科学研究重大课题攻关项目 7 项；18 项成果获教育部第八届高等学校科学研究优秀成果奖（人文社会科学），其中一等奖 1 项；在台湾研究、南洋研究、高等教育研究、经济研究、会计研究、南海研究等领域已经形成特色，实力雄厚。

学校对外交流与合作深入开展，已与境外 250 多所高校签署了校际合作协议，与 51 所世界排名前 200 名的高校开展实质性交流合作。学校积极参与汉语国际推广工作，已与北美洲、欧洲、亚洲、非洲等地区的大学合作建立了 15 所孔子学院，并获批建设"孔子学院院长学院"。在对台交流方面，已成为台湾研究的重镇和两岸学术、文化交流的前沿。2014 年 7 月，厦门大学马来西亚分校奠基，成为中国首个在海外建设独立校园的大学，被中央媒体誉为镶嵌在"一带一路"上的一颗明珠；已开设 16 个专业，在校生 5000 余人、教职员工 360 余人，专任教师拥有博士学位的比例在 80% 以上。2017 年金砖国家领导人厦门会晤期间，学校成功举办"美好青春我做主"艾滋病防治宣传校园行——走进厦门大学活动与第二届联合国教科文组织女童和妇女教育奖颁奖仪式，展示中国形象、福建成就、厦门魅力、厦大风采，受到各方高度肯定。

学校拥有完善的教学、科研设备和公共服务体系。目前，学校共有三个校区和一个海外分校。拥有纸质图书馆藏451万册、电子馆藏885万册，固定资产总值126亿元，仪器设备总值46亿元。校园高速信息网络建设的规模、水平居全国高校前列并成为CERNET2的核心节点之一。厦大校园依山傍海、风光秀丽，已成为公认的中国环境最优美的大学校园之一。

中共厦门大学第十一次代表大会进一步深化了厦门大学创建世界一流大学的奋斗目标：在建校百年之际，全面建成世界知名高水平研究型大学；在中华人民共和国成立百年之际，跃居世界一流大学前列。2021年4月6日，厦门大学迎来100周年华诞。迈进新百年，厦门大学将持续探索中国特色世界一流大学建设之路，努力为实现中华民族伟大复兴的中国梦做出新的更大贡献。

二、厦门大学微信公众号相关变量分析

（一）固有属性简介

厦门大学微信公众号固有属性相关变量及具体情况如附表9-1所示。

附表9-1　厦门大学微信公众号固有属性相关变量及具体情况汇总表

样本信息分类	变量分类	微信公众号相关具体情况
固有属性	开通年月	2014年4月
	微信号	xmu_1921
	公众号功能	"自强不息 止于至善"，厦门大学官方公众平台
	公众号类型	订阅号
	客服电话	未设置
	客服人员	未设置
	账号主体	厦门大学
	商标保护	未包含商标详情
	高校级别	"985工程"高校、"211工程"高校、"双一流"高校

续表

样本信息分类	变量分类	微信公众号相关具体情况
固有属性	品牌强度	20
	相关小程序	厦门大学、厦门大学通行码、厦门大学智慧教务、厦门大学学生会、厦门大学 MBA、厦门大学经济学科、厦门大学科技处、厦大人等
	公众号昵称是否与高校名称完全一致	是
	品牌显著标签	高校校徽
	官方认证	已完成官方认证
	开通时长	2830 天

微信公众平台自 2012 年 8 月正式上线，而厦门大学微信公众号于 2 年后才上线，存在一定的滞后性，反映出厦门大学对创新宣传工作的敏感性和前瞻性有待提高。厦门大学微信公众号的微信号由英文"xmu"和数字"1921"组合而成，其中"xmu"为厦门大学英文名缩写，"1921"为厦门大学建校年份，有着鲜明的自身特色。厦门大学微信公众号的功能介绍以校训开头，表述隶属关系，传达传播主体为"厦门大学"。厦门大学微信公众号类型为订阅号，能够与学生群体形成较好的黏性，同时在宣传、塑造高校自身品牌形象方面均能起到相应作用。厦门大学微信公众号未设置客服电话和客服人员，说明目前该微信公众号还未给予客服系统足够的关注，在服务的完善程度上有待进一步提升。厦门大学微信公众号的账号主体为厦门大学本身，显示权威性和官方性，以便读者将其界定为厦门大学官方微信公众号。厦门大学微信公众号未包含商标详情，尚缺乏知识产权保护意识。厦门大学微信公众号相关小程序较多，涉及的方面较广，为师生校友及其他用户提供了全面、自助式的优质服务。厦门大学微信公众号的昵称与厦门大学的全称一致，易于被用户搜索到进而被关注。厦门大学微信公众号头像为厦门大学校徽，具有品牌显著性。厦门大学微信公众号已完成官方认证的结果，表明该微信公众号具有较高的可信度。厦门大学微信公众号开通时长超过 2800 天，说明该微信公众号在运营上已积攒了一定程度

的经验，形成了一定的自身传播特色，有较强的参考意义。

（二）表层形式简介

2021年厦门大学微信公众号共发推文303篇。4月推文数最高，是因为4月节假庆典类推文较多。4月推文密度也最高。厦门大学推送时段相对集中在9—12时段，占了总推文数的39.9%，在0—9时段发布占比最少，仅占2.6%。厦门大学推文的原创密度为45.9%。厦门大学微信公众号总阅读数9086912，篇均阅读数29989.809，日均阅读数24895.649，最高阅读数100000+，总阅读数破900万，阅读密度都超过2万，阅读数较为可观。303篇推文中有268篇为头条，头条总阅读数8419909，头条日均阅读数23068.244，头条篇均阅读数31417.571。303篇推文的总点赞数177051，篇均点赞584.327，日均点赞485.071，最高点赞数21224，点赞数要明显低于阅读数。头条点赞数167878，头条日均点赞数459.940，头条篇均点赞数626.410。推文使用四类素材的频度排序为（从高到低）：图片、视频、链接、音频。

（三）深层内容简介

2021年厦门大学微信公众号发布推文内容相对集中在生活资讯、通知告示、人物风采、校园风景上。30个分类中校生互动、就业升学、数据分析、趣味段子数量为0。标题词云中较醒目的字眼为"厦门大学""厦大人""建校""本科""老师""校友""讲述"等。正文词云中较醒目的字眼为"厦大""百年""学生""中国""国家""研究""发展""学习""学院"等。标题语义网络中有一个大范围中心节点"厦大"，一个小范围中心节点"厦门大学"。正文语义网络中最大范围中心点是"厦大"，较小范围中心节点有"建设""发展""国家""精神""中国""百年"等。

三、厦门大学微信公众号建党100周年相关分析

我们对高校微信公众号2021年建党100周年传播内容进行前测，归纳出会议解读、党史党课、活动信息、人物宣传、献礼百年五个方面的建党相关主题，具体类目说明如附表9-2所示，统计如附表9-3所示，每月数量分布如附图9-1所示。

附表 9-2 类目说明

样本信息分类	变量分类	设立依据及补充说明
微信深层内容：建党相关	会议解读	如党的相关会议、报告、讲话、发言、文件解读、学习体会解读等
	党史党课	与党史学习和党课情况相关的信息，如党史学习系列讲座、党课现场报道等
	活动信息	建党相关活动的信息，如红歌传唱比赛
	人物宣传	高校过去或现在有突出贡献的党员的介绍
	献礼百年	与建党百年相关的信息，如献礼建党百年的舞蹈作品，庆祝建党百年文艺晚会等

附表 9-3 厦门大学微信公众号各月建党相关推文分类数量与密度汇总表

	1月	2月	3月	4月	5月	6月	7月	8月	9月	10月	11月	12月	总计	密度
会议解读	0	0	0	0	0	0	2	0	0	0	1	0	3	0.143
党史党课	0	0	2	4	3	3	1	0	0	0	0	1	14	0.667
活动信息	0	0	0	0	1	0	1	0	0	0	0	0	2	0.095
人物宣传	0	0	0	0	0	0	0	0	0	0	0	0	0	0.000
献礼百年	0	0	1	0	0	1	0	0	0	0	0	0	2	0.095
总计	0	0	3	4	4	4	4	0	0	0	1	1	21	1

2021 年厦门大学微信公众号发布推文共 303 篇，其中包含 21 篇建党相关推文，占所有推文的 6.9%。21 篇推文推送时间基本集中在上半年；在五个分类中，内容主要集中在党史党课上。建党相关推文最高点赞数 1185，是 2021 年 3 月 10 日发布的《热血沸腾！建党百年主题 MV〈少年〉》，在分类上属于献礼百年。建党相关原创推文密度 19.0%，明显低于其他类别推文的原创密度。

党史党课占 14 篇，占比第一，较集中在 3 月至 6 月，因 7 月 1 日为党的百日单程，许多党史党课相关活动会在这天之前进行。其中，典型的党史党课类

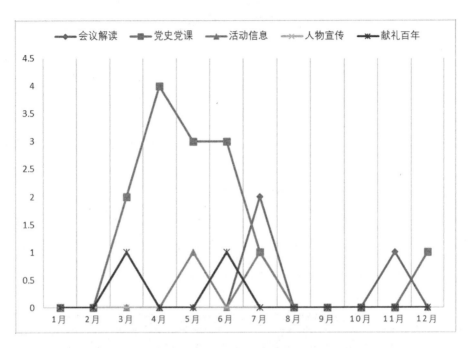

附图 9-1　厦门大学微信公众号各月建党相关推文分类数量分布

推文有厦门大学微信公众号于 2021 年 5 月 30 日发布的推文《党史中的厦大 ｜厦大学子声援"五卅"与领导厦鼓反帝运动》、2021 年 3 月 15 日发布的推文《厦门大学召开党史学习教育动员大会》。

会议解读类占 3 篇，占比排第二，其中，典型的会议解读类推文有厦门大学微信公众号于 2021 年 7 月 1 日发布的推文《金句来了!》、2021 年 11 月 13 日发布的推文《以史为鉴、开创未来，不懈奋斗!》。

活动信息占 2 篇，占比排第三。2 篇活动信息类推文为厦门大学微信公众号于 2021 年 7 月 3 日发布的推文《100+高清返图! 厦大举办"永远跟党走 奋进新征程"教职工庆祝建党 100 周年合唱比赛》、2021 年 5 月 26 日发布的推文《央视聚焦! 百年厦大亮相〈今日中国〉!》。

献礼百年占 2 篇，分别为厦门大学微信公众号于 2021 年 6 月 30 日发布的推文《红动厦大! 百年赤诚，献礼建党百年!》、2021 年 3 月 10 日发布的推文《热血沸腾! 建党百年主题 MV〈少年〉》。

附录十：天津大学微信公众号建党 100 周年相关分析

 天津大学

一、高校背景①

天津大学（Tianjin University），简称天大，其前身为北洋大学，始建于 1895 年 10 月 2 日，是中国第一所现代大学，开中国近代高等教育之先河。"甲午战争"失败后，学校在"自强之道以作育人才为本，求才之道以设立学堂为先"的办学宗旨下，由清光绪皇帝御笔朱批，创建于天津，由盛宣怀任首任督办。学校初名北洋大学堂，内设头等学堂（大学本科）和二等学堂（大学预科），头等学堂设四个学门：律例、工程、矿务和机器。

1900 年，八国联军入侵京津，学校被迫停办，后于 1903 年 4 月在天津西沽武库复校。1912 年 1 月，"北洋大学堂"定名为"北洋大学校"；1913 年定名"国立北洋大学"；1928 年大学区制试行，更名为"国立北平大学第二工学院"；1929 年，根据《大学组织法》学校更名为"国立北洋工学院"。

1937 年，"七七事变"爆发后，遵教育部令学校西迁，9 月 10 日与北平大学、北平师范大学和北平研究院共同组建"国立西安临时大学"。1938 年 3 月，临大改称"国立西北联合大学"。1938 年 7 月，"国立西北联合大学"改组为"国立西北大学""国立西北工学院""国立西北师范学院"和"国立西北医学院"。其中，北洋工学院与北平大学工学院、东北大学工学院和私立焦作工学院合组"国立西北工学院"，校址设在陕西省城固县。抗战时期，学校各界校友要求恢复"国立北洋工学院"，国民政府行政院于 1942 年 12 月将原浙江省立英士大学升格为"国立"，将其工学院划出并独立为"国立北洋工学院"。1944 年李

---

① 天津大学简介［EB/OL］. 天津大学官网，2022-03-01.

书田在西安筹建了北洋工学院西京分院。

抗战胜利后，国立北洋工学院（泰顺）、北洋工学院西京分院、西北工学院和北平部（理学院院长陈荩民接收"北平临大第五分班"，建立北洋大学北平部）四校师生返回天津，恢复"国立北洋大学"，1946 年复名"北洋大学"。1951 年，北洋大学与河北工学院合并，由国家定名为天津大学。1952 年全国范围内的高校院系调整开始，天津大学调出十几个系组，充实和建立了一批新的大学，哺育了蹒跚学步的中国高等教育。1959 年被中共中央指定为国家首批重点大学。改革开放后，天津大学是"211 工程""985 工程"首批重点建设的大学，入选国家"世界一流大学建设"A 类高校。

天津大学的发展始终得到了党和国家主要领导人的亲切关怀和有力支持，毛泽东、周恩来、邓小平、江泽民、胡锦涛、习近平等同志曾到学校视察。建校以来，学校秉承"兴学强国"的使命、"实事求是"的校训、"严谨治学"的校风、"爱国奉献"的传统和"矢志创新"的追求，为国家经济社会发展做出了卓越贡献，迄今为国家和社会培养 30 多万高层次人才。

长期以来，经过全校师生的不懈努力，天津大学已成为一所师资力量雄厚、学科特色鲜明、教育质量和科研水平居于国内一流、在国际上有较大影响力的高水平研究型大学。

天津大学设有卫津路校区、北洋园校区和滨海工业研究院校区。卫津路校区占地总面积 136.2 万平方米，北洋园校区占地总面积 243.6 万平方米，滨海工业研究院校区占地总面积 30.9 万平方米。学校现有全日制在校生 38602 人，其中本科生 19091 人，硕士研究生 13840 人，博士研究生 5371 人。现有教职工 4960 人，其中院士 17 人，国家"杰出青年科学基金"获得者 62 人，国家"优秀青年科学基金"获得者 77 人，青年拔尖人才 25 人，教授 887 人。

学校坚持"强工、厚理、振文、兴医"的发展理念，形成了工科优势明显、理工结合，经、管、文、法、医、教育、艺术等多学科协调发展的综合学科布局。现有 74 个本科专业，43 个一级学科硕士点，31 个一级学科博士点，30 个博士后科研流动站。在第四轮全国学科评估中，天津大学共有 25 个一级学科参评，进入 A 类学科数达到 14 个。其中，化学工程与技术学科进入 A+档、4 个学科进入 A 档（2%-5%）、9 个学科进入 A-档（5%-10%）。12 个学科领域进入 ESI 前 1%，其中 3 个进入 ESI 前 1‰。由我校牵头培育组建的"天津化学化工协同创新中心"成为全国首批 14 个"2011 协同创新中心"之一。由学校牵头的天津应用数学中心成为国家首批建设的 13 个国家应用数学中心之一。学校持续深化医教协同,现有 7 家直附属医院及多家合作共建医院。在最新一届高等教育国家级教学成果奖评选中,由天津大学作为第一完成单位获得成果奖 7 项,其中 2 项成果获一等奖。有国家级教学名师奖获得者 8 人;国家级教学团队 9 个;国家级工程实践教育中心 12 个;国家级实验教学示范中心 7 个;国家级虚拟仿真实验教学中心 3 个;国家虚拟仿真实验教学项目 5 项;国家级一流课程 45 门;国家级虚拟仿真实验教学一流课程 12 门;国家级双语教学示范课程 6 门;国家级一流本科专业 37 个;全国"基础学科拔尖学生培养计划 2.0 基地" 5 个;全国"强基计划"专业 5 个;国家级人才培养创新实验区 10 个;全国示范性专业学位研究生联合培养基地 4 个,是首批"国家大学生创新性实验计划"入选学校。

学校科研实力雄厚,始终聚焦国家重大战略需求、聚焦世界科技发展前沿,取得了丰硕的成果。2016 年至 2020 年,共获国家三大奖 21 项,其中国家自然科学二等奖 3 项、国家技术发明二等奖 6 项、国家科技进步特等奖 1 项、国家科技进步一等奖 3 项、国家科技进步二等奖 8 项。共有 4 个国家重点实验室,分别为水利工程仿真与安全国家重点实验室、内燃机燃烧学国家重点实验室、精密测试技术及仪器国家重点实验室和化学工程联合国家重点实验室。国家工程实验室 4 个、国家工程(技术)研究中心 4 个、国家国际科技合作基地 3 个、教育部重点实验室 8 个、教育部工程研究中心 8 个、天津市重点实验室 33 个、天津市工程中心 23 个、天津市国际合作基地 36 个。有国家自然科学基金委创新研究群体 8 个、教育部创新团队 12 个。国家重大科技基础设施——大型地震工程模拟研究设施于 2019 年 10 月正式启动建设;获批建设合成生物学前沿科学中心,是教育部首批批复建设的 7 个前沿科学中心之一。学校获批 10 个国家"高等学校学科创新引智计划",药学院获批"高校国际化示范学院推进计划"试点学院。

学校重视国际交流与合作。成立"中国-东盟工科大学联盟"与"中国与中欧国家科技创新大学联盟",成立"中国-东盟智慧海洋教育中心"及"国际能源合作机构——APEC 可持续能源中心"。学校与世界上 50 个国家、地区的 256 所高校、研究机构及公司签署协议。在海外成立了 3 所孔子学院,分别是斯洛伐克布拉迪斯拉发孔子学院、澳大利亚昆士兰大学孔子学院和法国尼斯大学孔子学院。

二、天津大学微信公众号相关变量分析

（一）固有属性简介

天津大学微信公众号固有属性相关变量及具体情况如附表 10-1 所示。

附表 10-1　天津大学微信公众号固有属性相关变量及具体情况汇总表

样本信息分类	变量分类	微信公众号相关具体情况
固有属性	开通年月	2013 年 9 月
	微信号	tianda1895
	公众号功能	天津大学始建于 1895 年，是中国第一所现代大学。家国情怀，兴学强国是天大人不变的追求
	公众号类型	订阅号
	客服电话	未设置
	客服人员	未设置
	账号主体	天津大学
	商标保护	未包含商标详情
	高校级别	"985 工程"高校、"211 工程"高校、"双一流"高校
	品牌强度	10
	相关小程序	天津大学、天津大学 PLIS、天大校园卡服务、天津大学招生宣传行程、天津大学校园导览、天津大学图书馆用户绑定、天津大学图书馆数字阅读、天大统一登陆、微言教育等
	公众号昵称是否与高校名称完全一致	是
	品牌显著标签	高校校徽
	官方认证	已完成官方认证
	开通时长	3040 天

微信公众平台自 2012 年 8 月正式上线，而天津大学微信公众号于 1 年后才上线，存在一定的滞后性，反映出天津大学对创新宣传工作的敏感性和前瞻性有待提高。天津大学微信公众号的微信号由 "tianda" 和数字 "1895" 组合而成，其中 "tianda" 为天津大学的简称 "天大" 的拼音，"1895" 为天津大学建校年份，有着鲜明的自身特色。天津大学微信公众号的功能介绍简述了天津大学的高校背景和教育目标，表述隶属关系，传达传播主体为 "天津大学"。天津大学微信公众号类型为订阅号，能够与学生群体形成较好的黏性，同时在宣传、塑造高校自身品牌形象方面均能起到相应作用。天津大学微信公众号未设置客服电话和客服人员，说明目前该微信公众号还未给予客服系统足够的关注，在服务的完善程度上有待进一步提升。天津大学微信公众号的账号主体为天津大学本身，显示权威性和官方性，以便读者将其界定为天津大学官方微信公众号。天津大学微信公众号未包含商标详情，尚缺乏知识产权保护意识。天津大学微信公众号相关小程序较多，涉及的方面较广，为师生校友及其他用户提供了全面、自助式的优质服务。天津大学微信公众号的昵称与天津大学的全称一致，易于被用户搜索到进而被关注。天津大学微信公众号头像为天津大学校徽，具有品牌显著性。天津大学微信公众号已完成官方认证的结果，表明该微信公众号具有较高的可信度。天津大学微信公众号开通时长超过 3000 天，说明该微信公众号在运营上已积攒了一定程度的经验，形成了一定的自身传播特色，有较大的参考意义。

（二）表层形式简介

2021 年天津大学微信公众号共发推文 380 篇。12 月推文数最高，共有 46 篇。12 月推文密度也是最高。天津大学的推送时段相对不均，其中 0—9 时段推文密度仅为 1.1%，而 9—12 时段和 14—18 时段推文密度分别为 32.9% 和 31.8%。天津大学推文的原创密度为 15.5%。天津大学微信公众号总阅读数 7466476，篇均阅读数 19648.621，日均阅读数 20456.099，最高阅读数 100000+，总阅读数破 700 万，阅读密度都在 2 万左右，阅读数较可观。380 篇推文中有 379 篇为头条，头条总阅读数 7465607，头条日均阅读数 20453.718，头条篇均阅读数 19698.172。380 篇推文的总点赞数为 88493，篇均点赞数 232.876，日均点赞数 242.447，最高点赞数 2781，点赞数要明显低于阅读数。头条点赞数

88482，头条日均点赞数242.416，头条篇均点赞数233.462。推文使用四类素材的频度排序为（从高到低）：图片、视频、链接、音频。

（三）深层内容简介

2021年天津大学微信公众号发布推文内容相对集中在人物风采、通知告示、生活资讯、校园风景上。标题词云中较醒目的字眼为"天津大学""天大人""研究生""本科""小天""正式""校长"等。正文词云中较醒目的字眼为"天大""学院""学生""中国""工程""北洋""国家"等。标题语义网络中有一个大范围中心节点："天大"，一个小范围中心节点："天津大学"。正文语义网络中最大范围的两个中心点是"天大"和"国家"，较小范围中心节点有"学生""创新""中国""学院""建设"等。

三、天津大学微信公众号建党100周年相关分析

我们对高校微信公众号2021年建党100周年传播内容进行前测，归纳出会议解读、党史党课、活动信息、人物宣传、献礼百年五个方面的建党相关主题，具体类目说明如附表10-2所示，统计如附表10-3所示，每月数量分布如附图10-1所示。

附表10-2 类目说明

样本信息分类	变量分类	设立依据及补充说明
微信深层内容：建党相关	会议解读	如党的相关会议、报告、讲话、发言、文件解读、学习体会解读等
	党史党课	与党史学习和党课情况相关的信息，如党史学习系列讲座、党课现场报道等
	活动信息	建党相关活动的信息，如红歌传唱比赛
	人物宣传	高校过去或现在有突出贡献的党员的介绍
	献礼百年	与建党百年相关的信息，如献礼建党百年的舞蹈作品，庆祝建党百年文艺晚会等

附表 10-3 天津大学微信公众号各月建党相关推文分类数量与密度汇总表

	1月	2月	3月	4月	5月	6月	7月	8月	9月	10月	11月	12月	总计	密度
会议解读	0	0	0	0	0	0	2	0	0	0	1	0	3	0.158
党史党课	0	0	2	0	1	0	2	0	0	0	0	0	5	0.263
活动信息	0	0	1	1	1	3	0	0	1	1	0	0	8	0.421
人物宣传	0	0	1	0	1	1	0	0	0	0	0	0	3	0.158
献礼百年	0	0	0	0	0	0	0	0	0	0	0	0	0	0
总计	0	0	4	1	3	4	4	0	1	1	1	0	19	1

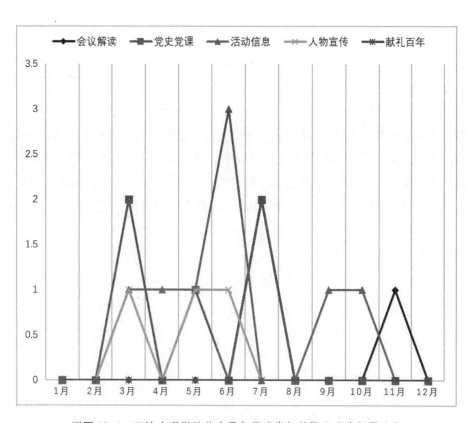

附图 10-1 天津大学微信公众号各月建党相关推文分类数量分布

2021年天津大学微信公众号发布推文共380篇，其中建党相关类推文共19篇，占所有推文的5.0%，主要集中在3月至7月，是因为建党节是7月1日，更多的宣传、献礼和党史学习等会安排在节日前进行。其中，建党相关推文最高阅读数为22202。点赞数最多的推文为天津大学于2021年12月5日发布的《赞!〈光明日报〉整版，聚焦天津大学!》，获点赞数236，分类是活动信息。建党相关原创推文密度为5.2%。

在建党百年纪念日来临之际，社会各界都会举办相关的活动。26篇推文中，活动信息类的建党相关推文相对较多，共有8篇，占比排第一。其中，典型的活动信息类推文有天津大学微信公众号于2021年3月23日发布的推文《建党百年倒计时100天! 天大这些活动来啦!》、2021年6月6日发布的推文《燃! 天大唱响百年新征程!》等。

党史党课类推文有5篇，占比排第二。典型的党史党课类推文有天津大学于2021年3月15日发布的推文《全面启动! 天津大学召开党史学习教育动员大会》、2021年7月16日发布的推文《@天大学子，这堂课你学了没?》等。

人物宣传类推文有3篇，占比排第三。典型的人物宣传类推文有天津大学微信公众号于2021年3月22日发布的推文《党史故事百校讲述 ｜ 他愿化作震碎旧世界的惊雷 听天大讲述张太雷的故事》，3篇人物宣传推文介绍了张太雷、夏明翰、陈祥榕、邓稼先、王进喜、杨善洲，其中有2篇是关于张太雷的。

会议解读类推文有3篇，同样占比排第三。典型的推文有天津大学于2021年7月1日发布的《一组关键词，速读习近平在建党百年庆祝大会上的重要讲话》。献礼百年类推文数为0。

附录十一：郑州大学微信公众号建党 100 周年相关分析

一、高校背景①

郑州大学（简称郑大，英文简称：ZZU）由河南省人民政府兴办，法定地址为河南省郑州市科学大道 100 号。学校总占地面积 5700 余亩，现有四个校区：主校区（郑州市科学大道 100 号）、南校区（郑州市大学北路 75 号）、北校区（郑州市文化路 97 号）和东校区（郑州市大学北路 40 号）。学校面向全国招生，现有全日制普通本科生 5 万余人、各类在校研究生（含非全日制）2.2 万余人，以及来自 85 个国家的留学生 2500 余人。

郑州大学是国家"211 工程"重点建设高校、一流大学建设高校和"部省合建"高校。站在新的历史起点上，学校确立了综合性、研究型的办学定位，提出了一流大学建设"三步走"发展战略，力争到 21 世纪中叶建成世界一流综合性、研究型大学。

郑州大学医科教育源于 1928 年的河南中山大学，1952 年河南医学院独立建院，开启了河南医学高等教育的先河；原郑州大学创建于 1956 年，是中华人民共和国创办的第一所综合性大学，1996 年被列入国家"211 工程"重点建设高校；郑州工业大学成立于 1963 年，是原化工部直属的重点院校。2000 年 7 月，原郑州大学、郑州工业大学和河南医科大学三校合并组建新郑州大学。教育家、历史学家、哲学家嵇文甫教授，物理学家霍秉权教授，耐火材料专家钟香崇院士，土木工程专家孙国梁教授，耳鼻咽喉科专家董民声教授，食管细胞学创始人沈琼教授，人体寄生虫学专家苏寿泜教授，南阳作家群代表人物二月河教授

---

① 学校简介 [EB/OL]. 郑州大学官网，2022-03-01.

等一大批知名专家学者，都曾在此弘文励教。

悠久历史铸就郑大特色文化。植根中原文化的博大精深和沉稳厚重，形成郑大人包容宽厚、奋发进取的优良品质；汇聚多元文化的交融共生，学生来自全国34个省级行政区、世界85个国家，形成多地域、多民族、多文化交流融合的文化氛围；文、理、工、医、农等12个学科门类均衡发展，形成多学科交叉、相融互补的育人氛围；传承和弘扬源远流长的特色文化，三个老校区的特色文化长期积淀与升华，孕育了"求是 担当"的郑大使命与精神，形成"笃信仁厚、慎思勤勉"的郑大校风。在强化自身文化建设的同时，学校注重发挥文化引领的社会职责，努力为华夏文明传承创新做出新的贡献。

融合发展完成综合性大学布局。学校设有哲学、经济学、法学、教育学、文学、历史学、理学、工学、农学、医学、管理学、艺术学12大学科门类，各学科门类均衡发展；有临床医学、材料科学与工程、化学3个一流建设学科；有凝聚态物理、材料加工工程、中国古代史、有机化学、化学工艺、病理学与病理生理学6个国家重点（培育）学科；化学、材料科学、临床医学、工程学、药理学与毒理学、生物学与生物化学、分子生物学与遗传学、神经科学与行为学8个学科（领域）ESI排名全球前1%，其中临床医学ESI排名全球前1.43‰、化学ESI排名全球前1.39‰；ESI学术机构全球排名第607位，位列全国高校第39位。学校有30个一级学科博士学位授权点、3个博士专业学位授权点，59个一级学科硕士学位授权点、32个硕士专业学位授权点，28个博士后科研流动站。现有教职工5800余人，其中两院院士、学部委员17人，海外院士4人；"国家杰出青年科学基金"获得者7人、"长江学者奖励计划"入选者11人、国家"百千万人才工程"人选24人，教授756人，具有博士学位教师2656人，形成了一支以院士和学术大师为引领，以"杰青""长江"等为学术带头人，青年博士为骨干的人才队伍。中国工程院崔俊芝院士担任河南省大数据研究院院长，中国科学院高俊院士担任地球科学与技术学院院长，中国工程院何季麟院士担任材料科学与工程学院、河南省资源与材料工业技术研究院院长，中国工程院王复明院士担任地下工程研究院院长，中国工程院陈芬儿院士担任药学院、药物研究院院长，英国医学科学院院士、中国工程院外籍院士尼克·莱蒙担任郑州大学医学科学院院长，中国社会科学院学部委员刘庆柱担任历史学院、中原历史与文化研究院（考古与文化遗产学院）院长，中国社会科学院学部委员金碚担任商学院院长，南振中先生、张海先生等执教我校。

立德树人形成完备人才培养体系。学校校本部有 51 个院系，117 个本科专业。学校现有国家级教学团队 4 个，国家级教学名师 6 人，国家级专业综合改革试点专业 6 个，国家级特色专业 14 个，通过国家级认证专业 17 个，国家级实验教学示范中心 5 个，国家级虚拟仿真实验教学中心 1 个，国家级虚拟仿真实验教学项目 3 项，国家级工程实践教育中心 7 个，国家级精品课程 14 门，国家级精品视频公开课 4 门，国家级精品资源共享课 14 门，国家级双语教学示范课程 2 门，国家精品在线开放课程 7 门，国家级人才培养模式创新实验区 2 个，国家理科基础科学研究和教学人才培养基地 1 个、国家大学生文化素质教育基地 1 个、国家级大学生校外实践教育基地 2 个，获国家级教学成果奖 10 项。学校先后被列入国家级卓越工程师、卓越法律人才、卓越医生教育培养高校。学校被评选为"2012—2014 年度国家级大学生创新创业训练计划实施工作先进单位"，是国家首批深化创新创业教育改革示范学校、全国创新创业典型经验高校。学校滋兰树蕙，桃李芬芳，百万校友成为民族复兴大业的建设者和各行各业的中坚骨干，形成独具特色的"郑大品牌"。

科技创新助推创新驱动发展。学校围绕国家重大战略实施，制定融入郑洛新国家自主创新示范区实施方案，构建创新驱动发展体系。拥有省部共建食管癌防治国家重点实验室、橡塑模具国家工程研究中心、绿色选冶与加工国家地方联合工程研究中心、互联网医疗国家工程实验室、重大基础设施检测修复技术国家地方联合工程实验室、国家钙镁磷复合肥技术研究推广中心、国家药物安全性评价研究中心、资源材料省部共建协同创新中心、国家领土主权与海洋权益协同创新中心（协同单位）；拥有 1 个国家药品临床研究基地，1 个国家知识产权培训基地。国家超级计算郑州中心获批筹建。拥有 12 个教育部重点实验室、工程研究中心及人文社科重点研究基地；拥有水利与交通基础设施安全防护等 7 个省级协同创新中心。组建河南省资源与材料工业技术研究院、郑州大学医学科学院、郑州大学药物研究院、郑州大学现代分析与基因测序中心等校级直属科研机构。五年来，学校先后承担参与国家重点研发计划、国家科技重大专项等项目课题 154 项，获批国家自然科学基金、国家社会科学基金项目共计 1628 项。学校在神舟系列宇航员出舱面窗关键防护装置研究、磁约束热核聚变基础理论研究、车用燃料乙醇生产的关键技术及开发应用研究、非开挖工程技术和装备、"一步法"固相合成半芳香尼龙的高效制备技术、苯选择加氢制环己烯催化剂和催化工艺、难降解有机工业废水治理与毒性减排关键技术及装备、钢纤维混凝土特定结构计算理论和关键技术的研究与应用、生物遗传与表观遗传研究、植物油菜素内酯研究、魏晋南北朝史研究、隋唐史研究等领域取得突破性成果，获国家科技进步奖 8 项（含科普奖 1 项）、国家技术发明奖 1 项、国家自然科学奖 2 项。

国际交流与产学研合作广泛。与美国、英国等 51 个国家和地区的 262 所高校或科研机构建立友好合作关系，与美国威斯康星大学斯托特分校和普拉特维尔分校、澳大利亚伍伦贡大学、波兰罗兹大学、白俄罗斯国立音乐学院等国外高校合作开展 8 个中外合作办学项目，在印度、格鲁吉亚设立孔子学院，在美国设立孔子课堂。学校是"中俄语言文化高校联盟"创始成员，"中俄新闻教育高校联盟"发起成员，"中俄医科高校联盟"成员，"南亚-东南亚大学校长联盟"成员，"丝绸之路大学联盟"成员，"中国-中东欧国家高校联合会"成员，作为首批地方高校入选"国际化示范学院推进计划试点单位"。拥有微纳成型技术、细胞与基因治疗、低碳环保材料智能设计、癌症化学预防、地下基础设施非开挖技术、电子材料与系统 6 个国家级国际联合研究中心，以及轻量化及功能化高分子成型与模具和功能分子绿色构建与应用学科创新引智基地（国家"111 计划"）。在 2019 年中国大学国际化水平排行榜中名列第 37 位。学校牵头组建河南省国家大学科技园，郑州大学大学科技园被认定为河南省大学科技园。打造郑大工程与技术服务品牌，郑州大学建设科技集团成为河南民用建筑行业的领先企业。推进附属医院集团化发展，10 家附属医院现有国家级临床重点专科 36 个，省级医学重点（培育）学科 141 个，开放床位数 3.3 万余张，年门诊量突破 2000 万人（次），医疗服务能力持续提升，成为河南省医疗行业的"集团军"。

郑州大学世界一流大学建设，承载着中原大地经济社会现代化发展的呼唤，承载着河南亿万人民享受优质高等教育的期盼，承载着地方大学由大变强的重托，承载着中原崛起、民族复兴的意志，全体郑大人将坚持扎根中原大地办大学，秉持求是，勇敢担当，立足河南，面向全国，放眼世界，强力推动世界一流综合性、研究型大学建设，切实发挥文化引领、人才支撑、科技支持作用，为全面建成小康社会、实现中原崛起与中华民族伟大复兴做出新的更大的贡献。

230

二、郑州大学微信公众号相关变量分析

(一) 固有属性简介

郑州大学微信公众号固有属性相关变量及具体情况如附表 11-1 所示。

附表 11-1 郑州大学微信公众号固有属性相关变量及具体情况汇总表

样本信息分类	变量分类	微信公众号相关具体情况
固有属性	开通年月	2014 年 9 月
	微信号	zzuweixin
	公众号功能	郑州大学官方微信公众平台
	公众号类型	订阅号
	客服电话	未设置
	客服人员	未设置
	账号主体	郑州大学
	商标保护	已注册商标
	高校级别	"211 工程" 高校、"双一流" 高校
	品牌强度	52
	相关小程序	郑州大学预约系统、郑大党员 e 家、郑州大学学工服务平台、新冠智能自测助手、郑大公共安全大数据 AI 实验平台等
	公众号昵称是否与高校名称完全一致	是
	品牌显著标签	高校校徽
	官方认证	已认证
	开通时长	2677 天

微信公众平台自 2012 年 8 月正式上线，而郑州大学微信公众号于 2 年后才上线，存在一定的滞后性，反映出郑州大学对创新宣传工作的敏感性和前瞻性有待提高。郑州大学微信公众号的微信号由英文 "zzuweixin" 构成，其中

"zzu"是郑州大学的英文名简写，"weixin"为"微信"的拼音字母，有着鲜明的自身特色，而且仅含9个字符，便于检索。郑州大学微信公众号的功能介绍仅说明其为官方公众号，而未对公众号的隶属关系、传播功能、服务对象等进行阐述，可见郑州大学公众号在彰显公众号自身定位方面较为模糊。郑州大学微信公众号类型为订阅号，能够与学生群体形成较好的黏性，同时在宣传、塑造高校自身品牌形象方面均能起到相应作用。郑州大学微信公众号未设置客服电话和客服人员，说明目前该微信公众号还未给予客服系统足够的关注，在服务的完善程度上有待进一步提升。郑州大学微信公众号的账号主体为郑州大学本身，显示权威性和官方性，以便读者将其界定为郑州大学官方微信公众号。郑州大学微信公众号包含商标详情，考虑到商标保护问题，说明其具备相应的知识产权保护意识。郑州大学微信公众号相关小程序较少，涉及的方面较少，可能不能为师生校友及其他用户提供全面、自助式的优质服务。郑州大学微信公众号的昵称与郑州大学的全称一致，易于被用户搜索到进而被关注。郑州大学微信公众号头像为郑州大学校徽，具有品牌显著性。郑州大学微信公众号已完成官方认证的结果，表明该微信公众号具有较高的可信度。郑州大学微信公众号开通时长超过2600天，说明该微信公众号在运营上已积攒了一定程度的经验，形成了一定的自身传播特色，有较大的参考意义。

（二）表层形式简介

2021年郑州大学微信公众号共发推文327篇。4月推文数最高，是因为该月发布的建党相关的推文较多。4月推文密度也是最高。郑州大学的推送时段相对不均，其中0—9时段推文密度仅为0.6%，而9—12时段推文密度则高达59.9%。郑州大学推文的原创密度为31.8%。郑州大学微信公众号总阅读数7354494，篇均阅读数22490.807，日均阅读数20149.299，最高阅读数100000+，总阅读数破700万，阅读密度都超过2万，阅读数可观。327篇推文有321篇为头条，头条总阅读数7285253，头条日均阅读数19959.597，头条篇均阅读数22695.492。327篇推文的总点赞数为92830，篇均点赞数283.329，日均点赞数254.329，最高点赞数3011，点赞数要明显低于阅读数。头条点赞数92069，头条日均点赞数286.819，头条篇均点赞数252.244。推文使用四类素材的频度排序为（从高到低）：图片、视频、链接、音频。

（三）深层内容简介

2021 年郑州大学微信公众号发布推文内容相对集中在通知告示、生活资讯、校园荣誉上。标题词云中较醒目的字眼为"郑大人""郑州大学""河南""研究生""致敬""新生""疫情"等。正文词云中较醒目的字眼为"建设""学校""学习""学生""国家""发展""教育"等。标题语义网络中有一个大范围中心节点："郑大"，两个小范围中心节点："郑大人""郑州大学"。正文语义网络中最大范围中心点是"建设"，较小范围中心节点有"发展""国家""学校""学习""一流"等。

三、郑州大学微信公众号建党 100 周年相关分析

我们对高校微信公众号 2021 年建党 100 周年传播内容进行前测，归纳出会议解读、党史党课、活动信息、人物宣传、献礼百年五个方面的建党相关主题，具体类目说明如附表 11-2 所示，统计如附表 11-3 所示，每月数量分布如附图 11-1 所示。

附表 11-2 类目说明

样本信息分类	变量分类	设立依据及补充说明
微信深层内容：建党相关	会议解读	如党的相关会议、报告、讲话、发言、文件解读、学习体会解读等
	党史党课	与党史学习和党课情况相关的信息，如党史学习系列讲座、党课现场报道等
	活动信息	建党相关活动的信息，如红歌传唱比赛
	人物宣传	高校过去或现在有突出贡献的党员的介绍
	献礼百年	与建党百年相关的信息，如献礼建党百年的舞蹈作品，庆祝建党百年文艺晚会等

附表 11-3　郑州大学微信公众号各月建党相关推文分类数量与密度汇总表

	1月	2月	3月	4月	5月	6月	7月	8月	9月	10月	11月	12月	总计	密度
会议解读	0	0	1	2	2	0	1	0	0	0	1	0	7	0.241
党史党课	0	1	3	6	2	1	0	1	0	0	1	0	15	0.517
活动信息	0	0	0	1	1	0	0	0	0	0	0	0	2	0.069
人物宣传	0	0	0	0	0	0	0	0	0	0	0	0	0	0.000
献礼百年	0	0	0	0	1	3	1	0	0	0	0	0	5	0.172
总计	0	1	4	9	6	4	2	1	0	0	2	0	29	1

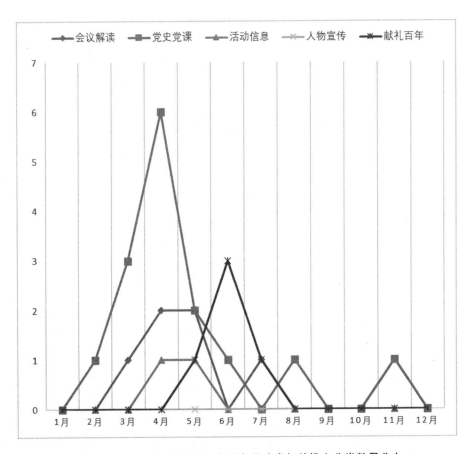

附图 11-1　郑州大学微信公众号各月建党相关推文分类数量分布

2021 年郑州大学微信公众号发布推文 327 篇，建党相关类推文共 29 篇，占所有推文的 8.9%，主要集中在上半年，是因为党的百年诞辰是 7 月 1 日，建党相关的活动和信息会在这之前发布。其中，建党相关推文阅读数破 3 万。点赞数最多的推文为郑州大学于 2021 年 4 月 10 日发布的《百岁致敬百岁!》，获点赞数 741。建党相关原创推文密度仅为 34.5%，高于所有推文的原创密度。

党史党课类有 15 篇，占比排第一，主要是党史学习活动和党课的开展情况。典型的党史党课类推文有郑州大学于 2021 年 4 月 14 日发布的推文《一本教材，一面旗帜，一座丰碑，一条大河，郑大人学了什么?》、2021 年 3 月 6 日发布的推文《学校党委理论学习中心组就党史学习教育进行专题学习研讨》等。

会议解读类推文有 7 篇，占比排第二，可见郑州大学对于学习党的重大会议和讲话精神的重视。典型的会议解读类推文有郑州大学于 2021 年 5 月 18 日发布的推文《郑大师生认真学习习近平总书记重要讲话指示精神!》、2021 年 11 月 12 日发布的推文《党的十九届六中全会召开! 郑大人反响强烈!》。

献礼百年类推文有 5 篇，占比排第三。典型的鼓励援助类推文有郑州大学于 2021 年 7 月 1 日发布的推文《亲爱的党，生日快乐!》、2021 年 5 月 31 日发布的推文《我和我的郑大 | 四十岁管工院致敬一百岁共产党!》等。

附录十二：华南师范大学微信公众号建党 100 周年相关分析

一、高校背景①

华南师范大学始建于 1933 年，前身是广东省立勷勤大学师范学院。是国家"211 工程"重点建设大学、省部共建高校、广东省高水平大学整体建设高校和

---

① 华南师范大学简介［EB/OL］. 华南师范大学官网，2022-03-01.

国家"一流学科"建设高校。学校现有广州石牌、广州大学城、佛山南海和汕尾4个校区。

学科水平整体提升。现有20个一级学科博士学位授权点、1个博士专业学位授权点，33个一级学科硕士学位授权点，18个硕士专业学位授权点，85个本科专业，18个博士后流动站，学科布局覆盖除军事学外的12个门类。在教育部第四轮学科评估中，心理学、教育学、马克思主义理论、体育学4个学科获评A类学科，其中心理学获评A+。9个学科进入ESI世界前1%，其中化学、材料科学、工程学、数学4个学科进入ESI世界前5‰；物理学入选国家"世界一流学科"建设名单；马克思主义学院获批全国第三批重点马院。

人才引育成效显著。现有专任教师数2598人，其中副高654人，正高685人，拥有国家级人才223名（含兼职，项目数）、省级人才298人（含兼职，项目数），院士（含双聘和外籍）12人，教育部重大人才项目25人（含兼职讲座教授），国家杰出青年科学基金获得者19人，"万人计划"领军人才9人，百千万人才工程国家级人选16人，中宣部"四个一批"人才8人，国家四青人才33人，国家级教学名师2人，国家级教学团队3个，教育部新世纪优秀人才支持计划人选33人，广东省重大人才项目51人，广东省特支计划入选者45人。

立德树人成绩斐然。现有全日制本科生在校28292人，硕士研究生13012人，博士研究生1437人，博士后在站275人，留学生507人。有国家级一流本科专业建设点28个，省级一流本科专业建设点19个。有国家级一流本科课程28门，省级一流本科课程80门。近五年，获国家级教学成果奖一等奖1项，二等奖4项。学校是全国唯一同时获评全国创新创业典型经验高校（50强）、全国首批创新创业教育示范高校、全国高校实践育人创新创业基地的师范大学。2016年作为5所高校之一在全国思政工作会议上介绍经验，2019年获评第二批"全国党建工作示范高校"培育创建单位。

科研创新基础扎实。拥有"绿色光电子国际联合研究中心""高能高安全性动力锂离子电池电解液及隔膜材料与制备技术国家地方联合工程研究中心""教育部人文社科重点研究基地心理应用研究中心""教育部习近平新时代中国特色社会主义思想研究中心基地"等国家级科研平台2个、省部级科研平台105个。成立"华南师范大学（清远）科技创新研究院"和"肇庆市华师大光电产业研究院"，拥有一批具有独立知识产权核心竞争技术的项目和产品。国家自然科学基金整体实力以及重点项目和优秀青年基金连续三年保持全国师范高校前三，近三年获批国家社科基金重大项目数居全国高校前 20 名。先后三届获得全国高等学校科学研究优秀成果奖（人文社会科学）一等奖。拥有殷墟甲骨文、战国出土文献、商周金文等绝学成果。

教师教育优势突出。师范生覆盖普通教育、特殊教育、职业教育全领域，学前、小学、中学全学段，本硕博全层次，专业设置、招生规模和比例均居全国重点师范大学前列，培养质量在全国师范院校中名列前茅。是教育部"高等学校继续教育示范基地""国培计划"教师远程培训机构、教育部"国培计划"海外培训项目执行办公室、教育部高校辅导员培训和研修基地、教育部全国高校思想政治理论课教师社会实践研修基地、教育部师德师风建设基地。广东省高等学校师资培训中心、广东省中小学教师培训中心、华南师范大学省级中小学教师发展中心、广东省中小学"百千万人才培养工程"项目执行办公室均落户我校。教育服务范围辐射全国，"国培计划"培训教师数稳居全国高校前三名，率先持续开展中美、中英、中芬等中小学校长双向交流培训。服务广东教育综合改革，牵头推进"华南师大-普通中小学"协同发展联盟，成立广东省中小学校长联合会，共建国家教师教育创新实验区，与多个地方政府签署全面战略合作协议，优质附校资源辐射省内 17 个地级市。最早在香港澳门合作办学的内地高校，被誉为澳门师资三大力量之一。成立粤港澳大湾区教师教育学院，携手港澳成立湾区教师联合会，组建"粤港澳大湾区 STEM 教育联盟"，引领湾区教师教育改革发展。

对外合作日益拓展。与 37 个国家和地区的 190 所高等院校和科研机构建立了合作关系。成立国际联合学院，与广东省教育厅、佛山市人民政府、南海区人民政府签署四方协议共同打造国际合作示范区。加入 LHCb、BESIII 实验国际合作组，与香港大学合作共建"粤港量子物质联合实验室"，成功获批 4 个省部级高端智库平台。"一带一路"学术交流机制常态化，举办多届东南亚论坛。与柬埔寨发展资源研究院合作申报的澜沧湄公河合作专项基金获批通过。在柬埔寨、缅甸和印尼设立了 3 个海外研究基地。设立马来西亚研究生教学点。在海外建立了 3 所孔子学院，其中 2 所获评"全球先进孔子学院"，孔子学院、孔子课堂及其教学点总数达 32 个。

立足新发展阶段，学校将坚持和加强党对高校的全面领导，坚持社会主义办学方向，坚持立德树人根本任务，贯彻落实"教师教育出特色、学科水平上台阶"办学思路，积极打造人才队伍高地和科研创新高地，深入实施国际化和信息化发展战略，全面深化综合改革，大力推进内涵发展，加快"教师教育优势突出的创新型高水平大学"建设步伐。

二、华南师范大学微信公众号相关变量分析

（一）固有属性简介

华南师范大学微信公众号固有属性相关变量及具体情况如附表 12-1 所示。

附表 12-1　华南师范大学微信公众号固有属性相关变量及具体情况汇总表

样本信息分类	变量分类	微信公众号相关具体情况
固有属性	开通年月	2013 年 10 月
	微信号	nitescnu
	公众号功能	华南师范大学官方公众号，发布校园资讯，服务师生校友。华师人，爱生活，爱思考。
	公众号类型	订阅号
	客服电话	未设置
	客服人员	未设置
	账号主体	华南师范大学
	商标保护	未包含商标详情
	高校级别	"211 工程"高校、"双一流"高校
	品牌强度	60
	相关小程序	华南师大校园一卡通、华师理论学习等
	公众号昵称是否与高校名称完全一致	否
	品牌显著标签	无
	官方认证	已完成官方认证
	开通时长	3012 天

微信公众平台自 2012 年 8 月正式上线，而华南师范大学微信公众号于 1 年后才上线，存在一定的滞后性，反映出华南师范大学对创新宣传工作的敏感性和前瞻性有待提高。华南师范大学微信公众号的微信号是一串英文字符，由"nite"和"scnu"组合而成，其中"nite"是晚安的意思，"scnu"为华南师范大学的英文简称，即"晚安华师"。华南师范大学微信公众号的功能介绍简述了华南师范大学的高校公众号的功能和服务对象，表述隶属关系，传达传播主体为"华南师范大学"。华南师范大学微信公众号类型为订阅号，能够与学生群体形成较好的黏性，同时在宣传、塑造高校自身品牌形象方面均能起到相应作用。华南师范大学微信公众号未设置客服电话和客服人员，说明目前该微信公众号还未给予客服系统足够的关注，在服务的完善程度上有待进一步提升。华南师范大学微信公众号的账号主体为华南师范大学本身，显示权威性和官方性，以便读者将其界定为华南师范大学官方微信公众号。华南师范大学微信公众号未包含商标详情，尚缺乏知识产权保护意识。华南师范大学微信公众号相关小程序较少。华南师范大学微信公众号的昵称与华南师范大学的全称不一致，虽然高校公众号与高校名称不完全一致，但直接在微信平台搜索"华南师范大学"仍能直接找到对应公众号，用户能搜索到进而关注，但标识不够明显。华南师范大学微信公众号头像为"晚安华师"四个字的艺术字体，不具有品牌显著性。华南师范大学微信公众号已完成官方认证的结果，表明该微信公众号具有较高的可信度。华南师范大学微信公众号开通时长超过 3000 天，说明该微信公众号在运营上已积攒了一定程度的经验，形成了一定的自身传播特色，有较大的参考意义。

（二）表层形式简介

2021 年华南师范大学微信公众号共发推文 226 篇。每月发布推文数较平均，3 月推文数最高，共有 22 篇。3 月推文密度也是最高。华南师范大学的推送时段相对不均，其中 0—9 时段推文密度仅为 0.4%，而 18—24 时段密度高达 82.7%。华南师范大学推文的原创密度为 31.0%。华南师范大学微信公众号总阅读数 11009402，篇均阅读数 48714.168，日均阅读数 30162.745，最高阅读数 100000+，总阅读数破 1000 万，阅读密度都超过 3 万，阅读数可观。226 篇推文全部都为头条。266 篇推文的总点赞数为 168736，篇均点赞数 746.619，日均点赞 462.290，最高点赞数 12190，点赞数要明显低于阅读数。推文使用四类素材的频度排序为（从高到低）：图片、视频、链接、音频。

（三）深层内容简介

2021 年华南师范大学微信公众号发布推文内容相对集中在人物风采、通知告示、生活资讯、节假庆典上。标题词云中较醒目的字眼为"华师""新生""老师""紧急""录取""好看""汕尾"等。正文词云中较醒目的字眼为"华师""学院""学生""教育""学习""校区""教学"等。标题语义网络中有一个大范围中心节点："华师"。正文语义网络中最大范围的中心点是"学院"，较小范围中心节点有"学生""国家""教育""学习""华师"等。

三、华南师范大学微信公众号建党 100 周年相关分析

我们对高校微信公众号 2021 年建党 100 周年传播内容进行前测，归纳出会议解读、党史党课、活动信息、人物宣传、献礼百年五个方面的建党相关主题，具体类目说明如附表 12-2 所示，统计如附表 12-3 所示，每月数量分布如附图 12-1 所示。

附表 12-2　类目说明

样本信息分类	变量分类	设立依据及补充说明
微信深层内容：建党相关	会议解读	如党的相关会议、报告、讲话、发言、文件解读、学习体会解读等
	党史党课	与党史学习和党课情况相关的信息，如党史学习系列讲座、党课现场报道等
	活动信息	建党相关活动的信息，如红歌传唱比赛
	人物宣传	高校过去或现在有突出贡献的党员的介绍
	献礼百年	与建党百年相关的信息，如献礼建党百年的舞蹈作品，庆祝建党百年文艺晚会等

附表 12-3 华南师范大学微信公众号各月建党相关推文分类数量与密度汇总表

	1月	2月	3月	4月	5月	6月	7月	8月	9月	10月	11月	12月	总计	密度
党史党课	0	0	1	0	1	0	0	0	0	0	0	0	2	0.167
活动信息	0	0	0	1	2	2	2	0	0	0	0	0	7	0.583
人物宣传	0	0	0	0	0	0	1	0	0	0	0	0	1	0.083
献礼百年	0	0	1	0	0	1	0	0	0	0	0	0	2	0.167
总计	0	0	2	1	3	3	3	0	0	0	0	0	12	1

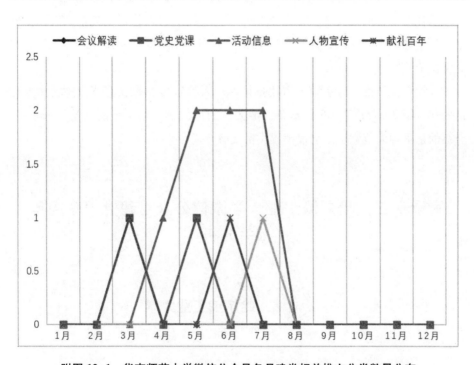

附图 12-1 华南师范大学微信公众号各月建党相关推文分类数量分布

2021 年华南师范大学微信公众号发布推文共 226 篇,其中建党相关类推文共 12 篇,占所有推文的 5.4%,仅分布在 3 至 7 月,是因为建党节是 7 月 1 日,更多的宣传、献礼和党史学习等会安排在节日前进行。其中,建党相关推文阅读数破 10 万的有 0 篇,最高阅读数为 51421。点赞数最多的推文为华南师范大学于 2021 年 3 月 20 日发布的《快看！华师上〈新闻联播〉啦!》，获点赞数903，分类是党史党课。建党相关原创推文密度为 0。

在建党百年纪念日来临之际，社会各界都会举办相关的活动。26 篇推文中，活动信息类的建党相关推文相对较多，共有 7 篇，占比第一。其中，典型的活动信息类推文有华南师范大学微信公众号于 2021 年 5 月 13 日发布的推文《他们是华师冠军！快来选你最喜欢的队伍吧!》、2021 年 7 月 1 日发布的推文《华师，今天沸腾了!》等。

党史党课类推文有 2 篇，占比排第二。典型的党史党课类推文有华南师范大学于 2021 年 5 月 14 日发布的推文《超精彩！华师校长给我们上课啦!》。

献礼百年类推文有 2 篇，占比并列第二。典型的献礼百年类推文有华南师范大学于 2021 年 3 月 25 日发布的推文《追剧了！华师马院主创百集视频，每集都是精品》。

人物宣传类推文有 1 篇，占比排第四。人物宣传类推文有华南师范大学微信公众号于 2021 年 7 月 5 日发布的推文《向他们学习！华师模范党员来了!》，介绍的是华师模范党员。会议解读类推文有 0 篇。

附录十三：哈尔滨工业大学微信公众号建党 100 周年相关分析

哈尔滨工业大学

一、高校背景①

学校始建于 1920 年，1951 年被确定为全国学习国外高等教育办学模式的两所样板大学之一，1954 年进入国家首批重点建设的 6 所高校行列，曾被誉为工程师的摇篮。学校于 1996 年入选国家"211 工程"首批重点建设高校名单，

①　学校简介［EB/OL］.哈尔滨工业大学官网，2022-03-01.

1999 年被确定为国家首批"985 工程"重点建设的 9 所大学之一，2000 年与同根同源的哈尔滨建筑大学合并组建新的哈工大，2017 年入选"双一流"建设 A 类高校名单。

在长期的办学过程中，学校全面贯彻党的教育方针，坚持马克思主义指导地位，模范执行党委领导下的校长负责制，坚持立德树人根本使命，坚持师德师风第一标准，形成了"规格严格，功夫到家"的校训，培育了政治引领、典型引路、品牌带动、校训育人的思想政治工作传统，涌现出一大批全国先进典型，曾被授予全国先进基层党组织、全国五一劳动奖状、全国五四红旗团委、工业和信息化部"一提三优"工程特别优秀学校等荣誉称号，2018 年首批入选全国十所党建工作示范高校名单的高校。

学校充分发挥学科交叉、融合的优势，形成了由重点学科、新兴学科和支撑学科构成的较为完善的学科体系，涵盖了理学、工学、管理学、文学、经济学、法学、艺术学等多个学科门类。学校现有 9 个国家重点学科一级学科，6 个国家重点学科二级学科。在教育部第三轮学科评估中，学校有 10 个一级学科排名位居全国前五位，其中力学学科排名全国第一。在全国第四轮学科评估中，哈工大共有 17 个学科位列 A 类，学科优秀率（A 类学科占授权学科的比例）位列全国第六位，A 类学科数量位列全国第八位，工科 A 类数量位列全国第二位。

学校大力弘扬"铭记责任，竭诚奉献的爱国精神；求真务实，崇尚科学的求是精神；海纳百川，协作攻关的团结精神；自强不息，开拓创新的奋进精神"的哈工大精神和"铭记国家重托，肩负艰巨使命，扎根东北，艰苦创业，拼搏奉献，把毕生都献给了共和国的工业化事业"的哈工大"八百壮士"精神，建成了一支高素质师资队伍，为学校创建中国特色世界一流大学奠定了良好的人才基础。现有两院院士 39 人（含双聘）。

学校坚持立足航天、服务国防、长于工程的办学定位，创立了中国高校第一个航天学院，发射了中国第一颗由高校牵头自主研制的小卫星，在中国首次实现了星地激光链路通信、首次实现了大型激光驱动器的全自动束靶耦合引导，诞生了中国第一台会下棋能说话的计算机、第一部新体制雷达、第一台弧焊机器人和点焊机器人、第一颗由高校学子自主设计研制管控的纳卫星、第一支登上春晚舞台的大学生机器人舞蹈队，实现了国际首次高轨卫星对地高速激光双向通信试验，突破了世界最大口径射电望远镜的支撑结构系统关键技术、支持中国"天眼"成功"开眼"，研制成功的空间机械手在天宫二号上实现了国际首次人机协同在轨维修科学试验，研制成功的新一代磁聚焦型霍尔电推力器在国际上首次实现空间应用，在国际上首次实现了形状记忆聚合物太阳能电池结构的在轨可控展开，首次揭示了艾滋病病毒毒力因子结构、让中国艾滋病结构生物学研究跻身世界前列，成功发射的"龙江二号"成为全球首个独立完成地月转移、近月制动、环月飞行的微卫星，首次解析 T 细胞受体-共受体复合物结构、成为国际细胞适应性免疫研究领域的里程碑，正在建设中国首个用于模拟太空极端环境的大科学工程，参与了探月工程等 14 个国家重大科技专项，刘永坦院士荣获 2018 年度国家最高科学技术奖，累计有 10 个项目入选中国高校十大科技进展名单，一大批成果助力"长征七号""长征五号"火箭首飞、天宫二号、神舟十一号载人飞行、嫦娥五号、"天问一号"等重大任务，曾获"中国载人航天工程协作贡献奖""中国载人航天工程突出贡献集体奖"等多个奖项，正在成为享誉国内外的理工强校、航天名校。

二、哈尔滨工业大学微信公众号相关变量分析

（一）固有属性简介

哈尔滨工业大学微信公众号固有属性相关变量及具体情况如附表 13-1 所示。

附表 13-1 哈尔滨工业大学微信公众号固有属性相关变量及具体情况汇总表

样本信息分类	变量分类	微信公众号相关具体情况
固有属性	开通年月	2017 年 1 月
	微信号	iHIT1920
	公众号功能	竭诚服务一校三区师生，真情凝聚海内外校友，全方位展示哈工大形象、讲好哈工大故事、传递哈工大声音。
	公众号类型	订阅号

续表

样本信息分类	变量分类	微信公众号相关具体情况
固有属性	客服电话	未设置
	客服人员	未设置
	账号主体	哈尔滨工业大学
	商标保护	未包含商标详情
	高校级别	"985 工程"高校、"211 工程"高校、"双一流"高校
	品牌强度	14
	相关小程序	HIT 校园卡、哈工大智行、HIT 签名助手、哈工大 MBA 教务学生端、寻找哈工大老照片上同窗的你、祝福哈工大百年华诞、拾起散落的哈工大念想、哈工大水实验室会议室预约系统等
	公众号昵称是否与高校名称完全一致	是
	品牌显著标签	高校校徽
	官方认证	已认证
	开通时长	1825 天

　　微信公众平台自 2012 年 8 月正式上线，而哈尔滨工业大学微信公众号于近5 年后才上线，存在一定的滞后性，反映出哈尔滨工业大学对创新宣传工作的敏感性和前瞻性有待提高。哈尔滨工业大学微信公众号的微信号由英文"iHIT"和数字"1920"组合而成，其中"i"意为"internet"——互联网，"HIT"是哈尔滨工业大学的英文简称，"1920"则为哈尔滨工业大学的建校年份，微信号有着鲜明的自身特色，而且仅含 8 个字符，便于检索。哈尔滨工业大学微信公众号的功能介绍对公众号的传播功能、服务对象进行了阐述，可见哈尔滨工业大学公众号在彰显公众号自身定位方面较为明确。哈尔滨工业大学微信公众号类型为订阅号，能够与学生群体形成较好的黏性，同时在宣传、塑造高校自身品牌形象方面均能起到相应作用。哈尔滨工业大学微信公众号未设置客服电话

和客服人员，说明目前该微信公众号还未给予客服系统足够的关注，在服务的完善程度上有待进一步提升。哈尔滨工业大学微信公众号的账号主体为哈尔滨工业大学本身，显示权威性和官方性，以便读者将其界定为哈尔滨工业大学官方微信公众号。哈尔滨工业大学微信公众号未包含商标详情，尚缺乏知识产权保护意识。哈尔滨工业大学微信公众号相关小程序较少，涉及的方面较少，可能不能为师生校友及其他用户提供较为全面的自助式服务。哈尔滨工业大学微信公众号的昵称与哈尔滨工业大学的全称一致，易于被用户搜索到进而被关注。哈尔滨工业大学微信公众号头像为哈尔滨工业大学校徽，具有品牌显著性。哈尔滨工业大学微信公众号已完成官方认证的结果，表明该微信公众号具有较高的可信度。哈尔滨工业大学微信公众号开通时长超过 1800 天，说明该微信公众号在运营上已积攒了一定程度的经验，形成了一定的自身传播特色，有较强的参考意义。

（二）表层形式简介

2021 年哈尔滨工业大学微信公众号共发推文 507 篇。1 月推文数最高，是因为该月高校所在地疫情形势较为严峻，相关的通知告示和生活资讯推文较多。1 月推文密度也是最高。哈尔滨工业大学的推送时段相对不均，其中 12—14 时段推文密度仅为 4.7%，而 14—18 时段推文密度则高达 36.7%。哈尔滨工业大学推文的原创密度为 2.4%。哈尔滨工业大学微信公众号总阅读数 8090815，篇均阅读数 15958.215，日均阅读数 22166.616，最高阅读数 100000+，总阅读数破 800 万，阅读密度都超过 1 万，阅读数可观。507 篇推文有 365 篇为头条，头条总阅读数 7584584，头条日均阅读数 20779.682，头条篇均阅读数 19299.196。507 篇推文的总点赞数为 111825，篇均点赞数 220.562，日均点赞数 306.370，最高点赞数 3088，点赞数要明显低于阅读数。头条点赞数 107630，头条日均点赞数 294.877，头条篇均点赞数 273.868。推文使用四类素材的频度排序为（从高到低）：图片、视频、音频、链接。

（三）深层内容简介

2021 年哈尔滨工业大学微信公众号发布推文内容相对集中在通知告示、人物风采、生活资讯、校园荣誉上。标题词云中较醒目的字眼为"哈工大""哈尔滨市""疫情""熊四皓""学生""研究""时代"等。正文词云中较醒目的字眼为"哈工大""学生""研究""发展""学院""国家""中心"等。标题语义网络中有一个大范围中心节点："哈工大"，两个小范围中心节点："疫情""地区"。正文语义网络中最大范围中心点是"哈工大"，较小范围中心节点有"国家""精神""创新""中国""学校"等。

三、哈尔滨工业大学微信公众号建党 100 周年相关分析

我们对高校微信公众号 2021 年建党 100 周年传播内容进行前测，归纳出会议解读、党史党课、活动信息、人物宣传、献礼百年五个方面的建党相关主题，具体类目说明如附表 13-2 所示，统计如附表 13-3 所示，每月数量分布如附图 13-1 所示。

附表 13-2　类目说明

样本信息分类	变量分类	设立依据及补充说明
微信深层内容：建党相关	会议解读	如党的相关会议、报告、讲话、发言、文件解读、学习体会解读等
	党史党课	与党史学习和党课情况相关的信息，如党史学习系列讲座、党课现场报道等
	活动信息	建党相关活动的信息，如红歌传唱比赛
	人物宣传	高校过去或现在有突出贡献的党员的介绍
	献礼百年	与建党百年相关的信息，如献礼建党百年的舞蹈作品，庆祝建党百年文艺晚会等

附表 13-3　哈尔滨工业大学微信公众号各月建党相关推文分类数量与密度汇总表

	1月	2月	3月	4月	5月	6月	7月	8月	9月	10月	11月	12月	总计	密度
会议解读	1	0	1	0	0	0	2	0	0	0	3	2	9	0.281
党史党课	0	0	4	2	1	4	1	0	0	0	0	0	12	0.375
活动信息	0	0	0	1	0	2	1	0	0	0	0	0	4	0.125

	1月	2月	3月	4月	5月	6月	7月	8月	9月	10月	11月	12月	总计	密度
人物宣传	0	0	0	0	0	0	0	0	1	1	0	0	2	0.063
献礼百年	0	0	0	1	0	1	3	0	0	0	0	0	5	0.156
总计	1	0	5	4	1	7	7	0	1	1	3	2	32	1

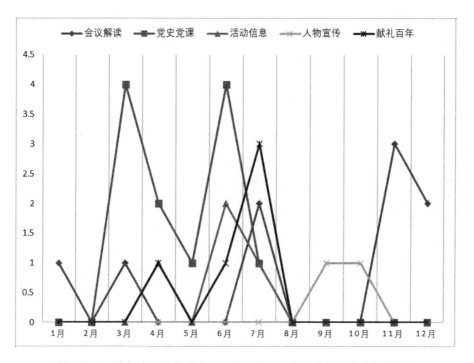

附图 13-1　哈尔滨工业大学微信公众号各月建党相关推文分类数量分布

2021 年哈尔滨工业大学微信公众号发布推文 507 篇，建党相关类推文共 32 篇，占所有推文的 6.3%，主要集中在 6 月和 7 月，是因为 7 月 1 日为党的百年诞辰，相关活动和信息都会在这前后进行发布。点赞数最多的推文为哈尔滨工业大学于 2021 年 10 月 18 日发布的《致敬功勋！这位哈工大人的故事被搬上荧屏》，获点赞数 502。

党史党课类有 12 篇，占比排第一，主要是讲述高校党史，以及发布党课和

党史学习活动的开展情况。典型的党史党课类有哈尔滨工业大学于 2021 年 3 月 26 日发布的推文《哈工大党委理论学习中心组开启党史学习教育"第一课"》、2021 年 3 月 23 日发布的推文《党史故事百校讲述 | 走进红色工程师的摇篮，听哈工大讲述任震英用歌声吹响抗日"号角"的故事》等。

会议解读类推文有 9 篇，占比排第二，主要聚焦于学习党的十九届六中全会精神。典型的会议解读类推文有哈尔滨工业大学于 2021 年 11 月 13 日发布的推文《党的十九届六中全会精神在哈工大师生中引起热烈反响》、2021 年 11 月 19 日发布的推文《校党委理论学习中心组集体学习党的十九届六中全会精神》。

献礼百年类推文有 5 篇，占比排第三。主要是围绕建党百年主题而进行的庆祝活动、节目献礼等信息，典型的献礼百年类推文有哈尔滨工业大学于 2021 年 4 月 26 日发布的推文《哈工大的这场演出，很燃很青春!》、2021 年 7 月 2 日发布的推文《"奋斗新百年 永远跟党走"哈工大举行庆祝中国共产党成立 100 周年表彰大会》等。

附录十四：北京科技大学微信公众号建党 100 周年相关分析

一、高校背景①

北京科技大学的历史渊源可追溯至 1895 年北洋西学学堂创办的中国近代史上第一个矿冶学科。1952 年，学校由天津大学（原北洋大学）、清华大学等 6 所国内著名大学的矿冶系科组建而成，名为北京钢铁工业学院，是中华人民共和国建立的第一所钢铁工业高等学府。1960 年，更名为北京钢铁学院，并被批准

---

① 北京科技大学简介 ［EB/OL］. 北京科技大学官网，2022-03-01.

为全国重点高等学校。1984年，成为全国首批正式成立研究生院的高等学校之一。1988年，更名为北京科技大学。1997年5月，学校成为首批进入国家"211工程"建设高校行列学校之一。2006年，学校成为首批"985工程"优势学科创新平台建设高校。2014年，学校牵头的，以北京科技大学、东北大学为核心高校的"钢铁共性技术协同创新中心"成功入选国家"2011计划"名单。2017年，学校入选国家"双一流"建设高校名单。2018年，学校获批国防科工局、教育部共建高校。目前，学校已发展成为一所以工为主，工、理、管、文、经、法等多学科协调发展的教育部直属全国重点大学。

建校70年来，学校逐步形成了"学风严谨，崇尚实践"的优良传统，为社会培养各类人才26万余人，其中许多人已成为国家政治、经济、科技、教育等领域尤其是冶金、材料行业的栋梁和骨干。党和国家领导人罗干、刘淇、徐匡迪、黄孟复、范长龙、郭声琨、刘晓峰等都曾在校学习，另有41名校友当选为中国科学院或中国工程院院士，一大批校友走上宝武、北汽、河钢、中铝、一重等国有大中型企业的重要领导岗位。学校被誉为"钢铁摇篮"。

学校本部位于高校云集的北京市海淀区学院路，全校占地约80.39万平方米，校舍建筑总面积94.11万平方米。学校现有1个国家科学中心，1个"2011计划"协同创新中心，2个国家重点实验室，2个国家工程（技术）研究中心，2个国家科技基础条件平台，1个国家科技资源共享服务平台，2个国家级国际科技合作基地，1个国家安全监管监察科技支撑工程，64个省、部级重点实验室、工程研究中心、国际合作基地、创新引智基地等。特别是2007年，学校作为第一所教育部直属高校牵头承担了国家重大科技基础设施项目——重大工程材料服役安全研究评价设施，并负责筹建国家材料服役安全科学中心。图书馆实体馆藏量247.9万余册（件）。定期出版 *International Journal of Minerals, Metallurgy and Materials*（《矿物冶金与材料学报（英文版）》）、《工程科学学报》《北京科技大学学报（社会科学版）》《思想教育研究》《物流技术与应用》《金属世界》《粉末冶金技术》等重要学术刊物。

学校由土木与资源工程学院、冶金与生态工程学院、材料科学与工程学院、机械工程学院、能源与环境工程学院、自动化学院、计算机与通信工程学院、数理学院、化学与生物工程学院、经济管理学院、文法学院、马克思主义学院、外国语学院、高等工程师学院、新材料技术研究院、科技史与文化遗产研究院、工程技术研究院、人工智能研究院、融合创新研究院、钢铁共性技术协同创新中心、国家材料服役安全科学中心、北京材料基因工程高精尖创新中心、国家材料腐蚀与防护科学数据中心、新金属材料国家重点实验室、钢铁冶金新技术国家重点实验室以及体育部、管庄校区、天津学院、顺德研究生院等组成。现有 20 个一级学科博士学位授权点，30 个一级学科硕士学位授权点，82 个二级学科博士学位授权点，140 个二级学科硕士学位授权点，另有 15 个硕士专业学位授权点，17 个博士后科研流动站，55 个本科专业。学校冶金工程、材料科学与工程、矿业工程、科学技术史 4 个全国一级重点学科学术水平蜚声中外（2017 年进入国家世界一流学科建设行列；在第四轮学科评估中，冶金工程、科学技术史获评 A+，材料科学与工程获评 A），安全科学与工程、环境科学与工程、控制科学与工程、动力工程与工程热物理、机械工程、计算机科学与技术、土木工程、化学、外国语言文学、管理科学与工程、工商管理、马克思主义理论等一批学科具有雄厚实力，力学、物理学、数学、信息与通信工程、仪器科学与技术、纳米材料与器件物理学、光电信息材料与器件等基础学科与交叉学科焕发出勃勃生机。2019 年，安全科学与工程、人工智能科学与工程入选北京高校高精尖学科建设行列。

截至 2021 年年底，全日制在校生 2.6 万余人，其中本科生 13732 人，各类研究生 12506 人（其中硕士生 8589 人、博士生 3917 人），国际学生 760 人；学历继续教育学生 15958 人。已形成研究生教育、全日制本科、高职教育和继续教育多层次、较完整的人才培养体系。

学校拥有一支治学严谨的师资队伍。教职工总数 3399 人，具有正高级专业技术职务的教职工 642 人，具有副高级专业技术职务的教职工 957 人，其中专任教师 2067 人（含自主招收博士后），在站博士后 396 人。现有中国科学院院士 5 人（双聘 2 人），中国工程院院士 11 人（双聘 6 人），国务院学位委员会学科评议组成员 4 人，国家 973 项目首席科学家 3 人，国家级有突出贡献专家 13 人，省部级有突出贡献专家 10 人，国家杰出青年科学基金获得者 23 人，"万人计划"领军人才 24 人、青年拔尖人才 16 人，国家级教学名师 2 人，国家百千万人才工程人选 19 人，国家优秀青年科学基金获得者 19 人，北京市教学名师 38 人，教育部跨世纪人才/青年教师奖/新世纪优秀人才 103 人。

学校的科研实力十分雄厚。1978 年至 2021 年，共申请专利 10875 项，授权专利7002项；有2000余项科研成果获国家、省、部委级等各种奖励，其中国家级奖励182项。1999年教育部编辑的《中国高等学校科技50年高校获奖重大成果一览表》中收录北京科技大学12项重大科研成果，在全国高校中名列前茅。学校"块体非晶合金的结构和强韧化研究""一维氧化锌的界面调控及其应用基础研究"的科研成果在基础研究和应用基础研究领域，做出了重大科学贡献。近年学校"露天转地下高效转型建设大型数字化地下金属矿山的研究与实践""电弧炉炼钢复合吹炼技术的研究应用""复杂组分战略金属再生关键技术创新及产业化""高性能特种粉体材料近终形制造技术及应用"等大批科研成果在国民经济建设中发挥了重要作用，获得了巨大的经济效益和社会效益。

学校不断拓展社会服务领域和发展空间，与国内190多个省市区政府、大型企事业单位签署了全面合作协议。同时，学校瞄准世界前沿，加强国际合作，与德国亚琛工业大学、日本东北大学、英国剑桥大学、美国密西根大学等220余所海内外高校和科研机构建立了密切友好合作关系，积极构建国际合作交流新格局，加快提升国际化办学水平。

以培养德智体美劳全面发展的社会主义建设者和接班人为根本任务，学校注重学生综合素质和创新、创业能力培养。学校多年荣获全国大中专学生志愿者暑期"三下乡"社会实践活动优秀单位，学校学生在历年国家及北京市的各种竞赛中多次获得殊荣。特别是学生团队在中国国际"互联网+"大学生创新创业大赛、"挑战杯"全国大学生课外学术科技作品竞赛、"挑战杯"中国大学生创业计划竞赛、全国大学生智能汽车竞赛、全国大学生机器人大赛、全国大学生节能减排与社会实践大赛等竞赛中屡创佳绩，MEI机器人团队、智能车队先后获评大学生"小平科技创新团队"称号。学校积极营造"科学与艺术共融，人文与创新并存"的校园氛围，学生艺术团屡获佳绩，原创校史话剧《绽放》获得校园戏剧最高奖。学校高度重视学生思想政治教育，聚焦培养担当民族复兴大任的时代新人，培育和践行社会主义核心价值观，广泛开展爱国主义、集体主义、社会主义教育，传播正能量、弘扬主旋律，营造良好校园文化氛围，先后被授予"北京市文明校园""北京市思想政治工作优秀单位""北京市党建和思想政治工作先进普通高校"及"首都文明单位标兵"等荣誉称号。2018年，学校入选教育部首批"三全育人"综合改革试点高校。

学校的体育竞技水平和群众性体育活动在北京乃至全国享有盛誉，涌现了一批以李敏宽、楼大鹏、巩立姣为代表的国家优秀运动员、教练员和体育官员。学生田径代表队在全国及北京市高校竞赛中数度折桂；女篮代表队在北京市高校联赛中连续 12 次夺冠，并于 2005 年挺进 CUBA 全国八强。学校目前拥有约 10.5 万平方米的现代化体育场地。学校体育馆作为 2008 年奥运会、残奥会竞赛场馆，圆满完成了北京奥运会柔道、跆拳道，残奥会轮椅篮球、轮椅橄榄球四项赛事，学校体育馆团队被党中央国务院授予"北京奥运会残奥会先进集体"荣誉称号。

今天，北京科技大学全体师生正满怀信心，迈着坚定的步伐，向着"把北京科技大学建设成为特色鲜明、有重要影响的世界一流大学"的目标而奋进。

二、北京科技大学微信公众号相关变量分析

（一）固有属性简介

北京科技大学微信公众号固有属性相关变量及具体情况如附表 14-1 所示。

表 14-1　北京科技大学微信公众号固有属性相关变量及具体情况汇总表

样本信息分类	变量分类	微信公众号相关具体情况
固有属性	开通年月	2014 年 4 月
	微信号	gf_ustb
	公众号功能	北京科技大学官方微信平台。发布最新权威资讯，展现校园风貌，展示优秀北科人的风采，服务广大师生校友。欢迎关注
	公众号类型	订阅号
	客服电话	未设置
	客服人员	未设置
	账号主体	北京科技大学
	商标保护	未包含商标详情
	高校级别	"211 工程"高校、"双一流"高校
	品牌强度	32

续表

样本信息分类	变量分类	微信公众号相关具体情况
固有属性	相关小程序	北京科技大学、北科大人、校会宣传活动预约程序、贝加创新汇、USTB 毕业季云合影、校会设备借用程序、北科材料等
	公众号昵称是否与高校名称完全一致	是
	品牌显著标签	高校校徽
	官方认证	已完成官方认证
	开通时长	2830 天

　　微信公众平台自 2012 年 8 月正式上线，而北京科技大学微信公众号于近 2 年后才上线，存在一定的滞后性，反映出北京科技大学对创新宣传工作的敏感性和前瞻性有待提高。北京科技大学微信公众号的微信号是"gf_ustb"，仅包含英文字符和下划线，便于检索。北京科技大学微信公众号的功能介绍表述隶属关系，传达传播主体为"北京科技大学"，介绍了公众号基本功能。北京科技大学微信公众号类型为订阅号，能够与学生群体形成较好的黏性，同时在宣传、塑造高校自身品牌形象方面均能起到相应作用。北京科技大学微信公众号未设置客服电话和客服人员，说明目前该微信公众号还未给予客服系统足够的关注，在服务的完善程度上有待进一步提升。北京科技大学微信公众号的账号主体为北京科技大学本身，显示权威性和官方性，以便读者将其界定为北京科技大学官方微信公众号。北京科技大学微信公众号未包含商标详情，尚缺乏知识产权保护意识。北京科技大学微信公众号相关小程序较多，涉及的方面较广，为师生校友及其他用户提供了全面、自助式的优质服务。北京科技大学微信公众号的昵称与北京科技大学的全称一致，易于被用户搜索到进而被关注。北京科技大学微信公众号头像为北京科技大学高校校徽，具有品牌显著性。北京科技大学微信公众号已完成官方认证的结果，表明该微信公众号具有较高的可信度。北京科技大学微信公众号开通时长超过 2800 天，说明该微信公众号在运营上已

积攒了一定程度的经验，形成了一定的自身传播特色，有较强的参考意义。

（二）表层形式简介

2021 年北京科技大学微信公众号共发推文 306 篇。每月发布推文数较平均，12 月推文数最高，共有 30 篇。12 月推文密度也是最高。北京科技大学的推送时段相对不均，其中 0—9 时段推文密度仅为 2.9%，而 9—12 时段推文密度高达 62.7%。北京科技大学推文的原创密度为 73.5%。北京科技大学微信公众号总阅读数 7681320，篇均阅读数 25102.353，日均阅读数 21044.712，最高阅读数 100000+，总阅读数破 750 万，阅读密度都超过 2 万，阅读数较可观。306 篇推文中有 304 篇为头条，头条总阅读数 7616822，头条日均阅读数 20868.005，头条篇均阅读数 25221.265。306 篇推文的总点赞数为 151893，篇均点赞数 496.382，日均点赞数 416.145，最高点赞数 8188，点赞数要明显低于阅读数。头条点赞数 151023，头条日均点赞数 413.762，头条篇均点赞数 500.076。推文使用四类素材的频度排序为（从高到低）：图片、视频、链接、音频。

（三）深层内容简介

2021 年北京科技大学微信公众号发布推文内容相对集中在人物风采、通知告示、生活资讯、校园荣誉上。标题词云中较醒目的字眼为"北京科技大学""北科大""权威""一等奖""注意""新生""毕业"等。正文词云中较醒目的字眼为"学生""学校""北科""北科大""学院""优秀""国家"等。标题语义网络中有一个大范围中心节点："北科大"；一个小范围中心节点："北科大"。正文语义网络中最大范围中心点是"国家"和"学生"，较小范围中心节点有"创新""发展""学校""学习""技术"等。

三、北京科技大学微信公众号建党 100 周年相关分析

我们对高校微信公众号 2021 年建党 100 周年传播内容进行前测，归纳出会议解读、党史党课、活动信息、人物宣传、献礼百年五个方面的建党相关主题，具体类目说明如附表 14-2 所示，统计如表 14-3 所示，每月数量分布如附图 14-1 所示。

附表 14-2　类目说明

样本信息分类	变量分类	设立依据及补充说明
微信深层内容：建党相关	会议解读	如党的相关会议、报告、讲话、发言、文件解读、学习体会解读等
	党史党课	与党史学习和党课情况相关的信息，如党史学习系列讲座、党课现场报道等
	活动信息	建党相关活动的信息，如红歌传唱比赛
	人物宣传	高校过去或现在有突出贡献的党员的介绍
	献礼百年	与建党百年相关的信息，如献礼建党百年的舞蹈作品，庆祝建党百年文艺晚会等

附表 14-3　北京科技大学微信公众号各月建党相关推文分类数量与密度汇总表

	1月	2月	3月	4月	5月	6月	7月	8月	9月	10月	11月	12月	总计	密度
会议解读	0	0	0	0	0	1	0	0	0	0	0	0	1	0.143
党史党课	0	0	0	0	0	0	1	0	0	0	0	0	1	0.143
活动信息	0	0	0	1	0	1	1	0	0	0	0	0	3	0.429
人物宣传	0	0	1	1	0	0	0	0	0	0	0	0	1	0.143
献礼百年	0	0	0	0	1	0	0	0	0	0	0	0	1	0.143
总计	0	0	1	2	1	2	1	0	0	0	0	0	7	1

2021 年北京科技大学微信公众号发布推文共 306 篇，其中建党相关类推文共 7 篇，占所有推文的 2.3%，集中在 3 至 7 月，是因为建党节是 7 月 1 日，更多的宣传、献礼和党史学习等会安排在节日前进行。其中，建党相关推文阅读数破 10 万的有 0 篇，最高阅读数为 52960。点赞数最多的推文为北京科技大学于 2021 年 7 月 1 日发布的《第一现场！全体北科人深情祝福党的百年华诞！》，获点赞数 982，分类是活动信息。建党相关原创推文密度为 57.1%。

北京科技大学建党相关推文数数量较少。7 篇推文中，活动信息类推文有 3

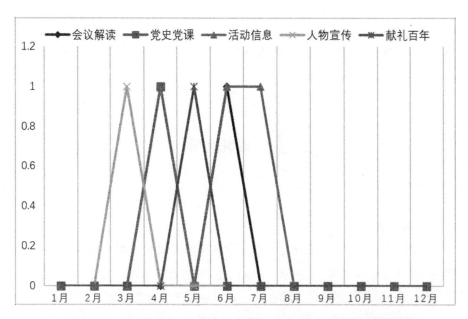

附图 14-1　北京科技大学微信公众号各月建党相关推文分类数量分布

篇，占比第一。其中，典型的活动信息类推文有北京科技大学微信公众号于 2021 年 4 月 26 日发布的推文《吾！肆！放！歌！唱！响！北！科！》、2021 年 7 月 1 日发布的推文《第一现场！全体北科人深情祝福党的百年华诞！》等。

　　其他四类各有 1 篇推文，分别是：北京科技大学于 2021 年 5 月 10 日发布的会议解读类推文《胜！利！闭！幕！》；于 2021 年 4 月 4 日发布的党史学习类推文《38，27，37，30，29，26，28，26，33，36……》；于 2021 年 3 月 15 日发布的人物宣传类推文《党史故事百校讲述｜党史映初心，听北科大讲述柯俊的故事！》（介绍的是柯俊）；于 2021 年 5 月 14 日发布的人物宣传类推文《2000 人合唱！超燃现场！唱！响！北！科！大！》。

附录十五：湖北大学微信公众号建党 100 周年相关分析

 湖北大学

一、高校背景①

湖北大学是湖北省人民政府与教育部共建的省属重点综合性大学、湖北省"国内一流大学建设高校"、国家"中西部高校基础能力建设工程"高校。1931年，学校前身湖北省立教育学院在武昌宝积庵诞生，此后迭经"国立湖北师范学院"、湖北省教育学院、湖北省教师进修学院、湖北师范专科学校、武汉师范专科学校和武汉师范学院等时期。九秩春秋，筚路蓝缕，六易校址，八更校名，薪火相传文脉不息，师范教育底蕴深厚。1984年，由武汉师范学院更名改建为湖北大学，开始由单一的师范类院校转型步入综合性大学发展阶段。2013年，湖北省人民政府与教育部共建湖北大学。

学校有武昌主校区、汉口校区、阳逻校区，校园占地面积1500亩。学校毗邻长江，紧靠沙湖，树木葱郁，环境优美，人文气息浓厚，教学科研服务设施基础完善。学科门类和专业齐全。涵盖除军事学、交叉学科以外的12大学科门类，设有23个学科性学院、83个本科专业、9个博士学位授权一级学科、6个博士后科研流动站、31个硕士学位授权一级学科、21个硕士专业学位授权类别。材料科学、化学、工程学3个学科进入ESI学科排名全球前1%，3个学科入选U. S. News世界最佳学科，5个学科入选软科世界一流学科，拥有3个湖北省"国内一流学科建设学科"。在全国第四轮学科评估中，15个学科在湖北省属高校中排名第一。有26个国家级一流本科专业建设点、6个国家级特色专业建设点、1个国家级专业综合改革试点项目。

---

① 湖大简介［EB/OL］. 湖北大学官网，2022-03-01.

在校普通全日制本科生 1.9 万余人，博士、硕士研究生 9500 余人。2006 年始，学校启动实施"一流本科教育""研究生教育质量提升计划""拔尖创新人才培养计划"以及本硕博贯通培养的"十年树人计划"，探索开展通识教育改革，落实立德树人根本任务。建有一批国家级的产教融合基地、基础学科人才培养与科学研究基地、实验教学示范中心、专业学位研究生联合培养示范基地、大学生校外实践教育基地、大学生文化素质教育基地。累计获批 7 项国家级教学成果奖、89 项省级教学成果奖、10 门国家级一流本科课程、44 门省级一流本科课程。获批国家级新工科研究与实践项目 4 项、教育部产学合作协同育人项目 288 项。近年来，围绕国家和湖北重大发展战略需求，加强新工科、新文科建设和师范教育，成立微电子学院、网络空间安全学院、人工智能学院、新能源科学与技术研究院 4 个新工科学院，组建师范学院、文化遗产学院和旅游学院等。建校以来，累计培养输送各类高级专门人才 30 余万人。

现有教师 1500 余人，其中正、副教授 900 余人，博士生导师 230 人，硕士生导师 926 人。各级各类高层次人才 362 人（次），其中国家级人才 72 人（次）、省市级人才 290 人（次）。建有省部共建生物催化与酶工程国家重点实验室、药物高通量筛选技术国家地方联合工程研究中心、国家创新人才培养示范基地、能源捕获和环境传感绿色技术学科创新引智基地 4 个国家级平台，作为参与单位组建了湖北应用数学中心。建有省部共建有机化工新材料协同创新中心 1 个。建有功能材料绿色制备与应用、有机功能分子合成与应用 2 个教育部重点实验室，省重点实验室、省工程技术研究中心、省协同创新中心等省级（武汉市）重点科技创新平台 41 个。建有旅游开发与管理研究中心、湖北省道德与文明研究中心、湖北休闲体育发展研究中心等省人文社会科学重点研究基地 12 个，拉丁美洲研究中心、巴西研究中心 2 个教育部国别与区域研究中心（备案）。2 个智库入选中国智库索引（CTTI）来源智库，县域治理研究院入选湖北改革智库，湖北文化建设研究院入选省委重点建设的全省十大新型智库。近五年来，学校获省科技奖 35 项，承担科技部国家重点研发计划 3 项、国家社科基金重大项目、教育部哲学社会科学重大攻关课题 11 项，教育部高等学校科学研究优秀成果奖（人文社会科学）8 项、省社会科学优秀成果奖一等奖 5 项。

建设书香校园，注重以文化人。多次荣获全国高校校园文化建设优秀成果一等奖和网络文化优秀成果奖，连续 3 次获评"湖北省十佳书香校园"。大学生五人制足球队获得全国冠军 15 次，5 次代表中国出征世界大学生五人制足球锦标赛并取得历史上最好成绩。大学生龙狮团 8 次到国（境）外巡回展演，展示中华传统文化，摘得世界龙狮锦标赛冠军 2 项。近三年来，学生在全国大学生"挑战杯"竞赛、大学生艺术展演、数学建模大赛、电子设计大赛、大学生英语竞赛等重大赛事中摘得桂冠。

20 世纪 60 年代，学校开始招收国际学生，可提供中国政府奖学金、国际中文教师奖学金、湖北省政府奖学金。学校与 40 多个国家和地区的 150 多所高校、科研机构建立了学术交流、人才培养和科研合作关系，与英国曼彻斯特城市大学合作设立湖北大学曼城联合学院，在巴西、圣多美和普林西比、波兰合作建立了 3 所孔子学院（孔子课堂）。"十四五"时期，学校正以"学科建设和综合实力双突破"为发展目标，努力建成国内知名、国际上有一定影响的高水平综合性大学。

二、湖北大学微信公众号相关变量分析

（一）固有属性简介

湖北大学微信公众号固有属性相关变量及具体情况如附表 15-1 所示。

附表 15-1　湖北大学微信公众号固有属性相关变量及具体情况汇总表

样本信息分类	变量分类	微信公众号相关具体情况
固有属性	开通年月	2013 年 3 月
	微信号	hubuxcb
	公众号功能	湖北大学官微
	公众号类型	订阅号
	客服电话	未设置
	客服人员	未设置
	账号主体	湖北大学
	商标保护	未包含商标详情

续表

样本信息分类	变量分类	微信公众号相关具体情况
固有属性	高校级别	无
	品牌强度	137
	相关小程序	湖北大学微生活、湖北大学图书馆、湖大 EDP 等
	公众号昵称是否与高校名称完全一致	是
	品牌显著标签	高校卡通形象人物
	官方认证	已完成官方认证
	开通时长	3226 天

　　微信公众平台自 2012 年 8 月正式上线，而湖北大学微信公众号于 7 个月后才上线，存在一定的滞后性，反映出湖北大学对创新宣传工作的敏感性和前瞻性有待提高。湖北大学微信公众号的微信号由英文"hubuxcb"组成，有着鲜明的自身特色。湖北大学微信公众号的功能介绍传达传播主体为"湖北大学"，而未对公众号的隶属关系、传播功能、服务对象等进行阐述，可见湖北大学公众号在彰显公众号自身定位方面较为模糊。湖北大学微信公众号类型为订阅号，能够与学生群体形成较好的黏性，同时在宣传、塑造高校自身品牌形象方面均能起到相应作用。湖北大学微信公众号未设置客服电话和客服人员，说明目前该微信公众号还未给予客服系统足够的关注，在服务的完善程度上有待进一步提升。湖北大学微信公众号的账号主体为湖北大学本身，显示权威性和官方性，以便读者将其界定为湖北大学官方微信公众号。湖北大学微信公众号相关小程序较少，涉及的方面较少，可能不能为师生校友及其他用户提供较为全面的自助式服务。湖北大学微信公众号的昵称与湖北大学的全称一致，易于被用户搜索到进而被关注。湖北大学微信公众号头像为湖北大学卡通形象人物，具有品牌显著性。湖北大学微信公众号已完成官方认证的结果，表明该微信公众号具有较高的可信度。湖北大学微信公众号开通时长超过 3200 天，说明该微信公众号在运营上已积攒了一定程度的经验，形成了一定的自身传播特色，有较大的

参考意义。

（二）表层形式简介

2021 年湖北大学微信公众号共发推文 334 篇。10 月推文数最高，是因为 10 月产出了湖北大学 90 周年的一系列推送，关于节假庆典的推文较多。10 月份推文密度也是最高。湖北大学推送时段相对集中在 0－12 时段，占了总推文数的 88.9%。湖北大学推文的原创密度为 76.6%。湖北大学微信公众号总阅读数 6310517，篇均阅读数 18893.763，日均阅读数 17289.088，最高阅读数 100000+，总阅读数破 600 万，阅读密度都近 2 万，阅读数较为可观。334 篇推文中有 333 篇为头条，头条总阅读数 6241839，头条日均阅读数 17100.929，头条篇均阅读数 18744.261。334 篇推文的总点赞数 115825，篇均点赞 346.781，日均点赞 317.329，最高点赞 2465，点赞数要明显低于阅读数。头条点赞数 114496，头条日均点赞数 313.688，头条篇均点赞数 343.832。推文使用四类素材的频度排序为（从高到低）：图片、视频、链接、音频。

（三）深层内容简介

2021 年湖北大学微信公众号发布推文内容相对集中在通知告示、生活资讯、人物风采、节假庆典。30 个分类中校生互动、领导言论、就业升学、人事变动、讲座信息指数为 0。标题词云中较醒目的字眼为"湖北大学""湖大人""校庆""录取""准备""毕业""本科"等。正文词云中较醒目的字眼为"学院""学生""记者团""学习""学校""国家""教育""工程""研究"等。标题语义网络中有一个大范围中心节点："湖北大学"，一个小范围中心节点："通知"。正文语义网络中最大范围中心点是"学院"，小范围中心节点有"国家""优秀""学生""研究""项目"等。

三、湖北大学微信公众号建党相关分析

我们对高校微信公众号 2021 年的传播内容进行前测，归纳出会议解读、党史党课、活动信息、人物宣传、献礼百年五个方面的建党相关主题，具体类目说明如附表 15-2 所示，统计如表 15-3 所示，每月数量分布如附图 15-1 所示。

附表15-2 类目说明

样本信息分类	变量分类	设立依据及补充说明
微信深层内容:建党相关	会议解读	如党的相关会议、报告、讲话、发言、文件解读、学习体会解读等
	党史党课	与党史学习和党课情况相关的信息,如党史学习系列讲座、党课现场报道等
	活动信息	建党相关活动的信息,如红歌传唱比赛
	人物宣传	高校过去或现在有突出贡献的党员的介绍
	献礼百年	与建党百年相关的信息,如献礼建党百年的舞蹈作品,庆祝建党百年文艺晚会等

附表15-3 湖北大学微信公众号各月建党相关推文分类数量与密度汇总表

	1月	2月	3月	4月	5月	6月	7月	8月	9月	10月	11月	12月	总计	密度
会议解读	0	0	0	0	0	0	0	0	0	0	0	1	1	0.167
党史党课	0	0	1	1	0	0	1	0	0	1	0	0	4	0.667
活动信息	0	0	0	0	0	0	0	0	0	0	0	0	0	0.000
人物宣传	0	0	0	0	0	0	0	0	0	0	0	0	0	0.000
献礼百年	0	0	1	0	0	0	0	0	0	0	0	0	1	0.167
总计	0	0	2	1	0	0	1	0	0	1	0	1	6	1

2021年湖北大学微信公众号发布推文共334篇,其中包含6篇建党相关类推文,占所有推文的1.8%,占比较其余15所高校微信公众号少。内容主要集中在党史党课上。建党相关类推文最高点赞数1143,是2021年3月24日发布的《千人快闪,万人传唱!湖北大学版〈少年〉唱给党听!》,分类是献礼百年。

党史党课占4篇,占比排第一。其中,典型的党史党课类推文有湖北大学微信公众号于2021年10月22日发布的推文《我是湖大人,我希望……》、

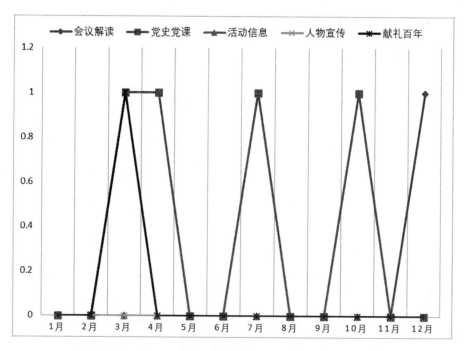

附图 15-1　湖北大学微信公众号各月建党相关推文分类数量分布

2021 年 4 月 4 日发布的推文《我们，永远铭记!》。

　　献礼百年类的推文为 2021 年 3 月 24 日发布的《千人快闪，万人传唱! 湖北大学版〈少年〉唱给党听!》，会议解读类的推文为 2021 年 12 月 16 日发布的《这堂课，精彩!》。

附录十六：扬州大学微信公众号建党 100 周年相关分析

 扬州大学

一、高校背景①

扬州大学坐落于国家首批历史文化名城扬州，是江苏省人民政府和教育部共建高校、江苏省属重点综合性大学、江苏高水平大学建设高峰计划 A 类建设高校，全国首批博士、硕士学位授予单位，全国率先进行合并办学的高校。学校前身是 1902 年由近代著名实业家、教育家张謇先生创办的通州师范学校和通海农学堂。1952 年全国院系调整时，其农科和代办的文史专修科西迁扬州，组建苏北农学院和苏北师范专科学校；其他 4 所院校也在同时期相继在扬州建立或迁来扬州办学。1992 年，学校由扬州师范学院、江苏农学院、扬州工学院、扬州医学院、江苏水利工程专科学校、江苏商业专科学校等 6 所高校合并组建而成。

学校学科门类齐全，涵盖哲学、经济学、法学、教育学、文学、历史学、理学、工学、农学、医学、管理学、艺术学 12 大学科门类。全校普通全日制本科生 30700 多人，各类博、硕士研究生 16200 多人。现有一级学科博士学位授权点 21 个，一级学科硕士学位授权点 53 个，博士专业学位类别 3 个，硕士专业学位类别 31 个，博士后流动站 20 个；拥有国家级重点学科 2 个，国家重点（培育）学科 1 个，省优势学科 7 个，"十四五"省一级学科重点学科 10 个，化学、植物与动物科学、工程学、农业科学、临床医学、材料科学、计算机科学、生物学与生物化学、药理学与毒理学、环境生态学、微生物学 11 个学科的 ESI 排名进入全球大学和科研机构前 1%。

---

① 学校简介［EB/OL］. 扬州大学官网，2022-03-01.

学校人才培养能力持续提高。建有国家级一流本科专业建设点32个，国家级特色专业6个，江苏高校品牌专业建设工程一期项目6个、二期项目18个，首批国家级现代产业学院1个，国家级人才培养模式创新实验区2个，省级优秀研究生工作站22个，教育部卓越人才培养项目8个，14个专业通过工程教育、临床医学及师范类专业认证和评估。拥有国家级一流本科课程20门，国家级精品课程14门，国家级精品资源共享课13门，教育部精品视频公开课2门，国家级双语教学示范课程1门，国家精品在线开放课程5门，国家级教学团队3个，教育部、农业农村部农科教合作人才培养基地2个，国家级校外实践教学基地1个，国家级实验教学示范中心1个，国家级虚拟仿真实验教学中心1个，国家级示范性虚拟仿真实验项目5项，获国家级教学成果二等奖4项、省高等教育教学成果特等奖6项和国家研究生教育成果二等奖1项。学校着力提升专业建设水平，实施扬州大学本科专业品牌化建设与提升工程，大力推进通识教育改革，深化创新创业教育，强化实践育人，积极打造"一院一品"，实行第二课堂学分制，推动第一第二课堂融合发展。学校混合教学改革案例入编联合国教科文组织《混合学习白皮书》，连续六次捧得全国"挑战杯"大学生课外学术科技作品竞赛"优胜杯"，多次荣获全国"挑战杯"大学生创业计划竞赛金奖并捧得"优胜杯"，荣获中国"互联网+"大学生创新创业大赛金奖3项，获评全国首批深化创新创业教育改革示范高校、全国实践育人创新创业基地、全国创新创业典型经验高校。2004年以优秀成绩通过教育部本科教学工作水平评估，2016年顺利通过教育部本科教学审核评估。

学校师资质态持续优化。全校现有教职员工6000多人，其中专任教师2700多人，医护人员2000多人，具有高级职称教师1400多人，博、硕士生导师3500多人，自主培养的中国工程院院士2人、外籍院士2人，国家级重大人才工程A类入选者（含青年）10人、B类入选者9人，教育部国家重大人才工程项目入选者4人，"杰出青年科学基金"获得者7人，"优秀青年科学基金"获得者5人，全国高校黄大年式教师团队2个，国家级教学名师1人，"百千万人才工程"国家级人选13人，教育部"新世纪优秀人才支持计划"入选者11人，"创新人才推进计划"中青年科技创新领军人才5人，文化名家暨"四个一批"人才1人。

学校科研创新能力持续提升。拥有国际合作联合实验室1个，教育部国别和区域研究中心（备案名单）1 个，部、省级重点（建设）实验室 25 个和工程技术研究中心、公共技术服务中心、研究院（基地）54 个，省级协同创新中心 2 个，国家技术转移示范机构 1 个、国家级科技特派员创业培训基地 1 个。目前承担各级各类科研项目 3700 多项，年科技总经费 8.2 亿多元，共有 17 项成果荣获国家科学技术奖二等奖。研制的重组新城疫病毒灭活疫苗（A-VII 株）获一类新兽药注册证书；连续 9 年获国家社科基金重点（重大）、重大招标项目，1 项成果获第六届高等学校科学研究优秀成果奖（人文社会科学）一等奖，1 项成果入选《国家哲学社会科学成果文库》。"十三五"以来，取得了一批高水平科研成果，荣获国家科学技术奖二等奖 7 项（第一完成单位 5 项），实现国家自然科学奖、技术发明奖、科学技术进步奖"全覆盖"；获得部省级自然科学类成果奖 116 项（第一完成单位），其中一等奖 14 项，人文社科类部省级成果奖 74 项（第一完成单位），其中一等奖 16 项。

学校社会服务能力持续增强。积极推进智库建设，1 项成果转化为全国政协重点提案，多项成果获国务院和江苏省领导批示。完成《扬州通史》编撰工作。大力推进产学研深度融合，建有校企联盟 950 多个，省级校地研发平台 32 个，校外科技推广基地 380 多个，获批国家大学科技园，科技开发与成果推广工作已形成了以江苏为中心、辐射全国的格局，创造了巨大的经济社会效益，多次荣获国家和部省级表彰。

学校国际交流合作持续推进。依托中非高校 20+20 合作计划、中阿（10+1）高教合作、中国-东盟教育培训中心、江苏英国高水平大学联盟、欧亚太平洋学术协会、苏港澳高校合作联盟等项目和平台，先后与 56 个国家（地区）的 283 所高校和研究机构建立校际交流合作关系。学校获批全国首个海外惠侨工程中餐繁荣基地，国家创新型人才国际合作培养项目 5 个，国家高端外国专家引智项目 40 项。学校具有招收外国留学生（包括接受政府奖学金外国留学生）的资格，通过教育部来华留学质量认证，广泛开展留学扬大行动计划，海外学生 2400 多人，生源国 80 多个，2 所孔子学院、1 所孔子课堂 4 次获评全球孔子学院先进集体。学校还有招收港澳台地区学生的资格。

学校党的建设和思想政治工作扎实有效。坚持围绕中心抓党建，抓好党建促发展。全面落实管党治党、办学治校主体责任，扎实推进全面从严治党，学校建有教育部高校思想政治工作队伍培训研修中心，获评"全省首批马克思主义大众化学习实践基地"，连续被评为省高校思想政治教育工作先进集体，校党委先后被表彰为"全国先进基层党组织""江苏省先进基层党组织""全国教育纪检监察先进集体"。

合并办学20多年来，学校走过了一条"联合—合并—调整—提高"的改革发展之路，形成了文科底蕴深厚、农科优势突出、科学人文交融、分类协调发展的办学特色，为我国高等教育管理体制改革提供了有益的经验，被中央领导同志誉为"高校改革的一面旗帜"。校园占地面积6000多亩，校舍建筑面积160多万平方米。全校固定资产总值63.46亿元，教学科研仪器设备总值12.49亿元，图书馆藏书490.52万册，拥有直属附属医院、实习工厂、实验农牧场、动物医院等一批教学、科研、实习基地，荣获国家级节约型公共机构示范单位、江苏省平安校园建设示范高校、江苏省智慧校园示范校等荣誉。

新思想引领新时代，新梦想开启新征程。扬州大学将全面贯彻落实党的十九大、全国教育大会和校第三次党代会精神，以马克思列宁主义、毛泽东思想、邓小平理论、"三个代表"重要思想、科学发展观、习近平新时代中国特色社会主义思想为指导，认真贯彻习近平总书记对学校作出的"优化组合、转型化合"重要指示精神，发扬"坚苦自立"的校训精神，坚持"以师生为中心"的发展思想，坚持走提高质量、彰显特色的内涵式发展道路，不忘初心，牢记使命，全力聚焦一流，全面深化改革，朝着"国内一流、国际知名、特色鲜明的高水平研究型大学"的目标阔步迈进!

二、扬州大学微信公众号相关变量分析

（一）固有属性简介

扬州大学微信公众号固有属性相关变量及具体情况如附表16-1所示。

附表16-1　扬州大学微信公众号固有属性相关变量及具体情况汇总表

样本信息分类	变量分类	微信公众号相关具体情况
固有属性	开通年月	2013年10月
	微信号	yzdxzx

续表

样本信息分类	变量分类	微信公众号相关具体情况
固有属性	公众号功能	信息发布 新闻速递 资源共享
	公众号类型	订阅号
	客服电话	未设置
	客服人员	未设置
	帐号主体	扬州大学
	商标保护	未包含商标详情
	高校级别	无
	品牌强度	71
	相关小程序	扬州大学、扬州大学学生出国境项目申请系统、扬大会务、扬大会议服务系统等
	公众号昵称是否与高校名称完全一致	是
	品牌显著标签	高校校徽
	官方认证	已完成官方认证
	开通时长	3012 天

微信公众平台自 2012 年 8 月正式上线，而扬州大学微信公众号于 1 年后才上线，存在一定的滞后性，反映出扬州大学对创新宣传工作的敏感性和前瞻性有待提高。扬州大学微信公众号的微信号由英文"yzdxzx"组成，其中"yzdx"为"扬州大学"拼音缩写，有着鲜明的自身特色。扬州大学微信公众号的功能介绍仅传达了公众号的传播功能，而未对公众号的隶属关系、服务对象等进行阐述，可见扬州大学公众号在彰显公众号自身定位方面较为模糊。扬州大学微信公众号类型为订阅号，能够与学生群体形成较好的黏性，同时在宣传、塑造高校自身品牌形象方面均能起到相应作用。扬州大学微信公众号未设置客服电话和客服人员，说明目前该微信公众号还未给予客服系统足够的关注，在服务的完善程度上有待进一步提升。扬州大学微信公众号的账号主体为扬州大学本

身，显示权威性和官方性，以便读者将其界定为扬州大学官方微信公众号。扬州大学微信公众号相关小程序较少，涉及的方面较少，可能不能为师生校友及其他用户提供较为全面的自助式服务。扬州大学微信公众号的昵称与扬州大学的全称一致，易于被用户搜索到进而被关注。扬州大学微信公众号头像为扬州大学校徽，具有品牌显著性。扬州大学微信公众号已完成官方认证的结果，表明该微信公众号具有较高的可信度。扬州大学微信公众号开通时长超过3000天，说明该微信公众号在运营上已积攒了一定程度的经验，形成了一定的自身传播特色，有较大的参考意义。

（二）表层形式简介

2021年扬州大学微信公众号共发推文364篇。各月推文数和推文密度相对较均匀。扬州大学推送时段相对集中在14—18时段，占了总推文数的54.1%，0—9时段发布推文最少，仅占3.3%。扬州大学推文的原创密度为62.4%。扬州大学微信公众号总阅读数5219337，篇均阅读数14338.838，日均阅读数14299.553，最高阅读数100000+，总阅读数破500万，阅读密度都近1.5万，阅读数较为可观。364篇推文均为头条，头条总阅读数5219337，头条日均阅读数14299.553，头条篇均阅读数14338.838。364篇推文的总点赞数96366，篇均点赞264.742，日均点赞264.016，最高点赞4299，点赞数要明显低于阅读数。推文使用四类素材的频度排序为（从高到低）：图片、视频、链接、音频。

（三）深层内容简介

2021年扬州大学微信公众号发布推文内容相对集中在生活资讯、通知告示、校园风景、人物风采和校园荣誉上。30个分类中校生互动、领导言论、历史文化、综合成果指数为0。标题词云中较醒目的字眼为"扬州大学""研究生""通知""考试""新生""注意""本科"等。正文词云中较醒目的字眼为"学院""官方""学习""人员""学生""学校""大学""考生""教育"等。标题语义网络中有一个大范围中心节点"扬州大学"，一个小范围中心节点"招生"。正文语义网络中较大范围的中心点有"大学""招聘""江苏省""人员""学院""公告""学校""教育"等。

三、扬州大学微信公众号建党相关分析

我们对高校微信公众号2021年建党100周年传播内容进行前测，归纳出会议解读、党史党课、活动信息、人物宣传、献礼百年五个方面的建党相关主题，具体类目说明如附表 16-2 所示，统计如附表 16-3 所示，每月数量分布如附图 16-1 所示。

附表 16-2　类目说明

样本信息分类	变量分类	设立依据及补充说明
微信深层内容：建党相关	会议解读	如党的相关会议、报告、讲话、发言、文件解读、学习体会解读等
	党史党课	与党史学习和党课情况相关的信息，如党史学习系列讲座、党课现场报道等
	活动信息	建党相关活动的信息，如红歌传唱比赛
	人物宣传	高校过去或现在有突出贡献的党员的介绍
	献礼百年	与建党百年相关的信息，如献礼建党百年的舞蹈作品，庆祝建党百年文艺晚会等

附表 16-3　扬州大学微信公众号各月建党相关推文分类数量与密度汇总表

	1月	2月	3月	4月	5月	6月	7月	8月	9月	10月	11月	12月	总计	密度
会议解读	0	0	0	0	0	0	0	0	0	0	0	0	0	0.000
党史党课	0	0	1	5	3	1	0	0	0	0	0	0	10	0.667
活动信息	0	0	0	0	1	0	1	0	0	0	0	0	2	0.133
人物宣传	0	0	0	0	0	0	0	0	0	0	0	0	0	0.000
献礼百年	0	0	0	0	0	1	1	1	0	0	0	0	3	0.200
总计	0	0	1	5	4	2	2	1	0	0	0	0	15	1

2021 年扬州大学微信公众号发布推文共 364 篇，其中包含 15 篇建党相关推文，占所有推文的 4.1%。113 篇推文推送时间基本集中在上半年；在五个分类中，内容主要集中在党史党课类。建党相关推文最高点赞数 279，是 2021 年 6 月 11 日发布的《爱了！爱了！好想承包这一桌……》，分类是献礼百年。建党

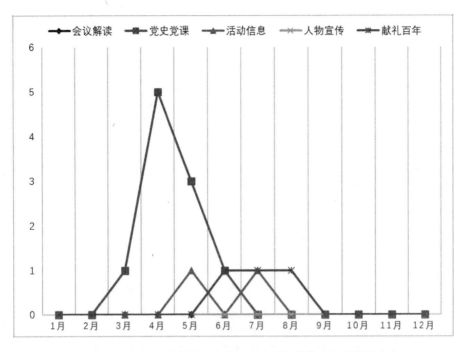

附图 16-1　扬州大学微信公众号各月建党相关推文分类数量分布

相关原创推文密度 46.7%，低于所有推文的原创密度。

党史党课类推文占 10 篇，较集中在 4 月和 5 月。其中，典型的党史党课类推文有扬州大学微信公众号于 2021 年 5 月 20 日发布的推文《唱支山歌给党听~特殊党课催奋进!》、2021 年 5 月 23 日发布的推文《华丽出圈! 这场红色宣讲太给力了!》。

献礼百年占 3 篇，其中，典型的疫情影响类推文有扬州大学微信公众号于 2021 年 7 月 1 日发布的推文《请党放心，强国有我!》、2021 年 6 月 11 日发布的《爱了! 爱了! 好想承包这一桌……》。

活动信息类推文占 2 篇，分别是扬州大学微信公众号于 2021 年 7 月 15 日发布的推文《两个特等奖! 我扬再创佳绩!》、2021 年 5 月 27 日发布的推文《红色经典的盛宴! 这场诵读比赛"声"入人心!》。

参考文献

一、专著文献

（一）国内专著

[1] 林升梁. 整合品牌传播学 [M]. 厦门：厦门大学出版社，2008.

[2] 林升梁. 微时代·微传播·微营销：学术规训下的多元研究 [M]. 厦门：厦门大学出版社，2021.

[3] 庐七. 微信公众号运营：实战方法、案例与技巧 [M]. 北京：电子工业出版社，2017.

[4] 铁铮. 大学微信 [M]. 北京：中国文史出版社，2016.

[5] 唐绪军，吴信训，黄楚新. 中国新媒体发展报告 [M]. 北京：社会科学文献出版社，2016.

[6] 王易. 微信营销与运营：策略、方法、技巧与实践 [M]. 北京：机械工业出版社，2014.

[7] 赵德国，蔡言厚，党亚茹.2017中国大学评价研究报告 [M]. 武汉：武汉理工大学出版社，2017.

[8] 张树辉. 微观大学：北京高校官方微信案例选编 [M]. 北京：光明日报出版社，2016.

（二）国外译著

[1] E. M. 罗杰斯. 传播学史 [M]. 殷晓蓉，译. 上海：上海译文出版社，2012.

[2] 马歇尔·麦克卢汉. 理解媒介——论人的延伸（增订评注本）[M]. 何道宽，译. 南京：译林出版社，2011.

［3］丹尼尔·里夫，斯蒂文·赖斯，弗雷德里克·G.菲克.内容分析法——媒介信息量化研究技巧［M］.嵇美云，译.北京：清华大学出版社，2010.

［4］威廉·波特，威尔伯·施拉姆.传播学概论［M］.何道宽，译.北京：中国人民大学出版社，2010.

二、学位论文

［1］陈婕妮.高校官方微信传播策略研究［D］.广州：广东外语外贸大学，2017.

［2］董思聪.“985工程”高校官方微信公众号传播研究［D］.湘潭：湘潭大学，2017.

［3］付嘉鑫.地方高校官方微信平台使用与满足研究［D］.重庆：重庆师范大学，2016.

［4］祁如玉.高校官方微信发展现状、问题及对策研究［D］.济南：山东师范大学，2017.

［5］阮冬玲.国内大学排行榜指标体系比较研究［D］.长沙：湖南师范大学，2014.

［6］马亮.以高校官方微信公众平台为载体的大学生思想政治教育研究［D］.西安：西北师范大学，2016.

［7］田晓夏.高校微信公众平台传播现状研究［D］.西安：陕西师范大学，2016.

［8］韦玉玲.高校微信公众号传播内容研究［D］.西安：西北大学，2016.

［9］许佳宁.高校微信公众号传播策略比较研究［D］.福州：福建师范大学，2018.

［10］赵辰玮.在数据时代高校微信公众平台用户接受行为研究［D］.保定：河北大学，2015.

三、期刊论文

（一）国内期刊论文

［1］陈琪，卢佩华.微信小程序的传播效果分析［J］.新闻研究导刊，

2017, 8 (23): 70, 101.

［2］陈文飞. 微信公众号传播效果的影响因素研究［J］. 新闻研究导刊, 2016, 7 (24): 80-81.

［3］方婧, 陆伟. 微信公众号信息传播热度的影响因素实证研究［J］. 情报杂志, 2016, 35 (2): 157-162.

［4］甘月童. 对"985 工程"高校微信公众号的研究［J］. 青年记者, 2016 (9): 47-49.

［5］黄国凡, 张钰梅. 图书馆微信公众号内容营销策略: 基于微信传播指数 WCI 的分析［J］. 图书馆杂志, 2015, 34 (9): 91-96.

［6］雷鸣, 李贝琪. 大学出版社微信公众平台传播效果影响因素研究［J］. 现代出版, 2017 (6): 32-35.

［7］冀芳, 张夏恒. CSSCI 来源期刊微信公众平台运营现状及优化策略［J］. 中国科技期刊研究, 2016, 27 (7): 756-762.

［8］纪娇娇, 申帆, 黄晟鹏, 等. 基于语义网络分析的微信公众平台转基因议题研究［J］. 科普研究, 2015, 10 (2): 21-29.

［9］李静姝, 陈颖, 吕安琪. 基于对应因子分析法的高校微信号运营的评价［J］. 新闻研究导刊, 2016, 7 (2): 203-205.

［10］李秋萍, 吴均, 何其迅, 等. 浅谈我国高校评价排行榜指标体系的现状及建议［J］. 医学教育管理, 2016, 2 (4): 588-592.

［11］李伟超, 毕丽萍, 贾艺玮. 近两年我国高校图书馆微信服务现状及策略研究［J］. 图书馆学研究, 2016 (20): 62-68.

［12］林升梁. 改革开放以来《人民日报》等四报广告表层形式比较［J］. 徐州工程学院学报 (社会科学版), 2013, 28 (1): 88-94.

［13］林升梁, 李园. 新浪微博汽车品牌粉丝数影响因素的实证研究［J］. 新闻大学, 2015 (4): 109-115.

［14］林升梁, 雷超越. 四大国有银行微信营销传播策略比较研究［J］. 品牌, 2015 (9): 69.

［15］林升梁, 吴晓玲. 国内外内容分析法在广告研究领域中的应用综述［J］. 广告大观 (理论版), 2012 (2): 78-92.

［16］林升梁，张晓晨. 个人微博粉丝数影响因素的实证研究［J］. 新闻与传播研究，2014，21（3）：68-78，127.

［17］毛赟美. 高校微信公众平台传播内容与传播效果分析［J］. 北京教育（高教），2015（11）：32-33.

［18］欧阳世芬，蔡雨娟. 高校官方微信公众平台的现状和运营策略探析［J］. 视听，2015（7）：150-153.

［19］彭丽娟. 关于高校官方微信公众平台的现状与思考［J］. 新闻知识，2015（7）：84-86.

［20］沈一. 微信公众平台在高校共青团工作的实践与探索［J］. 当代教育实践与教学研究，2015（8）：214.

［21］史安斌. 社交媒体时代全球传播的理想模式探究——基于联合国"微传播"的个案分析［J］. 武汉大学学报（哲学社会科学版），2018，71（1）：67-76.

［22］石佳. 民族高校微信公众号传播内容研究——以西南民族大学为例［J］. 西部广播电视，2016（17）：34-36.

［23］史蓓蓓. 对高校共青团微信公众平台大学生持续使用意愿的探究［J］. 青少年学刊，2020（4）：30-36.

［24］任杰，徐树新. 内蒙古地区高校图书馆微信公众平台现状调查与分析［J］. 图书情报导刊，2017，2（1）：31-39.

［25］陶赋雯. 微信公众号运营实践与传播效果研究——基于对福建省26所本科高校微信公众号的实证分析［J］. 福建论坛（人文社会科学版），2016（12）：200-205.

［26］王正祎，彭小枚，李知，等. 辽宁省高校官方微信公众平台传播内容分析［J］. 新闻研究导刊，2017，8（3）：22-23.

［27］武龙龙，杨小菊. 基于微信公众平台的高校移动图书馆服务研究［J］. 图书馆学研究，2013（18）：57-61.

［28］向正鹏. 提升高校官方微信公众平台传播效果的几点思考［J］. 新闻世界，2016（10）：68-72.

［29］谢卫红. 微信公众平台提升高校品牌形象初探［J］. 今传媒，2016，

24（8）：73-74.

［30］王福军，冷怀明，郭建秀，等. 中国高校医学期刊微信公众平台应用现状调查分析［J］. 凯里学院学报，2016，34（1）：109-113.

［31］王蓓悦，王莹，魏颖. 高校官方微信公众号运营的现状、困境以及对策分析——以"东华大学"为例的实证分析［J］. 新媒体研究，2017，3（7）：58-63.

［32］王昱宸，付浩. 高校微信公众号运营面临的机遇、挑战与对策——以8所山东省属高校微信公众号为例［J］. 科技传播，2021，13（7）：130-132.

［33］吴茵茵. 基于Web挖掘的图书馆微信服务可视化研究［J］. 农业图书情报学刊，2015，27（12）：21-24.

［34］吴中堂，刘建徽，唐振华. 微信公众号信息传播的影响因素研究［J］. 情报杂志，2015，34（4）：122-126.

［35］杨晓丰. "双一流"高校图书馆微信公众平台运营量化研究［J］. 图书馆学刊，2021，43（1）：49-53.

［36］杨宇婷，谢辉荣，王瑞. 高校党建微信公众号WCI的实证研究——以广东省十所高校为例［J］. 才智，2022（9）：16-19.

［37］喻国明，梁爽. 小程序与轻应用：基于场景的社会嵌入与群体互动［J］. 武汉大学学报（人文科学版），2017，70（6）：119-125.

［38］张骏毅，杨九龙，邓媛. "211工程"高校图书馆微信应用现状分析与对策研究［J］. 图书馆学研究，2014（6）：29-34.

［39］张美娜. 微信公众平台在辽宁省高校图书馆应用现状及建议［J］. 沈阳工程学院学报（社会科学版），2017，13（2）：262-265.

［40］张卫良，张平. 大学生对学校微信公众号的信息接受、认同差异及成因探讨——基于对91个高校共青团微信公众号推文的分析［J］. 现代传播（中国传媒大学学报），2017，39（12）：143-149.

［41］郑永平，王玉柱. 中国高校的商标战略［J］. 科技进步与对策，2010，27（13）：142-145.

［42］祝建华. 不同渠道、不同选择的竞争机制：新媒体权衡需求理论［J］. 中国传媒报告，2004（5）：16-24.

［43］朱一超，向娟，阮雪姣，等. 高校微信公众号矩阵式管理和传播策略探析［J］. 新西部，2017（16）：107-109.

［44］卓敏，吴建平. 当代青年雾霾段子语义网络分析与情感可视化研究——基于微博、微信用户［J］. 中国青年研究，2016（8）：10-19.

（二）国外期刊论文

［1］CHEN C J, SUN T. Dental education for college students based on WeChat public platform［J］. Shanghai Kou Qiang Yi Xue, 2016, 25（3）：377-380.

［2］HOU J, NDASAUKA Y, JIANG Y, et al.. Excessive use of WeChat, social interaction and locus of control among college students in China［J］. Plos One, 2017, 12（8）：e0183633.

［3］LI Y. Influence and Countermeasures Research on Ideological and Political Education of College Students with WeChat［C］. International Conference on Education, Management and Computer Science, 2016.

［4］Sussman S W, Siegal W S. Informational Influence in Organizations：An Integrated Approach to Knowledge Adoption［J］. Information Systems Research, 2003, 14（1）：47-65.

［5］YUAN E J, FENG M, Danowski J A. "Privacy" in Semantic Networks on Chinese Social Media：The Case of Sina Weibo［J］. Journal of Communication, 2013, 63（6）：1011-1031.

［6］ZHANG Y N. Study on Design and Application of college students working platform based on Wechat public platform［C］. International Conference on Frontiers of Manufacturing and Design Science, 2015（12）：1622-1628.

四、电子资源

［1］艾瑞深研究院. 校友会2020中国大学排行榜1200强揭晓，清华北大人大晋升世界一流大学［EB/OL］. 搜狐网，2021-02-05.

［2］北京大学简介［EB/OL］. 北京大学官网，2022-03-01.

［3］北京科技大学简介［EB/OL］. 北京科技大学官网，2022-03-01.

［4］电子科技大学学校历史［EB/OL］. 电子科技大学官网，2021-01-20.

［5］学校简介［EB/OL］.哈尔滨工业大学官网，2022-03-01

［6］湖大简介［EB/OL］.湖北大学官网，2022-03-01.

［7］学校简介［EB/OL］.华中科技大学官网，2022-03-01.

［8］华南师范大学简介［EB/OL］.华南师范大学官网，2022-03-01.

［9］教育部.教育部政务新媒体"微言教育"小程序上线——推出社交化活动"致敬！老师"［EB/OL］.中华人民共和国教育部，2017-09-08.

［10］教育部新闻办/微言教育.教育系统微信小程序上线：近30所高校入驻，旨在服务师生［EB/OL］.澎湃网，2017-09-27.

［11］南开大学简介［EB/OL］.南开大学官网，2022-03-01.

［12］企鹅智酷.2017微信用户＆生态研究报告［EB/OL］.搜狐网，2017-04-27.

［13］企鹅智酷.2016年微信影响力报告［EB/OL］.中文互联网数据资讯网，2016-03-21.

［14］学校沿革［EB/OL］.清华大学官网，2022-03-01.

［15］上海交通大学简介［EB/OL］.上海交通大学官网，2022-03-01.

［16］学校简介［EB/OL］.四川大学官网，2022-03-01.

［17］谭畅，郑可书."双一流"名单公布，比985、211多了什么？［EB/OL］.南方周末，2017-09-21.

［18］腾讯.重磅！2015微信知识产权保护白皮书发布［EB/OL］.腾讯网，2016-01-11.

［19］天津大学简介［EB/OL］.天津大学官网，2022-03-01.

［20］WechatMoments.刚刚，微信公布了2017最新数据报告［EB/OL］.数英网，2017-11-09.

［21］武汉大学简介［EB/OL］.武汉大学官网，2022-03-01.

［22］西安交通大学简介［EB/OL］.西安交通大学官网，2021-01-20.

［23］厦大概览·学校简介［EB/OL］.厦门大学官网，2022-03-01.

［24］学校简介［EB/OL］.扬州大学官网，2022-03-01.

［25］掌上大学.2016中国高校新媒体蓝皮书［EB/OL］.搜狐网，2017-01-03.

［26］张树辉. 校园微信公众号四喻［N］. 光明日报，2016-03-17.

［27］学校概况［EB/OL］. 浙江大学官网，2021-03-01.

［28］学校简介［EB/OL］. 郑州大学官网，2022-03-01.

［29］习近平在全国宣传思想工作会议上的讲话［EB/OL］. 中国共产党新闻网，2014-08-09.

后　记

　　本书的写作过程中，得到了暨南大学新闻与传播学院广告专业本科生朱紫璐和蒲俏钚的大力支持，她们提供了原始数据的收集、统计与分析的帮助；得到了浙江核新同花顺网络信息股份有限公司运营主管许佳宁女士提供的社会网络分析的技术指导等帮助，特此感谢！

　　本书编辑给予我很大的帮助。在写作过程中，编辑不断催促本书进度，使我过年都尽力挤时间来按时完成进度。他为本书提出了大量细致的修改意见，使我深受感动。我的家人在我写作的过程中，给予莫大的支持和鼓励，使我能够静下心来钻研学术，本书也包含了他们的汗水。

　　2016 年，习近平在网络安全和信息化工作座谈会上发表讲话，他指出，加强网络内容建设，做强网上正面宣传，培育积极健康、向上向善的网络文化，用社会主义核心价值观和人类优秀文明成果滋养人心、滋养社会，做到正能量充沛、主旋律高昂，为广大网民特别是青少年营造一个风清气正的网络空间。在中国高校微信公众号作用日益显著的大背景下，研究高校微信公众号的传播规律具有重要的实践价值。本书虽然得到众多老师、朋友、同学、同行的帮助，但不足之处肯定还有很多，希望读者能多多批评指正，以便我在新一年出版新书时得到进一步改进。

林升梁

2022 年 3 月